리더를 위한 인문학

이호건 지음

청민
미디어

Prologue

알고 보면
리더도 '未生'이다

얼마 전 윤태호 작가의 〈未生〉이라는 만화가 폭발적인 인기를 끌면서 우리 사회에 '미생' 열풍이 불었다. '아직 살아있지 못한 자'인 未生이라는 용어에 공감한 수많은 이들이 만화 속 주인공인 장그래의 모습에서 위로를 받았고 동시에 열렬한 응원을 보내기도 했다. '미생'인 장그래의 삶에 공감하면서 완생(完生)이 되어가는 과정에 희망을 갖기도 했다. 요컨대 미생이 오늘날 직장인의 현실이라면 완생은 우리가 도달해야 할 미래이자 목표다.

이 대목에서 한번 생각해보자. 오늘날 직장인에게 '완생'이란 도

달 가능한 모습일까? 바둑에서야 두 집만 만들면 완생이 가능하지만 현실에서는 어떤 상태도 완생이라 부르기 어렵다. 아무리 높은 지위도 아무리 많은 연봉도 그것이 완생을 보장해주지는 않는다. 윤태호의 〈未生〉에서는 비정규직은 '미생' 정규직은 '완생'이라 부르는데, 현실에서는 이러한 논리가 옳은지 의문이 든다. 물론 오늘날 노동시장을 보면 취업 준비생이 정규직, 그것도 대기업의 정규직으로 입사하는 것은 낙타가 바늘구멍을 통과하는 것만큼이나 어려운 일이다. 하지만 대기업 정규직이 되었다고 해서 그 삶을 '완생'이라 부르는 것은 현실을 몰라도 너무 모르고 하는 말이다.

대기업 정규직에 신입사원으로 입사했다는 사실이 곧 인생의 완성을 의미하거나 경제적 부를 보장하는 것은 아니다. 삶의 행복과 직결되지도 않는다. 그 상태는 단지 사회생활의 시작을 알리는 신호에 불과하며 자신이 뛰어야 할 경기장과 경기종목 | 업종이라 불러도 좋겠다.이 정해졌다는 것을 의미할 뿐이다. 군대로 치면, 자신이 복무할 부대가 정해졌을 뿐이며 그곳에서의 계급은 이등병에 불과하다. 아직 자신이 하게 될 일이 구체적으로 무엇인지, 하루에 몇 시간이나 근무해야 하는지도 모르는 상태다. 또, 성격 고약한 선배나 상사로부터 괴롭힘을 당하지는 않을지, 치열한 경쟁에서 살아남을 수 있을지 등 불확실한 것 투성이다. 계급도 제일 아래고 가진 노하우도 없는,

그야말로 '쫄다구'나 '신입'에 불과하다. 해서, 그는 여전히 '미생'이다.

　세월이 지나면 상황이 나아질까? 결론부터 말하면, 전혀 그렇지 않다. 군대에서는 소위 '짬밥'을 먹을수록 생활이 조금 수월해지기는 한다. 하지만 마냥 자유가 주어지는 것은 아니다. 직장생활도 마찬가지다. 직급이 높아지면 연봉은 조금 오르지만 그렇다고 해서 미생이 완생으로 변하는 것은 절대 아니다. 솔직히 한번 물어보자. 직장생활을 오래 할수록 편해지는가? 자유로워지는가? 절대 그렇지 않다. 대체로 직장에서는 연차가 높아질수록 직급이 올라가고 월급도 많아지지만 업무가 편해지거나 자유가 주어지는 경우는 극히 드물다. 오히려 신경 쓸 일이 많아지고 걱정과 불안이 끊이질 않는다. | 만약 업무가 편해진다면 이는 곧 '보따리'를 싸야 한다는 신호다. 그렇지 않은가? 해서, 직장에서는 고참(古參)도 여전히 '미생'이다.

◆　◆　◆

　다음은 1990년도 초반 모 회사의 사무실 풍경이다.

　그분은 항상 정규 출근시간 5분 정도 남겨두고 느긋한 발걸음으로 사무실에 들어선다. 먼저 출근해서 자리에 앉아있던 부하직원들은 일제히 일어나서 그분께 고개 숙여 인사를 건넨다. 그분은 온화한 미소를 지으며 왼손을 살짝 들어 인사를 대신한다. 그분의 책상에는 검은색의 묵직한 명패가 정면을 향해 있고, 오른쪽에는 깨끗하게 비워진 재떨이가 정갈하게 놓여있다. 등받이가 앉은 키보다 높은 중역용 의자에 앉아서 그분이 가장 먼저 하는 일은 담배를 피워 무는 일이다. 잠시 후 비서처럼 보이는 여직원이 고급 커피잔에 담긴 모닝커피를 들고 와서 인사를 건넨다. 그분은 커피를 한 모금 마시면서 여유롭게 신문을 펼친다. 책상 위에는 그날 발간된 일간신문 2종과 경제신문 2종 등 총 4종의 신문이 차곡차곡 쌓여있다. 그분은 약 2시간에 걸쳐 4종의 신문을 모두 꼼꼼히 읽으면서 하루 일과를 시작한다. 신문 읽기가 끝난 후 부하직원이 올린 결제서류를 검토하거나 몇몇 직원에게 한두 가지 업무 진척사항을 확인하다 보면 금방 점심시간이다. 고참 직원 몇 명과 주변 유명한 맛집에서 여유 있게 식사를 즐긴다. 오후 시간도 대략 이와 비슷하게 흘러간다. 직접 고민하며 자료를 만들거나 고객을 만나는 일도 거의 없다. 그저 부하직원이 올린 결재 서류 몇 개만 검토하면 하루 일과가 끝이다. 정규 근무시간 10분 전부터 퇴근 준비를 하며 출근과는 정반대로 가장 먼저 퇴근한다. 퇴근하는 그분을 보면서 근무 중인 부하직원들은 일제히 일어나 인사를 건넨다.

　　여기 사무실 풍경에서 나오는 '그분'은 누구일까? 사장이나 최소 중역쯤은 될 것이라고 짐작할지 모르겠다. 하지만 이야기에 나오

는 '그분'은 겨우(?) 부장이다. 내가 직장생활을 시작했던 1990년대 초반 실제 있었던 평범한 사무실 풍경이다. 당시에는 부장만 되어도 소위 '폼'이 좀 났다. 계속된 호황과 고성장으로 목표 달성에 큰 어려움이 없었고, 실적이나 성과 압박에 시달리는 경우도 거의 없었다. 구조조정이나 명예퇴직 등과 같은 단어는 생소한 시절이었다. 특별히 사고만 치지 않으면 정년까지 가는 데 큰 문제가 없었다. 대기업 부장쯤 되면 경제적 어려움도 크게 없었다. 융자 없이 자기 소유의 집은 한 채 정도 있고 자녀의 대학 학자금 문제로 걱정하는 일도 거의 없었다. | 그 시절에는 결혼을 일찍 해서 대기업 부장 정도면 자녀가 대학을 다니거나 마쳤다. 노후 문제로 인한 걱정도 크지 않았다. 정년까지 일하는데 별 문제없고, 당시 평균수명을 고려하면 그간 모아둔 재산으로도 퇴직 후부터 죽을 때까지 경제적으로 큰 고민 없이 살 수 있었다. 대기업 부장 정도만 해도 이래저래 여유가 넘쳤고 살만한 인생이었다.

그런데 지금은 어떤가? 요즘에는 조직 생활을 오래 한 사람일수록 '아, 옛날이여!'라는 말이 절로 나온다. 자기가 신입 시절에 보았던 리더(부장)의 모습과 지금의 자기 모습은 너무나도 다르기 때문이다. 조직에서의 위치는 예나 지금이나 변함이 없지만 요즘 리더의 자리는 예전처럼 여유롭지도 '폼'나지도 않는다. 리더의 위치까지 올라가기도 어렵지만 막상 리더가 되면 연봉은 '조금' 오르는 대신 역할과 책임은 몇 배로 커진다. 자칫 성과가 부진하면 옷을 벗어야 하는 위험도 감내해야 하며, 다른 리더와의 경쟁에서도 살아남아야 한다. 성과 압박과 업무로 인한 스트레스가 많아지고 자리에 대한 불안감도 끊이질 않는다. 항상 노심초사다.

경제적으로는 여유로운가? 그렇지 않다. 겉으로는 분명 과거에 비해 연봉은 높아졌다. 하지만 교육비, 주거비, 생활비 등을 쓰고 나면 남는 돈은 거의 없다. 월급날 적지 않은 금액이 통장에 찍히지만 오래가지 못한다. 카드 값에 학원비에 여기저기서 인출해가고 나면 금세 바닥을 드러낸다. 노후준비는커녕 마이너스 인생에서 헤어나기가 요원하다. 나만 그런가 하고 주변을 둘러봐도 매 마찬가지다. 든든하게 노후자금을 준비해둔 사람을 찾아보기란 모래사장에서 바늘을 찾는 것만큼 어렵다. 경제적 여유가 많지 않기에 '혹시 현재 직장에서 잘리기라도 하면 어떻게 하나' 하는 걱정이 끊이질 않는다. 이래저래 요즘 리더는 힘들고 여유가 없다. 걱정이 많고 불안하다. 해서, 오늘날 리더는 완생이 아니라 미생에 가깝다.

◆　◆　◆

'리더도 未生이다.' 이 책을 통해 내가 던지고 싶은 화두다. 우리는 과거 어느 때보다 풍요로운 시대를 살고 있지만 어느 시대에도 경험하지 못한 불안과 공포에 시달리며 살아가고 있다. 특히 조직에서 성공과 여유로움의 상징처럼 여겨졌던 리더도(팀장이나 관리자도) 이러한 불안과 공포로부터 자유롭지 못하다. 경제적인 문제뿐만 아니라 지위를 잃거나 경쟁에서 밀려나지나 않을까 하는 불안감이 끊이질 않는다. 실업이나 건강 상실, 퇴직 이후의 실패 등에 대한 걱정으로 잠을 이루지 못하는 경우도 있다. 어렵게 올라간 높은 자리조차 완생이 아니라 미생이라는 사실은 사람들에게 실망과 좌절감을 안겨준다.

이제 어떻게 해야 할까? 어차피 이래저래 '미생'일 수밖에 없으니 그냥 포기하고 살아야 할까? 순자(荀子)가 이런 말을 했다.

> "훌륭한 농부는 가뭄이 들었다 하여 농사를 그만두지 않고, 훌륭한 상인은 손해를 본다 하여 장사를 그만두지 않으며, 군자는 가난하다 하여 진리의 길을 포기하지 않는다."

우리도 마찬가지 아닐까? 직장에서 아무리 노력해도 완생이 힘들다 할지라도 직장생활이나 삶을 포기할 수야 없지 않겠는가. 훌륭한 리더(또는 직장인)라면 아무리 어려워도 완생의 길을 포기해서는 안 된다. "우리는 넘어진 곳에서 다시 일어서야 한다"는 보조국사 지눌의 말처럼, 리더도 미생일 수밖에 없는 구조 속에 넘어졌을지라도 그곳에서 박차고 일어나 완생으로서의 삶을 모색해야 한다.

어떻게 그것이 가능할까? 도대체 방법이 있기라도 한 것일까? 나는 여기에 대한 해결책으로 '인문학'을 권하고 싶다. '아니 고리타분하고 오래된 과거의 인문학이 어떻게 오늘날 리더가 처한 현실적 문제를 해결해줄까' 하고 의아해할지 모르겠다. 하지만 이는 잘못된 생각이다. 인문학은 과거의 것도 아니며 고리타분하지도 않다. 오히려 지극히 현재적이며 현실적이다. 스토아학파 철학자인 세네카는 이렇게 주장했다. "인간이 운명과 죽음 그리고 신을 바꿀 수는 없지만, 이에 대한 인간 스스로의 관점과 태도는 충분히 조절할 수 있으며 그것을 통해 운명과 죽음과 신에 승리할 수 있다." 인문학을 공부한다고 해서 눈앞의 현실이 바뀌는 것은 아니다. 하지만 현실을 바라보는 관점과 태도를 조절할 수는 있다. 이를 통해 자신의 운명의 물꼬를 바꿀 수 있다. 미생에서 완생으로.

이 책을 집필하게 된 목적은 오늘날 힘겨운 현실을 감내하며 살아가고 있는 '미생' 리더들에게 인문학을 통해 완생으로 거듭날 수 있는 힘과 통찰을 제공하기 위해서다. 아무리 열심히 노력해도 미래에 대한 불안과 공포가 끊이질 않는 오늘날 리더들이 인문학을 통해 삶과 인생에 대한 혜안을 얻고 조직에서도 효과적으로 리더십을 발휘할 수 있기를 바란다. 그리하여 정신 없이 바쁜 조직생활 속에서도 진정한 삶의 주인으로 거듭나 미생이 아닌 완생으로 우뚝 서길 바란다. 아울러 보다 많은 사람들이 인문학에 관심을 가진다면 우리 사회가 더욱 인간적으로 변해서 수많은 미생들을 더 이상 억압하지 않고, 그들에게 따뜻한 시선을 보낼 수 있지 않을까 하는 기대도 가져본다.

CONTENTS

제1부

흔들리는 리더,
'인문약'이 필요하다

Humanities for Leaders

리더가 되면 행복해질까?

퀴즈 하나 풀면서 시작해보자.

"결혼, 생일, 입학, 졸업, 임신, 출산, 입사, 승진, 개업의 공통점은 무엇일까?"

정답은 '축하할 일'이다. 인생에서 이 같은 일이 생기면 다른 사람들은 당사자에게 축하의 말을 건넨다. "결혼 축하해, 생일 축하해, 입학 축하해, 졸업 축하해" 하면서. 축하(祝賀)란 남의 좋은 일에 대해 나도 기뻐하고 즐거워한다는 뜻으로 인사를 건네는 행위를 말한다.

만약 남의 좋은 일에 축하를 건네지 않으면, '너에게는 좋은 일일지 모르겠지만 나는 별로 기쁘지 않아'라는 의미로 해석되어 자칫 적대자이거나 성격파탄자로 비춰질 수도 있다. 가령, 결혼소식을 전하는 청첩장을 받았는데 무표정한 얼굴로 축하의 말을 건네지 않는다면 상대가 어떻게 생각할까? 아마도 결혼식에 참석하는 것이 귀찮거나 축의금 내는 것이 아깝다고 생각하기 쉬울 것이다. 해서 사람들은 남의 '좋아 보이는' 일 | 확실히 '좋은' 일인지의 여부와 관계없이에는 빠짐없이 축하의 인사를 해줘야 한다. 설령 진심이 아닐지라도.

그런데 달리 한번 생각해보자. 위와 같은 일은 정말로 축하할 만한 일인가? 그런 일이 진짜 당사자에게 기쁨을 가져다 줄까? 뭔 소리인가 싶겠지만 경험상 위와 같은 일이 꼭 축하할 일, 다시 말해 기쁨을 가져다 주지 않는 경우도 많다. 예컨대 결혼을 하면 기쁜 일이라고 생각하지만 이는 지극히 단편적인 사고다. 현실에서는 결혼이 그다지 기쁨을 가져다 주지 않을뿐더러 외려 '괜히 결혼했다'는 후회가 앞서는 경우도 많다. 자녀를 출산해도 마찬가지다. 자녀가 태어나면 처음에는 세상을 다 가진 듯 축복처럼 느껴지지만 그로 인해 불행이 시작되기도 한다. | 공부를 못하거나 말썽을 부리는 자녀를 생각해보라! 해서, 아이를 출산한 신혼부부에게 건네는 "축하해"라는 표현은 반어적으로 해석도 가능하다. '축하해, 하지만 너도 이제 행복 끝, 불행 시작이야.'

'너무 시니컬한 것 아니야' 하고 반문하지는 말자. 여기서 강조하고 싶은 점은 삶의 여러 이벤트가 진정 축하할(또는 축하 받을) 만한 일인가의 진위 여부가 아니다. 삶에서는 좋아 보이는 일이 실제로는 그렇지 않은 경우도 많다는 것을 말하고 싶었을 뿐이다. 결혼이나 자녀 출산이 그러하듯 조직생활에서도 겉으로는 좋아 보이지만 실상은 그렇지 않은 일들이 많다. 취업 준비생이 회사에 입사하면 당연한 듯이 축하를 해준다. 하지만 주변 사람들의 축하 인사가 회사생활의 안녕과 행복을 보장해주지는 않는다. 승진도 마찬가지다. 사람들은 대체로 높은 지위로의 승진을 원하며 조직을 책임지고 관리하는 리더의 위치까지 오르고 싶어한다. 또 승진 발표가 나면 팀장이나 관리자로 승진한 당사자를 찾아가 축하의 인사를 건넨다.

조직에서는 소위 '위로의 욕망'은 당연하고 축하 받을 일이며, 이러한 욕망은 충족될수록 기쁨이나 행복과 가까워진다고 '막연히' 믿는다. 하지만 믿음과 현실은 어긋나는 경우가 많다. 리더가 되면 지위의 변화만큼 경제적 사회적 대접이 달라진다. 하지만 달라진 대접만큼 그 자리에 대한 책임과 기대도 커진다. 해서, 현실에서는 리더가 되기 전보다 기쁨이 많거나 행복하지 않을 수도 있다. | 경험으로 보자면, 리더가 된 후에 더 불행해지는 사람도 많다. 요컨대 리더가 되면 행복감을 느끼기가 더 어렵다. 왜 그런 것일까?

'리더가 되면 오히려 더 불행해진다'는 주장은 어찌 보면 매우 역설적으로 들리지만, 냉정하게 따져 보면 일리 있는 말이다. 원래 근로자는 자신이 제공한 노동력의 대가로 임금을 받기로 계약을 맺은 사람이다. 노동과 보수를 맞바꾸는 계약이기에 공짜는 없다. 임금이 높아질수록 제공해야 할 노동력의 양도 덩달아 커진다. 보수가 높을수록 대가가 뒤따르는 것이 계약 관계의 기본 원칙이며 본질이다. 따라서 위로 올라갈수록 제공해야 할 노동력이 많아지고 그 결과 행복해지기가 어렵다. '받은 만큼 일해야 한다'는 말은 괜히 나온 말이 아니다. 많이 받을수록 많이 일해야 된다.

리더가 되면 역할에 대한 책임도 커진다. 그전에는 부담을 느끼지 않았던 부분까지 책임을 져야 한다. 본인 실적이 아니라 맡고 있는 조직의 전체 실적이 자신의 실적이 되고, 부하직원의 잘잘못이 일정 부분 자신의 책임이 되기도 한다. 심적 부담이 증가한다. 역할과 책임의 범위가 넓어진 만큼 신경 써야 할 일도 많아진다. 위로는 경영진의 눈치도 살펴야 하고, 다른 부서와의 협업과 경쟁에도 신경 써야 하고, 아래로는 부하직원의 업무나 사생활에도 관심을 기울여야 한다. 신경 쓸 일이 많아지다 보니 회사에 머무는 시간이 증가한다. 출근이 빨라지고 퇴근이 점점 늦어진다. 간혹 주말이나 공휴일에 출근해야 하는 경우도 생겨난다. 일하는 시간이 늘어난 만큼 여가시간은 줄어든다. 그 결과 행복감을 느끼기가 더 어려워진다. | 연봉이 올라가서 만회되지 않느냐고 반문할지도 모르겠다. 하지만 올라간 연봉으로 향유하는 사람

은 주로 배우자다. 당사자는 돈을 쓸 시간조차 없다.

한편 리더가 되면 경영진의 주목도가 높아진다. 경영진이 리더가 아닌 사람까지 세세하게 관리하기란 현실적으로 어렵다. 관리범위(span of control)의 한계 때문이다. 해서, 부하직원은 경영진의 눈으로부터 자유롭다. 관심범위 밖에 위치하기 때문이다. 하지만 리더가 되면 달라진다. 언제 어디서든 경영진의 눈초리를 의식해야 한다. 리더의 한국식 표현인 '관리자'는 부하직원을 관리하는 자를 의미하지만, 경영진으로부터 관리 '당하는' 자로 해석해도 틀리지 않는다. 경영진의 눈에 개별 리더의 공과(功過)는 부처님 손바닥처럼 잘 보인다. 말하자면 리더는 유리로 된 벽 안에서 일을 하고 있는 셈이다. 자신이 뭘 하고 있는지가 만천하에 공개되는 위치에서 일한다. 자신의 일거수일투족을 누군가가 끊임없이 감시하고 있다고 생각해보라. 얼마나 피곤한 일인지. 리더의 자리가 그렇다. 마음 놓고 쉬거나 딴 짓을 할 수가 없다. 한마디로 힘들고 괴로운 자리다.

결국 리더가 되면 지위나 월급이 조금 오른 것을 제외하면 별반 나아진 것도 없다. 아니 오히려 더 여유가 없다. 역할과 책임이 커진 만큼 해야 할 일만 늘어났다. 신경 써야 할 일도 많아졌고 불안감도 증가했다. 이래저래 오늘날 리더는 피곤하다. 리더에게도 '박카스'가 필요하다.

리더를 불안하게 만드는 것들

"진짜 피로회복제는 약국에 있습니다." 한때 자양강장제의 대명사로 불리던 '박카스' 광고의 문구다. 사장님과 함께 새해맞이 등산을 간 직원들. 평소 등산을 좋아하던 사장님이 정상에서 한마디 했다. "아~ 좋다. 새해부터 산에 오르니까 묵은 피로가 싹 풀리지?" 이에 직원들은 예의상 그렇다고 대답은 했지만, 실제로는 죽을 맛이다. 억지로 끌려간 산행으로 피로가 풀릴 리 만무하다.

앞서 우리는 리더가 되면 오히려 더 불행해진다는 명제를 살펴보았고, 그에 대한 해결책으로 '리더에게도 박카스가 필요하다'고 말했다. 하지만 우리는 안다. 억지 등산으로 묵은 피로가 풀리지 않듯이 리더의 누적된 피로가 박카스 한 병으로 해결될 리가 없다는 사실을. 몸이 아프면 처방을 받기 전에 무엇 때문에 아픈지에 대해 의사의 진단이 필요하듯 리더가 되면서 생긴 피로를 풀기 위해서는 왜 피로가 생겼는지에 대한 원인 규명이 선행되어야 한다. 리더를 불안하게 만드는 현실을 냉철하게 따져보고, 왜 그런 현상이 발생했는지 분석부터 해봐야 하겠다. 그래야만 올바른 처방과 조치를 내릴 수 있기 때문이다.

지위가 높아진 리더는 무엇 때문에 불안한 것일까? 공포영화를 보면 사람들은 불안감을 느낀다. 왜 그런가? 그 이유는 갑자기 무엇이 튀어나올지 모르기 때문이다. 만약 앞으로 영화가 어떻게 전개될지 알고 있는 상황이라면 특별히 불안해할 이유가 없다. 이처럼 불안감의 실체는 불확실성 때문이다. 리더가 되면서 불안해지는 이유도 실은 이러한 불확실성과 깊은 관련이 있다. 무엇이 불확실한 것일까? 대략 4가지 관점으로 생각해볼 수 있겠다.

성과에 대한 불확실성

성과에 대한 압력은 리더를 피로하게 만든다. 재독철학자인 한병철은 그의 책 『피로사회』에서 오늘날의 사회를 '성과 사회'라 규정하고, 그 속에 살고 있는 인간을 '성과 주체'라고 명명했다. 즉 성과 사회에서 성과 주체인 인간은 스스로 성과를 위해 끝없이 노동만 해대는 동물로 전락했다는 것이다. 그로 인해 성과사회의 심리적 질병인 우울, 피로, 소진이라는 자폐적 결과를 낳고, 이는 또 피로 과잉으로 이어진다는 것이다. 한마디로 성과 사회에서 인간은 스스로를 노동으로 내몬 결과, 피로 과잉 상태가 되었고 그로 인해 언제나 피로하고 불안해졌다는 것이다.

현대사회에 대한 한병철 교수의 진단이 타당하다면, 조직에서 성과에 대한 책임을 한 몸에 받고 있는 리더는 다른 사람보다 더욱 피로 과잉에 시달릴 수밖에 없다는 결론에 이르게 된다. 또한, 이러한 분석은 경험상 일견 타당해 보인다. 앞서도 이야기했듯이 근로계약은 상호교환적이어서 상대적으로 보수를 많이 받는 리더는 성과에 대한 책임도 더 크게 질 수밖에 없다. 리더는 성과의 결과에 대해 더 노심초사하고, 성과를 내기 위해 더 많이 노력한다. 해서, 현대의 성과 조직에서는 부하직원들보다 리더가 더 빨리 출근하고 더 늦게 퇴근한다.

그런데 리더를 더욱 불안하게 만드는 게 있다. 대체로 리더의 능력이나 노력만으로는 조직의 성과를 담보할 수 없다는 점이다. 오늘날 세계 경제는 거대한 메커니즘 속에서 서로가 서로에게 영향을 주고받는 시스템으로 구성되어 있다. 이러한 메커니즘 속에서 조직의 성과란 오롯이 각 주체의 역량이나 노력으로만 결정되는 것이 아니다. 소위 '운발'이 많이 작용한다. 운이 따라줘야 성과도 낼 수 있다. 뛰어난 능력자가 아무리 노력해도 운이 받쳐주지 않으면 도로아미타불인 경우도 허다하다. 미국의 금리정책이 바뀌면 그로 인해 경쟁상황이 변화하고 영업실적이 달라진다. 직접적인 관련이 없는 산업에도 직간접적인 영향을 받게 된다. 어디 그뿐인가? 중국의 통화정책 결과에도 영향을 받고, 중동에서의 원유 생산량의 결정에도 영향을 받고, 남미의 가뭄에도 영향을 받는다.

세계 경제가 글로벌화 되었다는 말은 불확실성이 과거보다 커졌다는 의미이기도 하다. 이는 또, 개별 조직의 성과도 개인의 능력으로 통제하기가 어려워졌다는 것을 뜻한다. 이처럼 성과 압력이 여전한 상태에서 성과 결과가 자신이 통제하지 못하는 우연적 요소나 운에 맡겨져 있다는 점은 당사자에게 매우 불안한 일이다. 특히 성과에 대해 직접적인 책임을 져야 하는 리더라면 그 불안감은 더욱 커질 수밖에 없다.

여기서 끝이 아니다. 더 큰 문제는 성과가 우연적인 요소에 영향을 받는다고 해서 낮은 성과에 대해 정상참작을 해주는 경우는 매우 드물다는 사실이다. 독일 철학자 칸트는 "자유가 없으면 책임도 없다"는 말로 개인의 책임에 대해 매우 '인간적인(?)' 가이드라인을 제시했다. 그럼에도 현대 성과사회의 중심에 서 있는 기업조직에서는 대(大)철학자 칸트의 주장을 받드는 경우는 거의 없다. 외부 요인으로 인해 낮은 성과를 낸 사람에게 정상참작을 해주는 경우는 좀처럼 찾아보기 힘들다. 조직에서 위로 올라갈수록 소위 '파리목숨'이 되는 이유도 바로 이 때문이다. | 해서, 리더로 진급되는 것을 꺼리는 사람도 있다. 아무리 성실하고 능력이 뛰어나더라도 운이 뒷받침되지 않는 경우에는 기대한 성과를 달성하기 어려운 것이 현실이며, 이것이 리더를 불안하게 만드는 첫 번째 요인이다.

능력에 대한 불확실성

리더가 가진 능력도 불확실하긴 마찬가지다. 요즘은 능력 중심의 인사제도가 도입되어 여러 후보 중 능력이 검증된 자가 리더의 자리에 오른다고 믿는다. 특별히 틀린 말은 아니다. 하지만 옳다고 말하기도 애매한 측면이 있다. 일반적으로 리더가 가진 능력이나 재능이 객관적으로 측정할 수 있는 성질의 것이 아니며, 그것이 또 변함없이 절대적인 것도 아니기 때문이다. 대체로 개인이 가진 능력은 언제 어디서 어떻게 사용되는가에 따라서 결과가 유동적이며, 그 결과 능력에 대한 평가도 달라진다.

누군가가 가진 능력 요소는 상수가 아니라 그것이 발휘되는 상황에 영향을 받는 함수라고 보는 편이 타당하다. 가령 사원 시절에 보였던 성실함과 꼼꼼함이 관리자가 되면 융통성 없고 부하직원을 '갈구는' 성향으로 표출될 수도 있다. 성실하고 꼼꼼한 성격이 감사 업무를 맡았을 때는 매우 적합한 역량으로 드러나겠지만 만약 영업 업무를 맡았다면 그 사람의 성격은 변덕스러운 고객의 까다로운 요구를 맞추어 주는 데 걸림돌이 될 수도 있다. 요컨대 어떤 프레임으로 바라보는가에 따라 개인의 능력에 대한 평가가 달라진다.

개인의 능력이 변덕스럽다는 것도 문제다. 무슨 말이고 하니, 능력이 있고 없고의 평가는 '보유'의 여부보다 '활용' 여부가 더 크게

작용한다. 특정 능력을 보유했더라도 무슨 이유에서건 그것을 활용하지 못한다면 무용지물이 되기 때문이다. 만약 어떤 이가 특정 능력을 가지고 있어도 그것을 현실에서 활용하지 않는다면 그는 해당 역량이 없는 것으로 간주된다. 그런데 요즘의 기업조직은 그 규모가 방대해서 개인이 자신의 능력을 마음껏 발휘할 수 없는 조건인 경우도 많고, 개인의 능력이 결과에 얼마나 영향을 미쳤는지 가늠하기가 어려운 경우도 허다하다. 해서, 어떤 때는 능력이 탁월해 보이다가도 어떤 경우에는 별 쓸모가 없어 보이기도 한다. 실제로도 정년을 앞둔 관리자가 조직에 있을 때는 경험이 많고 노련한 '능력자'로 보이지만, 퇴직하고 나면 아무것도 모르는 '무지렁이'처럼 보여지기도 한다. | 공공기관이나 은행을 다니다가 퇴직한 사람을 생각해보라!

이처럼 개인이 가진 능력은 객관적으로 측정되는 것이 아니라 상황변수에 영향을 받거나 변덕스럽게 표출된다는 점은 리더에게 상당한 불안 요소로 작용한다. 시험을 쳤는데 자신의 점수가 백 점이 될지 오십 점이 될지를 가늠할 수 없다면 불안한 것과 같은 이치다. 능력에 대한 불확실성은 당사자로 하여금 스스로에 대한 신뢰를 갖기 어렵게 만들고, 타인의 시선과 평가를 의식하게 만든다. 쇼펜하우어가 그랬다.

타인의 머리는 진정한 행복이 자리잡기에는 너무 초라한 곳이다.

쇼펜하우어 _1788~1860

독일의 철학자이자 염세주의자. 쇼펜하우어는
인간의 의지는 무한한 데 비해, 그것을 충족하는
데에는 많은 제약이 따른다고 했다. 그리고 어떤
욕망이든지 채워지고 나면 즉시 새로운 욕망이
일어나고, 반대로 어떤 고통에서 벗어났다 싶으
면 곧바로 새로운 불행이 찾아들며, 고통이야말
로 삶의 본래 모습이고 쾌락이나 행복은 고통이
없어졌을 때나 잠깐 찾아오는 소극적인 것이라
고 보았다. 결국 쇼펜하우어는 우리가 삶에 대한
의지를 가지고 있는 한 '인생은 고통이요, 이 세
계는 최악의 세계'라고 보았다.

나의 능력 여부가 타인의 머리, 즉 타인의 평가에 좌우되는 상황에서는 좀처럼 행복하기 어렵다. 리더의 능력이 객관적 기준이 없이 타인에 의해 변덕스럽게 평가된다면 이 또한 매우 불안한 일이다.

경영진에 대한 불확실성

리더의 지위가 전적으로 경영진의 결정에 달려있다는 점도 불안한 일이다. 경영진이 리더의 지위를 마음대로 좌지우지할 수 있다는 말은 리더 입장에서는 경영진의 눈치를 볼 수밖에 없다는 뜻이다. 사실상 대부분의 영역에서 객관적 평가가 어렵다는 것을 전제한다면, 이러한 상황은 리더로 하여금 자신의 업무 외 여러 유형의 정치적 행위에 관여하도록 내몬다. 아무리 바빠도 경영진의 경조사에 빠져서는 안되고, 경영진과 관계된 사적인 모임에도 끈을 대야 한다. 자신이 소외된 상황에서 경쟁자가 경영진과 친하다는 사실은 매우 위험한 사건이다. 한편 객관적 평가가 어렵기에 자신의 업적을 실제보다 부풀리려고 노력하거나 때로는 경쟁자를 험담해야 하는 경우가 생긴다. 또 다른 사람이 자신에게 불리한 험담을 하지나 않을까 촉각을 곤두세우기도 해야 한다. 언제 다른 사람의 정치적 음모에 희생양이 되지나 않을까 하는 불안감을 떨쳐버리기 힘들다. 업무를 수행하기도 바쁜데 이런저런 정치적 활동까지 관여하려다 보니 이래저래 피곤할 수밖에 없다.

　경영진의 지위가 절대적이지 않다는 점도 문제다. 만약 경영자가 전지전능한 지위에 있다면 그의 뜻에 따르기만 하면 된다. 피곤하더라도 정치적 행위를 잘만 하면 된다. 그러나 경영진의 지위도 완전히 안전한 것은 아니다. 회사가 망하거나 실적 부진으로 이사회에서 제명될 수도 있다. 자신이 줄을 대던 경영진이 옷을 벗으면, 그간의 노력도 수포로 돌아간다. 소위 '썩은 동아줄'인 셈이다. 리더가 조직 내 정치만 잘한다고 해서 고용 안정성이 보장되는 것은 아니다. 조직 자체도 경영진도 변수다. 회사가 시장에서 계속해서 이윤을 창출하는가도 매우 중요한 변수다. 정치적 행위를 잘해서 경영진의 눈에 들었다 할지라도 회사가 계속 이윤을 내지 못한다면 경영자의 뜻에 관계 없이 지위를 잃을 수도 있다. | 정치적 행위에 휘둘리는 경영자일수록 시장에서 이윤을 창출하는 데 실패할 가능성이 높다. 대체로 정치적 행위의 효용성은 사내에 국한되며, 대외 경쟁에서는 악영향을 미치는 경우가 많다.

　자금 압박에 시달리는 회사의 경영진은 임금 수준이 높은 나라 인력의 고용을 줄이고, 대신 임금 수준이 낮은 나라의 노동자를 고용하고 싶은 유혹을 떨치기가 어렵다. 능력에 큰 차이가 없다면 고임금 노동자는 내보내고 상대적으로 임금이 낮은 사람으로 대체하고 싶어한다. 또 노동자를 대체할 기계 장치나 로봇을 개발할 수도

있다. 은행의 자동현금인출기(ATM)가 아무리 고객에게 편의를 제공한다 할지라도 은행의 출납원 입장에서는 마냥 찬사를 보내기가 어렵다. | 실제로 ATM기가 처음 보급되었을 때 그것은 은행출납계원 37명 몫을 했다. 게다가 ATM기는 연월차 휴가를 요구하지도 않으며, 병가를 내는 경우도 거의 없다. 원가절감을 심각하게 고민하는 경영진은 고임금 노동자인 리더의 수를 줄일 방안을 고민한다. 한 명의 리더가 더 많은 업무 영역을 관리하기를 바란다. 리더의 입장에서는 이래저래 괴롭다. 할 일이 많아져서 피곤하고 감축인력 명단에 들어가지 않을까 걱정이다. 결국 이윤창출에 대한 경영진의 압박은 리더의 입장에서는 지위를 불안하게 만드는 요소로 작용한다.

제품 수명주기가 짧아지는 것도 위협 요소다. 경쟁이 심해지면서 기업들은 매번 새롭고 더 나은 제품을 시장에 내놓아야 한다. 새로운 제품을 출시하는 데 소홀한 기업은 변덕스러운 고객으로부터 외면당하기 십상이다. 그 결과는 이윤창출 실패로 이어지고 심하면 기업의 생존이 위협을 받게 된다. 상황이 이렇다 보니 기업은 너 나 할 것 없이 신제품 개발에 사활을 걸게 되고, 그 결과 제품 수명주기는 점점 짧아진다. 짧아진 제품 수명주기는 노동자로 하여금 현재 자신이 하고 있는 일이 장기간 그대로 유지될 거라는 믿음을 무너뜨린다. 텔레비전 시장을 보자. 흑백 브라운관 TV가 칼라 브라운관 TV로 대체되었고, 이는 곧 PDP TV로, 또 LCD TV에 이어 LED TV로 바꿰어왔다. 이 과정에서 새로운 기술을 가진 신규 인력이 계속 채용되었지만 이는 대부분 기존 기술자의 자리를 대체한 결과다. 이처럼 신기술, 신제품은 기존 기술을 가진 사람의 무덤 위에 세워진 가건물(假建物)인 셈이다. 기존 건물을 부수고 그 자리에 새 건물을 짓는 것과 같다. 짧아진 제품 수명주기는 이러한 철거와 신축의 주기를 짧게 만들었다.

경쟁이 심화되면서 기업 경영도 카지노의 도박판처럼 위험해졌다. 시장이 빠르게 변하면서 신제품을 얼마나 성공적으로 출시하는가의 여부가 회사의 생존을 좌우하는 상황이 발생하기도 한다. 물론 회사가 단 한 번의 베팅으로 큰돈을 벌 수도 있다. 하지만 회사가 한 판 크게 딴 뒤에 슬그머니 판돈을 정리해서 물러나는 경우는 없다. 계속해서 도박판에서 머물면서 다음 베팅을 해야 한다. | 경영학에서는 이를 고상하게 '지속 가능한 경영'이라고 부른다. 성공한 베팅의 결과로 종업원들에게는 약간의 '떡고물'이 주어진다. 하지만 베팅이 실패한 경우는? 매서운 한파가 찾아온다. '피바람'이 불어서 생존이 위태로워지기도 한다. 성공의 열매는 달콤하지만 실패의 결과는 치명적이다. 이와 같이 정치적 역학구도, 불안정한 경영진의 지위, 경쟁과 성과 압력 등은 경영진에 대한 불확실성을 증가시키고, 이는 리더의 지위에도 영향을 미친다. 아무튼 리더 입장에서는 이래저래 위태롭고 불안할 수밖에 없다.

미래에 대한 불확실성

미래에 대한 불확실성 또한 현재의 지위를 상실할지도 모른다는 불안감을 가중하는 요인으로 작용한다. 만약 미래에 대한 대비가 충분하다면 현재의 지위를 상실한다 할지라도 크게 불안해할 이유가 없다. 뜻하지 않게 자리를 내놓아야 하는 경우도 '쿨'하게 떠날 수 있다. 최선은 아니더라도 차선을 선택하는 삶도 나쁘지 않기 때문이다. 하지만 오늘날 리더는 퇴직 후의 삶이 막막한 경우가 많다. 자녀 뒷바라지하느라 정작 자신의 노후를 대비하지 못하는 경우가 허다하다. 의학 발달로 수명은 늘어났지만 늘어난 수명에 걸맞은 경제적인 대비는 턱없이 부족한 경우가 태반이다.

퇴직 후 어쩔 수 없이 선택한 자영업으로 그간 모아둔 돈마저 한 방에 날려버리는 경우를 심심치 않게 목격할 수 있다. 주변에서 이러한 뉴스를 접하게 되면 자신의 미래에 대한 불확실성은 더욱 증폭된다. 자영업자들이 월급쟁이들에게 공통적으로 하는 말이 있다. "돈이 많건 적건 간에 그래도 꼬박꼬박 월급 받을 때가 좋았다"는 말이다. "회사 일이 힘들어 죽겠다"는 푸념에 자영업자는 이렇게 대답한다. "직장생활이 전쟁이라면 바깥은 지옥이다." 상황이 이렇다 보니 퇴직 후의 삶은 아무리 머리를 굴려도 도무지 '견적(?)'이 나오지 않는다.

이렇게 미래에 대한 계산이 서질 않고 불안하다 보니 현재의 자리에 더욱 연연하게 된다. 그런데 문제는 자리에 연연한다고 해서 불안감이 가시는 것은 아니라는 데 있다. 앞서 말했던 성과, 능력, 경영자에 대한 불확실성은 여전히 존재하기 때문이다. 하지만 달리 선택지는 없다. 누구는 '밥벌이의 지겨움'을 논하지만, 그건 배부른 소리다. 아무리 단순하고 고되더라도, 밥벌이를 지겹도록 할 수만 있다면 그것만으로도 행복이라는 생각이 들 정도다.

이와 같은 요인들 때문에 오늘날 리더는 불안하다. 여기서 놓치지 말아야 할 부분은 리더가 불안해하는 요인들이 일시적인 것이 아니라 '근본적'이라는 사실이다. 개인이 노력을 덜 했거나 잘못된 선택 때문이 아니라 구조적 요인 때문에 불안하다는 뜻이다. 물론 개인마다 정도의 차이는 있겠지만 이 시대를 살아가는 대부분의 리더는 이러한 구조적 요인들로 인해 어느 정도의 불안감을 겪고 있다. 사실 이러한 인식만으로도 다소간 위안이 되기도 한다. 매도 혼자 맞을 때보다 여럿이 맞으면 아픔도 덜한 법이니까. 아무튼 그럼에도 우리에게 필요한 것은 이러한 불안으로부터 어떻게 벗어날 수 있을까 하는 점이다. 천천히 살펴보기로 하자.

환경 변화는 리더를 위험지대로 내몰았다

누구나 느끼는 일이겠지만, 요즘은 세상이 너무 빠르게 변하고 있다. 하도 빨리 변해서 정신이 없다. 막연히 하루하루를 살다 보면 잘 실감이 나지 않을 수도 있겠지만, 오늘날 변화의 속도는 과거와는 비교할 수도 없을 정도다. 예를 들어 보자. 인류의 시대 변천을 큰 흐름으로만 되짚어 보자. 알다시피 인류 역사는 약 700만 년 정도다. 그 시기 동안 인류는 유목민 시대를 시작으로 농경 사회, 산업 사회를 거쳐 지금의 정보화 사회로 변천해왔다. 그렇다면 각각의 시기는 몇 년간 존속했을까?

유목민 시대는 지금으로부터 약 700만 년 전부터 시작하여 신석기 시대 이전까지 지속되었다. 연도로는 BC 1만 년경까지다. 그로부터 산업혁명이 시작된 18세기 후반, 그러니까 1800년까지의 시기가 농경 사회였다. 그 이후 앨빈 토플러가 『제3의 물결』에서 말한 정보화 혁명기, 구체적으로는 기업들이 컴퓨터를 본격적으로 사용하기 시작한 1990년까지를 산업 사회라 부른다. 1990년부터 지금까지는 정보화 사회에 해당한다. 그러니까 지금 우리가 살고 있는 정보화 사회는 1990년부터 시작하여 현재까지의 매우 짧은 시기에 불과하다. 인류 역사에서 큰 변화를 가져왔던 시대로 구분하고 각각의 시대가 존속했던 기간을 살펴보면, 최근으로 올수록 시대 변화가 급변하고 있음을 알 수 있다. 변화가 점점 빨라진다는 사실이 느껴지는가? 실감나지 않는 사람을 위해 시간 척도를 바꾸어서 계산해 보았다. 인류 역사가 고작 한 달(30일)이라고 가정해보자. 만약 인류 역사가 700만 년이 아니라 딱 한 달, 30일이라고 치면 앞서 언급한 각각의 시기는 얼마나 될까? 30일로 환산하면 다음과 같다.

시대 구분	시대의 시작	30일로 환산한 경우
유목민 시대	인류 역사 시작부터 (약 700만 년 전)	29일 22시간 46분
농경 사회	신석기 시대 이후 (BC 1만 년 전)	1시간 12분 20초
산업 사회	산업혁명 이후 (대략 1800년경)	1분 10초
정보화 사회	제3의 물결 이후 (대략 1990년경)	5초

이제 변화가 빠르다는 사실이 느껴지는가? 위 표에서 보는 바와 같이 인류 역사의 대부분은 유목민 시대였다. 그 이후 비교적 짧은 농경 사회를 거쳤으며, 산업 사회는 매우 빠르게 지나쳐서 지금

의 정보화 사회로 변해왔다. 우리의 인식 속에 매우 친숙한 산업 사회나 정보화 사회도 알고 보면 기나긴 인류 역사에서 매우 짧은 시기에 불과하다. 이러한 분석은 우리가 살고 있는 사회가 점점 빠르게 변화하고 있다는 사실을 잘 보여준다.

여기서 우리가 확장해서 생각해봐야 할 것이 있다. 과거에 살았던 인류와 현대를 살아가는 인류는 크게 다른 점이 있다는 사실이다. 현대의 인류는 자신이 인생을 특정한 한 시기만을 사는 것이 아니라 여러 시대를 걸쳐 살아야 한다는 점이다. 유목민 시대나 농경 사회에서 살았던 사람들은 자신의 인생을 단 하나의 시대만 살았다. 이를테면, 고려 시대나 조선 시대를 살았던 조상들은 농경 사회에 태어나서 농경 사회를 살다가 농경 사회에서 돌아가셨다. 하지만 오늘날 우리의 경우는 다르다. 1990년 이전에 출생한 사람이라면 | 나도 여기에 해당한다. 산업 사회에 태어나서 지금은 정보화 사회를 살고 있다. 그럼 나는 어떤 사회에서 죽을까? 정보화 사회에서 죽을까? 알 수 없다. 현재의 변화 추세로 보자면 앞으로 몇 번의 새로운 사회를 경험할 수도 있다. 그렇지 않은가?

생각해보자. 농경 사회에 태어나서 농경 사회를 살다가 농경 사회에서 돌아가신 선조들과 산업 사회에 태어나서 바뀐 정보화 사회를 경험하고 앞으로 몇 번의 새로운 사회를 경험하다 죽을지 모를 현대인 중 누가 더 행복한 시기를 살고 있는 것일까? 다시 말해, 일생 동안 한 번의 시대 변화도 겪지 않았던 선조와 일생 동안 여러 사회를 경험하게 될 현대인을 비교하면 누가 더 행복한 것일까? 어쩌면 오늘을 살아가는 현대인들은 매우 불행한 시대를 살고 있는지도 모른다. 왜? 가령 고려 시대나 조선 시대를 살았던 선조들은 자기가 살았던 평생 동안 한 번도 세상이 크게 바뀌지 않았다. 세상이 바뀌지 않았다는 말은 세상사에 적용되는 삶의 원리나 기준, 법칙들이 변치 않는다는 것을 의미한다. 그렇다 보니 나이가 들어갈수록 경험이나 지식, 노하우가 축적된다. 변화가 없는 시대에는 나이가 들어갈수록 지혜로운 사람이 된다. 흔히 연륜(年輪)이 더해진다는 말은 이를 두고 하는 말이다. 연륜이란 말 그대로 여러 해 동안 쌓은 경험에 의해 이루어진 숙련의 정도를 말하는 것으로 이는 나이와 비례하는 척도다. 이런 시대에서 나이가 든다는 것은 연륜이 쌓여 지혜롭게 된다는 말과 동의어다.

어떤 이는 농경 사회에서 노인의 존재는 마을에 도서관이 하나 있는 것과 같다고도 말한다. 농경 사회에서는 모르는 일이 있으면 항상 노인을 찾았다. 노인의 연륜에서 묻어난 지혜로운 말 한마디가 수백 권의 책 속에서 얻은 통찰만큼이나 밝았기 때문이다. 따라서 이 시기는 나이가 들수록 지혜로운 사람으로 추앙을 받았다. 농경 사회에 어른을 공경하는 문화는 '나이가 들수록 지혜롭다'는 등식이 성립되었기에 가능했던 것이다.

하지만 오늘날에는 어른이 될수록 지혜롭다는 등식이 성립되지 않는다. 왜 그런가? 그것은 사회가 빠르게 변해버렸기 때문이다. 연륜이 쌓여 생긴 지혜는 경험의 근간이 되었던 사회가 같은 경우에만 적용된다. 사회가 달라지면, 세상이 바뀌면 그동안 쌓았던 경험이 무용지물이 되고 만다. 더 이상 써먹을 수가 없다. 농경 사회에 쌓았던 지혜는 산업 사회에서는 통하지 않는 경우가 많다. 산업 사회의 그것은 정보화 사회에서 통용되기는 어렵다. 정보화 사회에서의 지혜는 그 사회에서 쌓여온 지식과 노하우만을 자양분으로 삼기 때문이다. 해서, 요즘 노인들은 과거에 비해 젊은이에게 공경 받기가 쉽지 않다. 정보화 시대를 살아가는 젊은이들이 더 이상 산업 사회에서 축적한 노인들의 연륜을 필요로 하지 않기 때문이다.

젊은이들이 더 이상 노인을 공경하지 않는 사회, 이러한 현상을 단지 '요즘 젊은 것들(?)의 싸가지 없음'으로만 읽어서는 곤란하다. 본질은 사회의 변화가 기존의 것들을 지우면서 성립된다는 데 있다. 옛것을 복습하여 새것을 안다는 뜻의 '온고이지신(溫故而知新)'은 적어도 사회 변화에서만큼은 틀린 말이다. 오늘날 사회 변화는 옛것을 지우고 새것을 세우는 방식이다. 마치 신상품이 기존 상품들을 진열대에서 사라지게 만드는 것처럼. 기존 상품의 본질적 가치와는 관계없이 신상품의 출시가 기존 상품의 유통기한을 단축시켜 버린다.

그런데 여기서 특히 문제가 되는 것은 사회 변화에 따라 사람들도 유통기한도 함께 짧아진다는 점이다. 새로운 사회의 패러다임에 적응하지 못한 사람은 그동안 그가 축적해온 경험이나 노하우가 깡그리 쓸모 없는 것으로 치부되어 더 이상 제대로 된 상품 가치를 인정받지 못하게 된다. 더 나아가 이제 유통조차 되지 않는 상태로 전락하고 만다. 솔직히 말해 오늘날 노인의 의미는 더 이상 지혜로운 사람으로 읽히지 않는다. 철 지난 옷을 걸친 '추억 속 영웅'에 불과하다. 오늘날 대다수 노인들은 지혜로운 사람으로서 '공경의 대상'이 아니라 사회적 약자로서 '부양의 대상'으로 전락하고 말았다. 안타깝지만 사실이다.

이처럼 빠른 사회 변화는 많은 사람들을 오히려 위험에 빠뜨렸다. 열심히 노력해서 쌓은 삶의 경험이나 지식도 금방 쓸모 없는 것으로 만들어 버리고, 사람의 유통기한마저 잠식해 버렸다. 이제 어느 누구도 과거에 쌓아온 지식이나 경험으로 미래를 보장하기가 힘들어졌다. 힘들게 쌓아왔지만 정작 써먹을 곳이 없어진 세상이 되어버린 것이다. 변화의 속도가 빨라질수록 인간도 더 빨리 뛰어야 한다. 속도에 뒤처지면 도태되고 마니까. 또 계속해서 새롭게 변화된 세상에 적응해야만 한다. 젊은이건 늙은이건, 강자건 약자건 누구나 계속 경기에 나서야 한다. 이래저래 힘들고 불안하다.

빠른 변화는 조직의 리더에게도 위협적이다. 지금까지 나이를 먹고 연륜을 쌓아서 리더의 자리에 앉았는데, 환경 변화는 나이와 연륜을 오히려 핸디캡 요소로 만들어 버렸다. 새로움을 먹고 자라는 변화는 그 속성상 연륜과는 상극이다. 나이가 들수록 변화를 따라가기가 힘겹다. 그런데 시대와 환경은 모든 사람에게 변화할 것을 강요한다. 찰스 다윈이 "변화에 잘 적응하는 자만이 살아남는다"고 통찰했듯이, 변화하지 않으면 도태되고 적응하지 못하면 죽는다. 그런데 나이를 먹을수록 변화한다는 것이 말처럼 쉽지 않다. 그래서 빠른 변화는 리더를 위험지대로 내몰았다.

Humanities
for Leaders **4**

경쟁 방식이 달라졌다 : 격투기에서 이종격투기로

변화의 속도만이 아니다. 변화의 양상도 달라졌고, 이에 따라 경쟁 방식도 바뀌었다. 어떻게 달라졌을까? 2004년 말경에 이런 기사가 스포츠 신문 일면을 장식한 적이 있다.

〈최홍만, 씨름판을 떠나 'K-1' 선수로 나서다〉

한국 민속씨름을 대표하던 최홍만 선수가 자신이 속했던 씨름단 해체를 계기로 일본 이종격투기 단체인 'K-1'과 계약하면서 씨름 선수에서 이종격투기 선수로 전향했다. 당연히 이 사건은 언론의 집중 조명을 받았다. 한국을 대표하던 민속씨름 선수가 무슨 이유에서건 | 대체로 '돈 때문'이라는 시각이 많았다. 일본의 이종격투기 선수로 옷을 갈아입은 사건에 대해 불편한 시선을 감추지 않았던 사람도 많았다. 물론 이해하는 쪽도 있었다. 프로 스포츠 선수가 '돈 때문에' 움직이는 것이 무슨 문제인가 하는 시각도 많았다. 여론은 찬반양론이 있었지만 본인은 선택을 했고, 이제 그는 씨름선수가 아닌 K-1선수로 우리에게 비춰지게 되었다.

그는 왜 자신이 계속해왔던 민속씨름판을 떠나 생소한 이종격투기에 발을 디딘 것일까? 단지 돈 때문만이었을까? 물론 경제적 욕구도 충분히 작용했으리라고 짐작된다. 당시 받았던 계약금 | 10억 원으로 알려졌다.은 민속씨름 선수가 만지기엔 큰 돈이었다. 계약기간 2년이 지난 뒤에는 이전보다 훨씬 많은 액수의 계약금을 받은 점을 감안한다면 이종격투기 선수로의 전향이 그에게 금전적 욕구를 어느 정도 충족시켜 준 것으로 보인다.

하지만 그보다 더 큰 요인이 있었다. 바로 자신이 속한 민속씨름이 계속해서 하향세를 걷고 있다는 점이다. 한국 민속씨름은 1983년 한국민속씨름협회가 제1회 천하장사씨름대회를 주최하면서 시작된 프로 씨름대회였다. 출범 당시만해도 상금 규모나 흥행 면에서 여느 프로 스포츠에 뒤지지 않을 정도로 인기가 많았다. 하지만 90 년대 중반부터 인기가 약해지더니 1997년 경제위기의 여파로 한때 열 개가 넘던 프로팀이 줄줄이 해체되면서 쇠락했다. 정상급 씨름선수 최홍만이 이종격투기 무대로 자리를 옮긴 배경은 이러한 민속씨름의 쇠락과도 무관하지 않다. 최홍만 전향 이후에도 잘나가던 민속씨름 선수인 이태현, 김영현 등도 이종격투기로 전향하는 사례를 보면, 당시 민속씨름의 하락세가 선수들에게 얼마나 불안감을 주었는지 짐작할 수 있다.

여기서 질문 하나. 현재 프로복싱 헤비급 세계 챔피언이 누구인지 아는가? 아마도 대부분의 사람들은 현재 세계 챔피언을 모를 것이다. 사실 나도 모른다. 왜 그런가? 관심이 없기 때문이다. 관심이 없기에 인기가 없고, 인기가 없기에 TV 중계도 잘 안 한다. 그러니 모를 수밖에. 그렇다면 다시 질문 하나 하자. 혹시 '마이크 타이슨'이라는 선수는 아는가? 이번 질문에는 대부분 '안다'고 답할 것이다. 일명 '핵주먹'으로 잘 알려진 마이크 타이슨은 미국 출신의 프로복서로 불과 20세에 WBC헤비급 세계 챔피언에 등극했고, 21세에는 WBA 타이틀과 IBF 타이틀을 차지해 가장 권위 있는 3개 복싱단체의 통합 세계 헤비급 챔피언이라는 타이틀을 최초로 가졌던 선수다. 그가 처음 챔피언으로 활동했던 1986년부터 10년간, 그러니까

1996년까지는 프로 복싱의 인기가 하늘을 찌르던 시절이었다. 당연히 세계 챔피언이었던 마이크 타이슨은 천문학적 금액의 파이터머니를 받았다. 인기가 좋으니 돈도 따랐다. 그런데 지금은 어떤가? 앞서 질문에서처럼 대부분의 사람들이 별로 관심을 두지 않는다. 관심이 없으니 누군지도 모른다.

　요즘 사람들은 왜 프로 복싱에 더 이상 관심을 갖지 않는 것일까? 가장 큰 이유는 사람들의 관심이 다른 곳으로 옮겨 갔기 때문일 것이다. 복싱에 열광하던 사람들은 지금은 어디에 관심을 둘까? 물론 개인마다 차이는 있겠지만, 대체로 격투기를 좋아했던 사람이라면 요즘은 복싱보다는 UFC나 프라이드, K-1으로 대변되는 이종격투기에 관심이 많다. 1993년 일본에서 '케이원(K-1:K는 킥복싱·가라테·쿵푸 등의 알파벳 머리글자를 딴 것)'이라는 이종격투기를 시작으로 프라이드FC, 미국의 UFC(Ultimate Fighting Championship) 등 다수의 이종격투기 단체가 생겨나 지금까지 인기를 끌고 있다.

　이종(異種)격투기란 기존 격투기와 달리, 다른 종목 선수들끼리 싸우는 경기를 말한다. 이종경투기가 생기기 전까지 그냥 '격투기'만 있었다. 격투기는 같은 종목 선수끼리 서로 맞서 겨루는 경기를 말한다. 예컨대 씨름은 씨름 선수끼리 겨루고, 복싱은 복서끼리 싸우고, 레슬링은 또 다른 레슬러와 경쟁을 할 뿐이었다. 종목이 다르면 룰이 달라서 공정한 경쟁을 할 수 없기 때문이다. 하지만 이종격투

이종격투기 _異種格鬪技

유도, 레슬링, 킥복싱, 합기도, 태권도, 복싱 등
다른 무술을 배운 사람들이 맞붙어서 싸우는
경기를 말한다. 이종격투기의 기원은 고대 올
림픽에서 종목으로 채택되어 경기가 벌어졌던
'판크라티온'이다. 현대에 공식적으로 '이종격
투기'라는 용어가 생긴 것은 1980년대 이후다.
경기는 물어뜯거나 눈을 찌르는 등의 반칙이
없는 한 한 사람이 항복할 때까지 계속된다.

기가 생기면서 이러한 공식이 깨졌다. 이제 서로 다른 종목 선수와도 새로운 룰에 의해서 겨룰 수 있는 무대가 만들어진 것이다. 복서와 레슬러가 새로운 이종격투기 그라운드에 올라 바뀐 룰에 의해서 경쟁하는 시대가 도래한 것이다.

이러한 새로운 격투 방식, 다른 종목끼리 겨루는 이종격투기가 사람들에게 인기를 끌면서 기존의 격투기 업계는 너 나 할 것 없이 침체의 길을 걷기 시작했다. 마이크 타이슨이 세계 챔피언이던 시절에는 그렇게 인기가 높았던 프로 복싱도 지금은 대부분의 사람이 세계 헤비급 챔피언이 누구인지도 모르는 현실이나 민속씨름을 대표하던 최홍만이 이종격투기 선수로 전향한 사건은 기존 격투기 산업의 침체와 무관하지 않다. 이제는 바야흐로 격투기의 시대는 가고, 이종격투기의 시대가 되었다.

흔히 현대 사회를 '무한 경쟁의 사회'라고 표현하는데, 이종격투기의 세계야말로 무한 경쟁의 상징이다. 각 분야에서 잘나가는 선수들만을 선별하여 새로운 이종격투기 무대에서 치열하게 싸우는 종목이야말로 경쟁의 극치를 보여준다. 무한 경쟁의 상징인 이종격투기 무대에서는 아무리 실력이 좋은 선수라 할지라도 안심할 수 없다. 왜냐하면 어떤 선수를 만날지 알 수 없기 때문이다. 강호(江湖)에 이인기사(異人奇士)가 많듯 이종격투기 무대에서도 특별한 재능을 지닌 의외의 복병을 언제 만날지 모른다. 해서, 누구라도 만만하게 보면 안 되고 잠시도 방심해서는 안 된다. 절대 강자도 없고 영원한 챔피언도 없다. 조금이라도 마음을 놓거나 방심하는 순간 한 방에 나가 떨어질 수 있는 세계가 바로 이종격투기 그라운드다. 로마제국 당시 원형경기장에 검투사(gladiator)가 있었다면, 오늘날에는 옥타곤ㅣ미국의 이종격투기 단체인 UFC가 운영하면 팔각형의 그라운드에 '이종격투가'가 있는 셈이다.

재미있는 점은 스포츠 세계만 격투기에서 이종격투기로 변화한 것이 아니라는 사실이다. 우리가 속해 있는 비즈니스 세계도 격투기에서 이종격투기로 바뀌고 있다. 비즈니스 세계도 경쟁이 심해지면서 기존과는 다른 경쟁 방식이 도입되고 있다. 같은 산업 분야에 속한 회사끼리 경쟁하는 소위 '격투기' 방식의 경쟁에서 전혀 다른 산업에 속한 회사와도 경쟁해야 하는 '이종격투기' 시대가 도래한 것이다. 대표적인 곳이 금융권이다. 금융권은 과거에는 '격투기' 시장이었다. 은행은 은행법에 의거하여 다른 은행과 겨루고, 증권사는 증권업법에 따라 다른 증권사와만 겨루었다. 보험사도 보험업법의 적용을 받아 다른 보험사와만 경쟁하던 시절이 있었다. 이 시절에는 법이 정해둔 기준 안에서 보호를 받으며 그 속에 있는 경쟁자끼리만 싸웠다. 다른 영역을 침범할 수도 없었고, 넘볼 생각도 하지 않았다. 경쟁의 무대와 경계가 분명하고, 룰(규칙)도 명확하던 시절이었다. 지금은 상황이 많이 바뀌었다. 서로 간의 경계가 불분명해지면서 새로운 경쟁 스타일이 생겨났다. 예컨대 요즘 은행에 가면 전통적인 예금이나 적금 상품에 가입할 수 있다. 또 보험 상품도 선택할 수 있고, 심지어 펀드에 들 수도 있다. 업종의 경계가 허물어졌다. 한마디로 격투기가 아닌 이종격투기 판으로 바뀐 셈이다.

어디 금융권만 그런가. 연예계(演藝界)를 생각해보자. 과거 연예계는 영역간 경계가 명확한 '격투기' 시장이었다. 가수는 가수끼리 겨루고, 배우는 배우끼리, 코미디언은 코미디언끼리 경쟁하던 시절도 있었다. 지금은 분야별 경계가 흐릿해져서 이종격투기 무대로 바뀌었다. 개그맨보다 웃긴 가수나 배우도 많이 생겨나고, 드라마나 영화의 주인공 역할을 아이돌 가수가 맡아도 전혀 이상한 일이 아니다. 특정한 영역 없이 이것저것 다 잘한다는 '만능 엔터테이너'라는 용어가 생겨나는 것도 이러한 현상과 무관하지 않다.

요즘은 비즈니스 영역 전반에 걸쳐 이종격투기 현상을 목격하는 것은 전혀 어렵지 않으며 생소한 일도 아니다. 편의점에서 택배 서비스를 취급함으로써 기존 택배회사와 경쟁을 한다. 대형할인점에서 〈통큰 치킨〉이나 〈한판 피자〉라는 신상품을 출시함으로써 동네 치킨집, 피자집과 경쟁한다. TV를 만드는 전자회사는 할인점에서 PB나 PL제품으로 TV를 출시하여 싸게 파는 통에 골치가 아프다. 게임회사는 스마트폰으로 하는 게임 때문에 죽을 맛이다. | 게임산업의 전통적 강자인 '닌텐도'가 '애플'의 스마트폰 때문에 소위 '맛이 갔다' 이제 전통적인

산업 구분이나 분류는 아무짝에도 쓸모가 없어졌다. 모든 산업에서 영역과 경계가 모호해진 이종격투기 판으로 변하다 보니 영원한 동지도 적도 없는 세계가 되어 버렸다. 이제 비즈니스 세계도 '강호무림(江湖武林)'이라고 불러야 하는 게 아닌가 싶다.

생각해보자. 비즈니스 세계가 격투기에서 이종격투기로 바뀐 현상은 각각의 플레이어에게는 기회일까 위협일까? 물론 플레이어의 상황이나 위치에 따라 다르겠지만, 대체로 기회보다는 위협이 많아졌다. 격투기에서 이종격투기로 바뀌었다는 것은 경쟁자가 많아지고, 경쟁의 강도가 세졌다는 의미다. 일반적으로 경쟁이 심해질수록 기회보다는 위협이 증가한다. 싸워야 할 상대가 많아지니 머리가 아프고 항상 긴장하고 있어야 한다. '강호무림'에서 살아가는 일은 퍽이나 위험한 일이다.

비즈니스가 이종격투기로 변했다는 것은 '절대강자'로 존재하기가 어렵다는 것을 의미한다. 실제 격투기 세계도 그렇다. 그냥 '격투기' 시절에는 무패의 챔피언이 간혹 나오기는 했다. | 복싱의 메이웨더라는 선수는 49전 49승의 전적으로 은퇴했다. 하지만 이종격투기 세계에서는 무패의 챔피언이 나오기가 매우 어렵다. 챔피언 자리에 오르기도 어렵지만 챔피언이 된 후 그 자리를 지키기란 더 힘들다. 상성(相性)상 챔피언에게 불리한 도전자를 계속해서 붙여서 그를 자리에서 끌어내리려 하기 때문이다. 해서, 절대 강자로 살아남는 것은 거의 불가

능에 가깝다. 오히려 그 무대에서 오래 버티는 일, 즉 '롱런(long run)' 만 해도 잘하는 것이다. 롱런을 위해서도 경쟁력이 필요하다.

　이종격투기로 변한 비즈니스 세계에서도 마찬가지다. 절대 강자로 남기도 어렵고 롱런하기도 쉽지 않다. 요즘에는 아무리 잘나가던 기업도 하루 아침에 별 볼 일 없어지기도 한다. 앞서 예를 들었지만, 민속씨름이나 프로 복싱도 일종의 비즈니스다. '스포츠 산업'이라고 부르는데, 이 분야도 부침(浮沈)이 심하다. 한때 잘나갔던 한국 민속씨름 협회나 프로 복싱 세계 기구들도 이종격투기 세계로의 변화를 이기지 못하고 역사의 뒤안길로 사라졌다. 보통의 비즈니스 기업도 마찬가지다. 미국을 대표하던 기업 중에 '코닥(KODAK)'이라는 회사가 있었다. 1881년에 설립된 코닥은 필름산업의 절대강자였다. 하지만 디지털 카메라가 나오면서 더 이상 필름을 사용하지 않게 되자 2012년에 파산하고 말았다. 한때 휴대전화로 절대강자의 반열에 올랐던 핀란드의 '노키아'도 스마트폰이 나오면서 그 지위가 순식간에 사라졌다. 이제 각 분야의 일등 기업도 안심할 수 없는 처지가 되었다. 이처럼 이종격투기 세계로의 변화는 산업별 최고 기업에게 치명타를 가하기도 하기 때문이다.

　인텔 회장이었던 '앤드류 그로버'는 이러한 현상을 '전략적 변곡점(Strategic Inflection Point)'이라는 말로 설명했다. 그의 책 『편집광만이 살아남는다』에서 이 표현을 처음 사용했는데, 아무리 잘나가던 기업도 이른바 '전략적 변곡점'을 잘 넘길 못하면 하루 아침에 평범한 기업으로 전락하고 만다는 것이다. 전략적 변곡점이란 '지금의 프레임워크가 더 이상 작용하지 않는 새로운 변화에 직면할 때'를 말하는데, 이때는 새로운 균형이 이루어지는 시기이기 때문에 과거의 경험이 도움이 되지 않는 경우가 많고 오히려 위험 요소가 되기도 한다는 것이다.

격투기 세계가 이종격투기로 변화하게 된 전략적 변곡점은 1993년에 일본에서 '케이원(K-1)'이라는 이종격투기가 처음 생겨났을 때다. 필름산업의 절대강자인 '코닥'을 파산에 빠뜨린 출발은 디지털 카메라가 처음 등장했을 때고, 휴대전화의 절대강자인 '노키아'를 망하게 한 변곡점도 스마트폰의 출시였다. 이처럼 기업 경영에서 전략적 변곡점은 기존의 구조와 경쟁 방식에 새로운 힘이 작용하여 큰 흐름이 바뀌게 되는 지점이다. 기업을 경영하는 입장에서는 이러한 전략적 변곡점을 잘 발견하고 적절하게 대응하는 일이 그 무엇보다 중요하다. 전략적 변곡점에 대한 대응 여부가 기업의 흥망성쇠에 결정적 영향을 미치기 때문이다.

그런데 문제는 이러한 전략적 변곡점이 누구에게나 쉽게 드러나는 것이 아니라는 점이다. 처음에는 매우 미묘하고 사소한 것처럼 느껴지지만, 어느 순간 시장의 패러다임을 바꾸는 계기가 될 수도 있다. 해서, 오늘날 기업을 경영하는 경영자의 입장에서건 행복한 삶을 영위하려는 개인의 입장에서건 거대한 변화를 가져올 전략적 변곡점의 징후를 잘 발견하고 적절하게 대처하는 것이 무엇보다 중요하다. 따라서 보이지 않는 변화를 예지하기 위해서는 항상 남보다 앞서 사소한 변화에 주의를 기울이는 노력이 필요하며, 높은 수준의 통찰력이 요구된다.

'변화는 기회다'라는 말이 있다. 하지만 비즈니스 세계가 격투기에서 이종격투기로 변하는 현실은 단지 기회만을 의미하는 것은 아니다. 기회와 함께 여러 가지 위험 요소도 함께 가져다준다. 좀 더 솔직하게 말하면, 약간의 기회와 더 많은 위험이 뒤따른다고 보는 편이 옳다. 이종격투기 세계가 만들어내는 경쟁 상황은 절대강자로 존재하기도 힘들고 '롱런'하기도 어렵기 때문이다. 전략적 변곡점이 만들어내는 변화 양상을 제대로 예측하지 못하면 우리가 기대했던 삶을 살기도 어렵다.

각자 한번 생각해보자. 자신이나 자신이 속한 조직에게 전략적 변곡점인 변화가 있는가? 있다면 구체적으로 어떤 변화가 전략적 변곡점에 해당하는 것일까? 아마도 이러한 질문에 최소한 한두 가지 이상의 전략적 변곡점이 떠오를 것이다. 변화의 속도가 빨라지고 경계가 모호해진 비즈니스 상황에서는 이제 어떤 분야도 안전한 곳은 없기 때문이다. 자신의 분야에서 전략적 변곡점과 같은 변화가 구체적으로 떠올랐다면, 이제 두 번째 질문에 답해 보자. 그러한 변화는

자신에게 | 또는 자신이 속한 조직에게 기회인가, 위협인가? 여기에 대한 답변은 개인마다 | 조직마다 다를 것이다. 개인이 처한 상황과 시장에서의 지위와 입장이 상이하기 때문이다.

답변이 뭐든지 상관없다. 여기서 우리가 놓치지 말아야 할 점은 환경 변화가 기회로 작용할지 위협이 될지를 결정하는 것은 환경이 아니라 주체 | 여기서 주체란 환경의 영향을 받는 개인이나 조직이다.에게 달려있다는 사실이다. 프랑스 철학자 몽테뉴가 이런 말을 했다.

"어느 곳을 향해 배를 저어야 할지 모르는 사람에게는 어떤 바람
도 순풍이 아니다."

돛단배를 타고 바다에 나갔다고 치자. 그곳에는 수시로 바뀐 바람이 배를 향해 불어온다. 그런데 목적지가 정해져 있지 않은 배라면 모든 바람이 배가 앞으로 나아가는 것을 방해하는 역풍이 된다. 목적지가 정해져 있는 경우에만 여러 바람 중에서 목적지를 향해 유리하게 활용할 수 있는 바람을 선택할 수 있다. 그렇지 않은가? 중요한 것은 바람의 방향이 아니라 목적지가 정해져 있는가 하는 점이다.

우리가 살아가는 삶도, 비즈니스도 이와 같다. 변화가 극심한 이종격투기 시대에는 수없이 많은 변화가 각 주체에게 영향을 줄 것이다. 하지만 목적지가 정해져 있지 않은 개인이나 조직에게는 모든

미셸 몽테뉴 _1533 ~ 1592

르네상스기를 대표하는 프랑스 철학자. 37세에
법관 생활에서 물러나 독서와 사색, 저작활동을
시작했다. 종교적 내란과 전염병의 유행으로 많
은 난관을 겪었으나 죽을 때까지 집필활동에 몰
두했다. 처음에는 금욕적 인생관에 관심을 두었
으나 후기에는 있는 그대로의 인간, 자연에 내맡
기는 인생의 지혜를 추구했다

변화가 불편하게 다가온다. 목적지가 정해진 주체에게만 여러 변화 중에서 자신에게 유리한 변화를 활용할 수 있는 것이다. 결국 열쇠는 외부 환경이 아니라 주체가 가졌다. 이제 논의의 방향이 조금 좁혀졌다. 극심한 변화 속에서도 나는 어디를 향해 나아갈 것인가에 대한 방향을 정하기만 한다면 종잡을 수 없는 바람과 험난한 파도에도 불구하고 목적지를 향해 나아갈 수 있다. 이제 우리에게 필요한 것은 바람과 파도를 읽어내는 냉철한 현실 인식과 목적지를 파악하기 위한 통찰력 있는 질문이다. 지금 어디에서 바람이 불고, 나는 어디를 향해 나아가고 있는가?

Humanities
for Leaders **5**

행복한 삶을 위해 생각해봐야 할 질문들

중세의 신학자인 마이스터 에크하르트 수사는 이런 말을 남겼다.

"인간이 깊이 생각해야 할 것은 내가 무엇을 '행해야 할 것인가' 보다는 나는 과연 '어떤 존재인가'이다."

    삶에서 진짜 중요한 일은 삶에 대한 방법(how)이 아니라 존재의 본질에 대한 질문(why)을 던지는 일이라는 뜻이다. 자신이 원하는 인생을 위해서도 행복을 위해서도 삶의 본질에 대한 질문을 던지는 일이 무엇보다 중요하다. 그런 의미에서 두 가지 질문을 던지겠다. 질문에 스스로 답해보길 바란다. 첫 번째 질문은 이것이다.

[질문 하나] 문명이 발전하면 인간은 행복해지는가?

    알다시피 인류 문명은 지속적으로 발전해왔다. 요즘은 인간을 편안하게 해주는 문명의 이기(利器)가 넘쳐난다. 그렇다면 문명의 발전은 우리 인간을 행복하게 만든 것일까? 어떻게 생각하는가? 얼핏 생각하면, 문명으로 인간의 삶이 행복해진 듯 보인다. 문명의 이기란 분명 인간을 이롭게 할 목적으로 만든 것이다. 문명(文明)은 인류가 이룩한 물질적, 기술적, 사회구조적 발전을 뜻하며, 이기(利器)란 말 그대로 '이로운 물건'이란 뜻이다. 결국 문명의 이기란 인류가 이룩한 물질적, 기술적 진보로 만들어진 이로운 물건이다. 따라서 그러한 물건은 인간을 편안하게 해주는 이로운 것이라고 여겨지는 것이 당연하다.

하지만 이러한 결론은 지나치게 피상적인 분석의 결과일 뿐이다. 본질을 들여다보면 문명이 오히려 인간을 불행하게 만든 경우도 많다. 예를 들어보자. 잘 알고 있듯이, 에디슨이라는 천재 과학자가 전구를 발명했다. 이로 인해 밤에도 대낮처럼 환하게 생활할 수가 있게 되었다. 전구는 인간을 행복하게 만들었는가? 좀 더 구체적으로 전구의 발명으로 인해 직장인은 행복해졌을까? 물론 순간순간 편리한 때가 많다. 하지만 전구가 없었다면, 직장인이 야근을 하는 일은 없지 않았을까? 야간 근무가 가능한 이유는 전적으로 전구가 발명되었기 때문이다. 대한민국은 OECD국가 중에서도 평균 근무시간이 가장 긴 것으로 알려져 있다. 실제로 대기업 직원들이 함께 일하고 있는 대형 빌딩은 대부분 늦은 밤까지 불이 환하게 켜져 있다. 오늘날 직장인들이 밤늦게까지 야근을 밥 먹듯이 하게 된 현상에 대한 원죄가 에디슨 때문이라고 말한다면 지나친 억지일까?

아무튼 내가 말하고자 하는 핵심은 전구의 발명이 인간을 | 특히 직장인을 오히려 불행하게 만든 측면도 있다는 것이다. 1515년경에 영국의 정치가이자 인문학자인 토마스 모어가 『유토피아』라는 책을 썼다. 『유토피아』는 당시 사람들이 가장 행복하게 살 수 있는 이상적인 국가를 그려놓은 책이다. 당시에도 사람들이 행복하게 살기 위해서는 누구나 일을 해야만 했다. 그렇다면 『유토피아』가 쓰여졌던 시

절에 사람들은 하루에 몇 시간이나 근무하면 되었을까? 6시간이다. 지금으로부터 무려 500여 년 전에도 개인은 하루 6시간만 일하면 행복하게 살 수 있었다. 그런데 지금 우리는 어떤가? 그때보다 훨씬 많은 시간을 일터에서 보내고 있지 않은가? 인당 생산성을 비교하면 토마스 모어가 『유토피아』를 썼던 시절과 지금은 비교가 안 된다. 생산성만 놓고 보면, 그 시절보다 지금은 수십 배, 아니 수백 배 높아졌을 것이다. 하지만 정작 근무시간은 전혀 줄지 않고 오히려 늘어났다.

다른 예를 들어보자. 초고속 열차인 KTX의 등장으로 전국이 반나절 생활권으로 바뀌었다. KTX는 인간을 행복하게 만들었는가? 이 역시 마찬가지다. 얼핏 생각하면 교통이 발전해서 좋아졌다고 믿기 쉽지만 실상은 그렇지 않다. KTX가 생기면서 달라진 직장 풍속도가 있다. 그것은 바로 1박 2일 국내 출장이 사라졌다는 사실이다. 내가 직장생활을 처음 시작하던 1990년대 초만 하더라도 | 당시에는 KTX가 없었다. 1박 2일 국내 출장이 많았다. 가령 서울 본사에 근무하는 직원이 부산에 있는 공장에서 회의라도 해야 할 일이 생기면 이것은 대부분 '1박 2일 출장'건이 된다. 따라서 1박 2일에 필요한 교통비, 숙박비, 식비 등을 가지급 받아서 출장을 떠난다. 그런데 막상 출장을 가보면 실제로 드는 비용은 그보다 적다. 대개의 경우 출장지에 있는 직원들이 밥도 사주고 술도 사준다. 심지어 잠자리까지 해결해 주기도 한다. 해서, 1박 2일 국내 출장을 다녀오면 대체로 출

토마스 모어 _1478 ~ 1535

영국의 정치가이자 인문주의자. 『유토피아』라
는 책을 통해 진정한 철학은 '자기의 재능과 열
심을 공적인 일에 헌신하는 것'이라고 주장했
다. 그는 정치 참여에 소극적인 인문주의자들
을 비판하고, 당시 지배층의 낡은 사고를 비난
했으며, 당시 기독교 사회의 개혁을 주장했다.

장비가 남아서 개인의 비자금을 보충하는 기회가 되었다. 하지만 KTX가 생기면서 이런 즐거움이 사라졌다. 이제 국내에서는 어디든 당일치기 출장이 가능해졌다. 새벽같이 KTX를 타고 내려갔다가 하루 종일 일한 뒤 밤늦게 KTX를 타고 올라와야 한다. 직장생활은 더 타이트해졌고 출장비를 아껴 재미를 보던 쏠쏠한 맛도 사라졌다.

어디 그뿐인가. 요즘은 모든 사람이 스마트폰을 손에 들고 있으며, 전국 어디서나 와이파이(Wi-Fi)가 '빵빵'하게 터진다. 이러한 현상은 직장인을 행복하게 만들었을까? 언제 어디서나 연결되는 통신 환경으로 인해 모든 직장인이 소위 '오분대기조'가 되었다. 이제 근무시간의 경계가 모호해졌다. 퇴근 후나 휴가 때도 직장에서 필요하면 전화를 해댄다. 시도 때도 없이 걸려오는 직장 전화는 편안히 휴식을 즐길 시간을 앗아간다. 스마트폰은 결코 직장인을 '스마트'하게 만들어주지 않았다. 오히려 멍청하고 피곤하게 만들 뿐이다. 요컨대 문명의 발전이 인간을 행복하게 만들었다는 증거는 찾아보기 힘들다.

[질문 둘] 열심히 노력하면 성공할 수 있는가?

두 번째 질문은 개인이 열심히 노력하기만 하면 성공할 수 있는가 하는 것이다. 달리 말하면, 노력이 곧 성공을 보장하는가 하는 질문이다. 어떻게 생각하는가? 솔직하게 말한다면, 여기에 대한 대답은 'No'다. 현대인들은 누구나, 대체로 열심히 산다. 하지만 실제 성공하는 사람은 소수다. 그것도 극히 소수다. 그렇지 않은가? 그런데 문제는 성공하지 못한 사람이 '열심히 노력해도 성공할 수 없다'고 말하기조차 어렵다는 데 있다. 왜냐하면 흔치는 않지만, 주변을 보면 열심히 노력해서 성공하는 사람이 있기 때문이다. 해서, '저 사람은 되는데 너는 왜 안 돼?'라면 손가락질 받을 위험도 있다.

이제 단지 '열심히' 노력하는 것만으로는 부족해졌다. '더 열심히' 노력하는 것이 필요해졌다. 시간이 지나면 '더더더 열심히' 노력해야 할지도 모른다. 과거에는 동네 체육대회에서 경쟁했다면 지금은 올림픽에서 경쟁하는 것처럼 힘들어졌다. 단순히 열심히 해서는 곤란하다. 열심히 사는 다른 사람들보다 더욱더 열심히 살아야만 겨우 성공할까 말까 하는 시대가 되었다. 이래저래 피곤하고 힘들어진 세상이다.

두 가지 질문을 통해 현대인이 처한 삶의 조건이 과거보다 긍정적이지만은 않다는 사실을 발견하게 되었다. 분명 과거보다 문명의 진보가 이루어졌지만 정작 직장인의 삶은 피곤해졌고, 아무리 열심히 노력해도 성공하기 쉽지 않은 현실이 되었다. 그렇다고 해서 행복한 삶을 포기할 수는 없는 노릇이다. 무엇인가 방법을 찾아야 한다. 어떤 방법이 있을까? 어떻게 하면 행복한 삶을 살 수 있을까? 이 물음에 대한 정답은 없다. 각자가 고민해봐야 할 문제다. 차근차근 숙고해 보기로 하자.

리더십 위기, 리더의 '말발'이 안 먹힌다

앞서 우리는 현대의 직장인들이 행복한 삶을 살기가 쉽지 않다는 점에 대해서 살펴보았다. 헌데, 직장인 중에서 리더의 상황은 더욱 열악하다. 과거에 비해 리더십을 발휘하기가 어려워졌기 때문이다. 쉽게 말해, 요즘은 리더의 '말발'이 안 먹히는 시대가 되었다. 창피할 지경이다. 혹자는 이런 상황을 '리더십 위기의 시대'라고 진단하기도 한다.

아닌 게 아니라 리더십이 위기다. 흔히 리더십 위기의 시대라고 말할 때 가장 먼저 떠오르는 곳은 가정이다. 가정에서 가장의 권위가 예전 같지 않다. 과거에는 가장의 권위가 대단했다. 집안의 대소

사나 가족들이 지켜야 할 규율에 있어서 가장의 결정은 절대적이었다. 자녀의 귀가시간을 결정하는 것은 당연하고, 심한 경우 직업이나 배우자 선택에 이르기까지 가장의 권위가 미치는 범위는 넓고도 결정적이었다. 감히 가장의 권위에 도전하는 일은 상상하기조차 힘들었다. 하지만 요즘은 가장의 권위가 예전 같지 않다. 물론 가정마다 차이는 있을 수 있겠지만, 대체로 과거에 비해 가장의 권위가 약해진 것은 부인할 수 없는 현실이 되어 버렸다.

어디 가정만 그런가. 직장에서도 마찬가지다. 직장에서 리더의 권위가 예전 같지 않다. 과거에는 직장에서 부서장 정도의 직위에 있는 사람의 파워는 막강했다. 직장을 군대나 감옥에 비유하면서 직장 상사를 교도관에 비유할 정도다. 당연히 부서장의 말 한마디는 결정적 위력을 발휘한다. 부하직원들은 묻지도 따지지도 못한 채 단지 따라야만 했다. 상사의 말에 반대 의견을 제시할 권리는 없고 복종할 의무만 있었다. 하지만 요즘 직장 풍속도도 많이 달라졌다. 상사의 권위가 예전 같지 않다. 과거의 부서장에 해당하는 요즘의 리더는 책임만 커졌지 힘은 별로 없다. 특히 부하직원을 부릴 수 있는 권한은 더욱 약해졌다. 요즘은 리더가 부하직원의 눈치를 살피는 경우도 많다. 물론 이 역시 개인차는 있겠지만, 일반적으로 과거 리더에 비해서 권위가 약해진 건 사실이다.

리더의 권위는 왜 예전 같지 않은 것일까? 왜 가장이나 상사의 권위가 예전만 못한 것일까? 경영학에서는 리더십 파워의 원천은 주로 지위나 전문성으로부터 출발한다. 지위로 인해 파생되는 공식적 권한이나 보상 권한 등은 리더가 부하에게 영향력을 행사할 수 있는 근거가 되는 힘이다. 리더십에서 영향력의 원천이 되는 또 하나의 힘은 전문성이다. 전문성은 리더가 가진 전문지식이나 정보력이 그 근거다. 사람은 원래 자신보다 아는 게 많거나 더 많은 정보를 가진 사람에게 의존하고 따르는 법이다. 아는 게 힘이니까. 이는 지위로부터 주어지는 공식적인 권한과는 별개로 개인의 능력과 지혜로부터 생기는 주관적인 힘이다. 부하직원은 동일한 관리자라 하더라도 전문성이 더 뛰어난 상사의 말을 더 따르는 경향이 있다.

가장의 권위가 예전 같지 않은 이유에는 앞서 말한 두 가지 리더십 파워의 원천 중에서 전문성과 관련이 있다. 과거의 가장은 구성원들로부터 소위 '전문성'을 인정받았다. 쉽게 말해, 과거에는 어른들은 대체로 '지혜로운 사람'으로 인식되었다. 이는 변화의 양상과 관련이 있다. 물론 과거에도 변화는 있었다. 하지만 요즘과는 변화의 양상이 달랐다.

과거에는 주로 〈A〉와 같은 '순환형 변화'의 시대였다. 봄, 여름, 가을, 겨울로 세월이 변하지만 대체로 반복되는 양상이었다. 농사를 짓던 시절을 생각해보자. 작년 봄이 올 봄과 비슷하고, 내년 봄도 올 봄과 크게 다르지 않다. 해서, 봄이면 씨앗을 뿌리고 여름이면 피를

<A> 순환형 변화의 시대　　　　　　　　<B> 흐름형 변화의 시대

뽑고 가을이면 추수를 하고 겨울이면 내년 농사를 준비하는 일상이 매년 반복된다. 이처럼 순환형 변화의 시대에는 많이 반복해 본 사람이 지혜로운 사람이 된다. 반복할수록 경험과 노하우가 쌓이기 때문이다. 이런 이유로 농경시대에는 어른들이 존경 받았다. 왜? 지혜롭기 때문이다. 여러 해 동안 쌓은 경험이 가져다 준 숙련, 즉 연륜(年輪)이 쌓였기 때문이다.

요즘은 변화의 양상이 달라졌다. 요즘은 순환하지 않고 흘러간다. <B>처럼 '흐름형 변화'의 시대다. 작년 봄과 올 봄이 다르고, 또 내년 봄이 되면 올 봄과는 전혀 다른 세상이 된다. 흐름형 변화의 시대에는 나이가 들었다고 해서 지혜로운 사람이 된다는 보장이 없다. 과거의 경험이 그다지 쓸모가 없거나 오히려 새로운 지식을 받아들이는 데 장애요인이 되기도 한다. 어른의 입장에서는 억울한 일이겠지만, 변화의 양상이 순환형에서 흐름형으로 바뀌었다는 사실은 어른에게는 치명적 결과를 가져다 준다. 이제 더 이상 연륜을 논할 수가 없게 되었다. 어른들이 과거에 경험했던 것이 새로운 장에서는 더 이상 통하지 않기 때문이다. 이제 어른은 지혜로운 사람을 뜻하지 않는다. 단지 나이가 많은 사람일 뿐이다.

직장에서 상사의 권위가 예전 같지 않은 이유도 '전문성' 문제와 관련이 있다. 과거 직장에서 상사는 기본적으로 후배보다 지혜로운 사람이었다. 해서, 후배가 모르는 것이 있으면 항상 상사에게 물어보았다. 그러니 상사의 권위가 살 수밖에. 하지만 지금은 달라졌다. 후배들이 모르는 것이 있어도 상사에게 물어보는 일이 드물어졌다. 그렇다면 누구에게 물어보는 것일까? 우스갯소리처럼 들리겠지만, 다름 아닌 '네이버(NAVER)'다. 요즘은 모르는 게 있으면 언제든 네이버에 물어보면 되는 시대다. 그러면 네이버는 귀찮아 하지도 않고, 까다롭게 굴지도 않으면서 아주 친절하고 자세하게 알려준다. 굳이 상사에게 물어볼 필요가 없다. 네이버라는 든든한 동반자가 있기 때문이다. 그 결과 상사의 권위는 추락하고 말았다. 이제 더 이상 상사에게는 전문성이라는 무기가 없어졌다. 정보력에 대한 파워도 없어졌다. 요컨대 전문성의 파워를 잃어버린 상사는 권위가 약해졌다.

과거에 비해 상사의 권위가 약해졌다는 것은 조직에서 리더십을 발휘하기가 점점 어려워진다는 것을 의미한다. 리더십을 발휘하지 못하는 리더는 조직관리를 잘 하기 어렵고, 그 결과 성과를 만들 어내기도 힘들다. 리더 입장에서는 이래저래 안 좋은 일 투성이다. 하지만 마냥 실망할 일만은 아니다. 해석에 따라서 힘을 얻을 수도 있다. 과거 리더십을 발휘하기가 용이한 환경에서는 리더 입장에서 리더십을 잘 발휘한다는 것이 별다른 경쟁력이 아니었다. 리더라면 대부분 잘 하고 있기 때문이다. 하지만 지금은 다르다. 리더십을 잘 발휘할 수만 있다면 이것은 자신을 돋보이게 하는 차별적 경쟁력이 될 수가 있다. 환경이 어려워져서 아무나 리더십을 잘 발휘할 수 없 기 때문이다. 리더십을 발휘하기 힘든 상황이 오히려 자신을 돋보이 게 만들 기회가 될 수도 있다. 관건은 어떻게 하면 리더십을 잘 발휘 할 수 있는가 하는 것이다.

위기에 빠진 리더에겐 '인문약'이 필요하다

반복되는 말이지만, 오늘날 리더는 힘겹다. 행복한 삶을 살기도 어렵고 리더십을 발휘하기도 쉽지 않다. 한 마디로 위기다. 하지만 앞서도 말했지만, 환경의 어려움은 리더에게 기회가 되기도 한다. 효과적으로 리더십을 발휘할 수만 있다면 자신을 돋보이게 할 수 있기 때문이다. 어떻게 하면 어려운 상황에서도 리더십을 잘 발휘할 수 있을까? 사실 이 질문에 정답은 없다. 정답이 없다고 실망하지 말자. 이 말은 방법이 없다는 말이 아니라, 정해진 방법이 없다는 뜻이다. 방법이 한 가지가 아니라 여러 가지라는 말이다. 모두에게 통용되는 방법은 없겠지만 대다수 리더들의 고민을 잘 해결해 줄 처방전이 있다. 바로 인문학(人文學)이다. 아니 '인문약'이라고 해야 하나? 생뚱맞은 얘기처럼 들릴지 모르겠지만, 인문학은 위기에 처한 리더에게 한줄기 빛을 던져줄 수 있다. 인문학을 통해 행복한 삶을 사는 지혜도, 효과적으로 리더십을 발휘하기 위한 방법에 대한 좋은 통찰도 얻을 수 있다.

『인문의 숲에서 경영을 만나다』의 저자인 정진홍 박사는 인문학의 필요성에 대해서 다음과 같이 역설했다.

글로벌 시대, 디지털 시대로 빠르게 변하면서 세상은 점점 복잡해지고 정신 없어졌다. (…) 이젠 너무 많은 변수와 씨름하지 않으면 안 된다. (…) 그 어떤 분야의 경영에서든 오늘날 가장 시급하고 긴요한 것은 통찰의 힘이다. 통찰의 힘을 기르는 데 최고의 자양분이 바로 '인문학'이다.

−정진홍, 『인문의 숲에서 경영을 만나다』

그에 따르면, 우리가 인문학에 주목해야 하는 이유는 바로 '통찰 (insight)'의 힘을 기르기 위함이다. 환경이 빠르게 변하면서 세상이 점점 복잡해진 지금은 이제 더 이상 분석적 방법론에 기댈 수가 없다. 고려해야 할 변수가 너무 많아서 계산이 되질 않고 답이 나오지 않기 때문이다. 더 이상 분석적 로직(logic)으로는 결과를 예측할 수 없는 시대다. 이제 무엇이 필요한가? 통찰력이다. 통찰력은 어떻게 기르는가? 인문학이다. 뭐 이런 논리다. 요컨대 복잡해진 세상에서는 분석적 사고보다는 현상을 꿰뚫어보는 통찰력이 중요해졌는데, 바로 이러한 통찰의 힘을 기르는 데 필요한 것이 인문학이라는 말이다.

최근 들어 사회 곳곳에서 인문학에 주목하려는 경향이 많아졌다. 어떤 이는 이를 두고 '인문학 열풍'이라고 말한다. | 나는 요즘의 인문학과 관련된 현상을 '열풍'이라고 부르는 것에는 동의하지 않는다. 서점가에서 인문서가 팔리는 추세는 보면 열풍이 아니라 '미풍' 정도로 봐야 하지 않을까 싶다. 동의 여부와는 무관하게 과거보다 확실히 인문학에 주목하는 사람이 많아진 것만은 틀림없는 사실이다. 근데, 우리 사회가 인문학에 관심을 갖게 된 배경에는 인문학자의 노력보다 한 사람의 탁월한 경영자의 영향이 컸다고 본다. 누구인가 하면, 바로 애플의 CEO였던 故 '스티브

잡스'다.

알다시피 그는 아이팟, 아이폰, 아이패드를 연속으로 히트시킨 장본인이다. 그에게 애플의 성공 비결을 묻자 그는 이 한마디를 남겼고, 그 이후 우리 사회는 인문학 '열풍(또는 미풍)'이 불기 시작했다. "애플이 창의적인 제품을 만든 비결은 우리가 항상 기술과 인문학의 교차점에 있고자 했기 때문이다." 의외의 발언이었다. 최첨단 제품을 개발한 CEO가 자신들의 차별적 경쟁력이 인문학에 있었다는 선언이다. 어쩌면 스티브 잡스의 주장에서 과학기술이 발전할수록, 디지털 정보화가 심화될수록 인문학의 효용가치는 줄어들지 않고 늘어나고 있는 기현상이 이해될지도 모르겠다. 물론 지금도 모든 사람이 인문학의 가치를 인정하는 것은 아니지만, 각 분야에서 소위 '잘 나가는 고수'들은 한결같이 인문학의 가치를 높이 평가하고 있다.

인문학(人文學)이란 무엇일까? 인문학은 인간과 인간의 문화에 대해 연구하는 학문으로 모든 학문의 기초가 되는 학문이다. 쉽게 말해 인간에 대해 연구하는 학문이 바로 인문학이다. 인문학의 분야로는 좁게는 문사철(文史哲), 그러니까 문학, 역사, 철학을 포함하며, 넓은 의미로는 고고학, 언어학, 종교학, 여성학, 미학, 예술, 음악 등 인간다운 삶의 진정한 가치와 의를 주제로 하는 모든 학문이 여기에 포함된다. 근데, 과거에는 대학에서 인문학이 인기가 없었다. | 실상은 지금도 그렇다. 왜 인기가 없는가? 취직이 되지 않아서다. 먹고사는 문

제로 인문학을 외면한 사이, 누군가는 인문학을 통해 돈을 버는 아이러니를 어떻게 설명할 수 있을까?

인간을 연구하는 인문학이 어떻게 기업 경영에도 도움이 되는 것일까? 우리는 흔히 인문학과 기업 경영은 대척점에 있는 개념이라고 여긴다. 인문학은 인간을 논하는 학문인데 경영에서 인간은 자원에 불과하다. | 경영자의 관점에서 직원은 '인적자원(Human resource)'이다. 인간이 자원이라 함은 목적이 아니라 수단이라는 뜻인데, 이는 지극히 반(反)인문적인 뜻을 담고 있다. 따라서 인문학과 경영은 대립 관계로 이해되기도 한다. 하지만 다른 논리도 성립한다. 많은 기업들이 경쟁에서 살아남기 위해 경영혁신을 꾀한다. 경영혁신을 제대로 하기 위해서는 분석을 해야 한다. 무엇을 분석하는가? 고객이나 소비자라고 불리는 대상이다. 고객이나 소비자는 누구인가? 인간이다. 해서, 고객이나 소비자를 제대로 알려면 인간에 대해서 잘 알아야 하고, 인간을 제대로 알려면 인문학을 공부해야 한다. 결국 인문학과 기업 경영은 대척점에 있는 것도 아니고 같은 쪽에 있는 것도 아니다. 그것을 이용하려는 주체가 어떤 시각과 목적으로 활용하는가에 따라서 달라진다. 평소 인문학에 관심을 두고 있는 나의 관점으로 보자면, 영역에 관계없이 각 분야의 '고수'들은 인문학의 가치를 잘 알고 인문학에 관심을 가진다. 앞서 예를 든 스티브 잡스가 그랬던 것처럼.

인문학이 경영에 도움이 된다는 점을 증명하기 위해 예를 한가지 들어 보겠다. 2010년 2월 14일, 발렌타인데이에 EBS에서는 재미난 실험을 했다. 두 상인이 길거리에서 사과를 팔았는데 품질과 가격은 동일한 조건이었다. 하지만 둘의 판매방식은 달랐다.

상인-A

(안내판에 〈사과 개당 천 원〉이라고 써 붙이고는)

"꿀사과 하나에 천 원이예요. 사과 사가세요. 단돈 천 원에 모시고 있습니다. 값도 싸고 맛도 좋은 명품 사과를 단돈 천 원에 여러분 모시고 있습니다. 꿀사과가 단돈 천 원."

상인-B

(사과 2개를 봉지에 넣은 채, 〈커플사과〉라고 이름을 붙이고 2천 원에 판다)

"사랑이 이루어지는 커플사과가 왔습니다. 사랑의 노래만 듣고 키웠습니다. 오늘 2월 14일 밸런타인데이에 사과를 선물해 주세요. 초콜릿보다 더 건강한 사과를 선물해 주세요."

어느 쪽이 많이 팔렸을까? 당연히 상인-B가 많이 팔았다. 무려 상인-A보다 여섯 배나 많이 팔렸다. 사람들은 왜 상인-B에게서 사과를 사는 것일까? 커플사과를 사면 정말 사랑이 이루어진다고 믿는 것일까? 그렇지는 않을 것이다. 하지만 왠지 상인-B에게서 사고 싶다. 당신이라도 그렇지 않겠는가? 사실 겉으로 보기엔 비슷한 사과 장사 같지만 둘은 큰 차이가 있다. 경영학적으로 표현한다면, 비즈니스 모델이 다르다고나 할까. 상인-A는 지금 사과를 팔고 있다. '농산물 유통업'이다. 상인-B도 사과를 팔고 있는 것일까? 아니다. 그는 지금 사과를 파는 게 아니라 사과에 담긴 추억, 사랑, 이벤트 등을 팔고 있다. 이쯤 되면 '엔터테인먼트' 산업이라고 불러야 하지 않을까?

겉으로는 비슷해 보이지만 본질에는 큰 차이가 있다. 상인-B와 같이 하려면, 당사자에게 인문학적 소양이 있어야 한다. 인간에 대한 이해가 필요하다. 사람이 언제 반응하고, 어떤 상황에서 기꺼이 지갑을 여는지를 알아야 이러한 비즈니스 기획이 가능하다. 결국 사람에 대한 이해가 탁월하면 기업 경영에 효과적으로 활용할 수 있다. 상인-B는 가히 스티브 잡스에 필적할 만하다.

이처럼 자칫 고리타분해 보이는 인문학은 누가 활용하는가에 따라서 탁월한 경영기법으로 활용될 수 있다. 아침 이슬을 소가 먹으면 우유를 만들고, 뱀이 먹으면 독을 만든다는 말도 있듯이 인문학을 누가 어디서 어떻게 사용하는가에 따라 엄청난 화력을 자랑하는 무기가 될 수도 있다. 고려대 인문학장을 지냈던 조광 교수는 인문학을 지하수에 비유했다. "지하수는 지표에서 보이지 않지만 생물의 생존을 위해 중요한 역할을 한다. 지하수와 같은 역할을 하는 인문학이 빈사 상태에 빠지면 우리 사회의 문화와 문명의 발전은 기약하기 어렵다." 조광 교수는 이러한 비유를 인문학의 가치를 외면하는 현실을 안타까워하며 사용한 말이다. 맞는 말이며 나도 동의하는 바다.

그런데 나는 다른 의미로, "인문학은 지하수다"라고 주장하고 싶다. 지하수는 어느 곳에서든 그것을 필요로 하는 사람이 일정한 노력만 들이면 유용하게 끌어 쓸 수 있듯이 인문학도 마찬가지다. 그것을 필요로 하는 사람은 누구나 가져다 쓰면 유용한 재료가 된다. 경영자가 가져다 쓰면 효과적인 경영의 도구가 될 수 있고, 샐러리맨이 사용하면 올바른 삶의 지침이 되고 행복의 도구가 될 수 있다. 세일즈맨이 사용하면 고객의 설득하는 유용한 도구가 되고, 연인끼리 활용하면 이성의 마음을 사로잡는 사랑의 도구가 되기도 한다. 심지어 노숙자가 인문학을 접하면 새로운 삶을 시작할 용기를 얻을 수 있다. 그래서 인문학은 지하수다. 누가 쓰더라도 삶에 필요한 샘물을 얻을 수 있다. 리더에게도 마찬가지다. 리더십 위기의 시대지만 인문학을 가까이 한다면 부하직원에게 효과적으로 영향력을 발휘할 수 있는 좋은 통찰과 혜안을 얻을 수 있다. 요컨대 오늘날 위기에 빠진 리더에게는 인문학, 아니 '인문약'이 필요하다.

제2부

인문의 눈으로
리더십을 읽는다

Humanities for Leaders

Humanities
for Leaders *1*

리더십? 많이 배웠다. 하지만 현실은…

다음 그림은 5천 년 전 고대 이집트의 상형문자다. 각각 무엇을 의미하는지 한번 맞혀보기 바란다.

A

B

C

A와 B는 각각 '부하', '상사'다. C는 무엇일까? '리더십'이란다. 왜 그런지에 대해서는 각자 알아보시길. | 실은 나도 잘 모른다. 여기서 강조하고 싶은 사실은 리더십이 매우 오래전부터 관심을 가졌던 주제라는 점이다. 알다시피 리더십이란 상사와 부하의 상호 관계에서 시작된 개념이다. 따라서 인류가 공동생활을 시작하면서부터 리더십에 대한 관심이 생겨났을 것으로 추정된다. 고대 동굴벽화를 보면 여러 사람이 함께 모여 큰 동물을 사냥하는 그림이 나온다. 생물학적 능력이 뛰어나지 않은 인간이 자신보다 빠르고 덩치 큰 동물을 사냥하는 일은 혼자서는 불가능했다. 여러 사람이 힘을 합쳐야만 가능했고, 그 과정에서 일사불란한 지휘 체계란 반드시 필요한 요소였을 것이다. 요컨대 리더십이 필요했을 것으로 추정된다.

이처럼 리더십이란 주제는 인류가 공동생활을 하면서부터 생겨난 것으로 인류 문명만큼이나 오랜 역사를 가졌다. 하지만 오랫동안 관심을 가졌다고 해서 누구나 잘 안다고 볼 수는 없다. 오래된 주제지만 의외로 제대로 알기 어려운 주제이지 싶다. 생각해보면 누구나 관심을 갖지만 잘 알지 못하는 현상은 일견 특이한 것처럼 보이지만 실제로는 흔한 일이다. 대표적인 것이 사랑이 아닐까 싶다. 사랑도 모든 사람이 관심을 가지고 있으며 인류 문명만큼이나 오래된 주제지만, 대체로 우리는 여전히 사랑에 대해서 잘 모르고 미숙하다. 그래서 사람들이 사랑에 대해 "참, 알다가도 모르겠어"라고 말하는데,

이 말은 리더십에도 동일하게 적용된다. 리더십? 참, 알다가도 모르겠어!

흔히 인간을 만물의 영장이라고 부른다. 영장(靈長)이란 영묘한 힘을 가진 우두머리라는 뜻이다. 실제로 인간은 모든 생명체 중 가장 영묘한 힘을 가진, 으뜸가는 지위에 있다. 인간이 가진 영묘한 힘은 자연을 지배함은 물론, 인체의 비밀을 파헤치고 우주의 조화도 해석하기에 이르렀다. 하지만 인간이 아무리 뛰어나도 사랑이나 리더십에 대해서는 명쾌한 해석을 내리지 못하고 있다. 왜 그럴까? 그 이유는 바로 사랑이나 리더십이 정답이 없고 고정되어 있지 않기 때문이다. 이것은 사람과 사람 사이에서 발생하는 상호감응적 현상이기 때문에 모든 관계에서 공통적으로 적용되는 절대적 진리란 있을 수가 없다. 그래서 오랫동안 관심을 가졌지만 '이거다'라고 딱 잘라서 말하기 힘들다. 시인 이성복이 사랑에 대해 "방법을 가진 사랑은 사랑이 아니다"라고 주장한 것도 바로 이런 이유 때문일 것이다.

상황이 이렇다 보니 그것에 대해 아예 관심조차 두지 않으려는 이도 있다. 아무리 관심을 두어도 명쾌하게 알 수가 없고 모든 사람에게 공통으로 적용되지도 않기에 차라리 무시 | 또는 포기하는 편이 더 낫다고 믿는 셈이다. 근데, 이런 태도는 현명한 판단일까? 사랑이나 리더십이 어렵다고 아예 관심조차 두지 않는 것은 올바른 태도일까? 절대 그렇지 않다. 산속이나 외딴 섬에서 홀로 살지 않는 이상,

타인과 조금이라도 마주치게 되면 필연적으로 발생하는 관계의 산물이기 때문에 외면할 수가 없다. 선택이 아니라 필수란 뜻이다.

프랑스 출신의 철학자이자 신학자인 파스칼은 신의 존재에 대해 의구심을 떨치지 못하는 사람들에게 다음과 같은 논리로 신을 믿는 것이 타당하다고 주장했다. 대략 이런 논리다.

"신이 존재할 가능성보다는 존재하지 않을 가능성이 높다고 치자. 하지만 설사 신이 존재하지 않을 가능성이 높다 하더라도 그 작은 가능성이 주는 기쁨이 더 큰 가능성(신이 존재하지 않을 가능성)이 주는 혐오를 압도하기 때문에 신에 대한 우리의 신앙은 충분히 정당화될 수 있다."

이러한 논리는 리더십에도 적용할 수 있지 않을까? 리더십이 아무리 어렵더라도 그것을 알았을 때 얻게 될 기쁨이 그것을 모른 채 살아가는 혐오를 압도하기에, 작은 가능성에도 불구하고 리더십에 대한 탐구는 의미가 있는 것은 아닐까? 그렇다. 설령 가능성이 크지 않더라도 어려운 일일수록 그것을 성취했을 때의 기쁨이 더 큰 법이다. 또, 깨닫기가 어렵다고 미리 포기하면 학인(學人)의 태도가 아니다. 순자(荀子)도 "군자는 가난하다 하여 진리의 길을 포기하지 않는다"고 하지 않았던가. 진리의 길이 아무리 어렵고 힘들지라도

블레즈 파스칼_1623~1662

프랑스의 수학자, 물리학자, 철학자, 종교사상
가. 어릴 때부터 일류 학자들의 과학 토론을 집
에서 들으며 특히 수학 분야에 있어 비범하리
만큼 조숙함을 보였다. 엄격한 금욕주의를 실
천하면서도 여러 자유사상가들과 교제하며 많
은 수학적 업적들을 남겼다.

포기하지 말고 도전해보기로 하자. 준비되었는가?

먼저 리더십이 무엇인지 기본부터 살펴보기로 하자. 리더십에 대해서는 여러 학자들이 정의를 내린 바가 있다.

구분	리더십의 정의
Webster사전	어떤 과정에 있어 안내하고 방향을 제시함
R.M.Stogdill	집단의 구성원들로 하여금 특정 목표를 지향하게 하고 그 목표달성을 위해 실제 행동을 하도록 영향력을 행사하는 것
w. Bennis	조직 구성원들로 하여금 각자 비전을 갖고 자기의 능력을 모두 쏟아 그 비전을 실현하게끔 하는 것
Hersey & Blanchard	주어진 상황에서 개인이나 집단의 목표 달성을 위한 활동에 영향을 미치는 과정

여러 학자들의 정의를 종합하면 리더십이란 '목표달성을 위해 구성원에게 적극적인 영향력을 미치는 과정'이라고 정리할 수 있겠다. 여기서 핵심은 '영향력'이라는 단어에 있다. 쉽게 말하면, 리더십이란 '영향력을 미치는 과정'이라고 줄여서 표현해도 좋겠다. 가령 부모가 자식에게 영향력을 미치는 과정도 리더십이라고 부를 수 있다. 자녀가 공부를 열심히 하는 것이 목표라고 한다면, 부모가 자녀에

게 공부를 열심히 하도록 영향력을 미치는 과정이 바로 리더십이다.

생각해보자. 자녀가 공부를 열심히 하게 만들려면 어떻게 하면 될까? 이에 대한 대답은 사람마다 다를 것이다. 어떤 사람은 성적에 따른 포상 방안을 제시하면 효과적이라고 말할 것이고, 어떤 이는 성적이 나쁠 때 강한 벌을 내리는 것이 효과적이라고 말하기도 한다. 또 어떤 사람은 이러한 상이나 벌보다는 부모가 솔선하여 공부하는 모습을 보여주면 자녀도 자연스럽게 공부를 하게 된다고 말한다. 요컨대 자녀에 대한 영향력 발휘 수단의 효과성은 개인의 가치관과 경험에 따라 제각각이다.

춘추전국시대에도 리더십 영향력 발휘 수단의 효과성에 대한 견해가 사상가 집단마다 달랐다. 춘추전국시대에는 제자백가(諸子百家)라 불리는 여러 사상가 집단이 군주에게 자신들의 통치철학으로 국가를 운영할 것을 조언했는데, 특히 유가(儒家)와 법가(法家)의 주장이 극명하게 달랐다. 어느 정도인가 하면, 이들의 사상적 대립을 '예법투쟁(禮法鬪爭)'이라 불렀을 정도다. 유가는 덕과 예로써 백성을 다스리는 것이 좋다는 덕치(德治)를 주장했다. 반면, 법가는 법이 사람을 따르게 만든다면서 엄격한 법규와 상벌 시스템을 갖추어야 한다는 법치(法治)를 주장했다. 덕치가 효과적인가, 법치가 효과적인가 하는 사상적 대립 구도는 오늘날까지 명확하게 판가름 나지 않고 계속 논쟁 중에 있는 주제이기도 하다.

현대에 와서도 마찬가지다. 리더십 영향력을 발휘하는 데 있어어떤 방법이 효과적인가에 대해서는 이견이 많다. 어떤 수단이 부하직원의 동기를 강하게 자극하여 업무에 몰입하게 만드는지에 대한판단이 서로 다르기 때문이다. 최근 경영학의 연구 흐름으로 보면,영향력 발휘 수단에 따라 리더십을 크게 둘로 구분한다. 거래적 리더십과 변혁적 리더십이 바로 그것이다. 좀 더 구체적으로 말하면, 경영학에서의 리더십 연구는 과거 거래적 리더십의 관점에서 요즘은변혁적 리더십으로 바뀌었다. 이 둘이 어떤 차이가 있는지 알아보자.

거래적 리더십(Transactional Leadership)이란 상사-부하의 관계를 기본적으로 '거래적'이라고 규정한다. 거래적이란 말은 주고받는다는 뜻이다. 예컨대 상사가 주면 부하가 이에 대한 보답으로 되갚는 방식이다. 거래적 리더십에서 리더가 부하에게 영향력을 발휘하는 수단은 크게 수반적 보상과 예외에 의한 관리 두 가지다. 수반적보상(Contingent rewards)이란 부하의 노력이나 기여에 대해 당근을제시하는 방법을 말한다. 가령, 열심히 하면 진급을 시켜주겠다거나성과급을 추가로 주겠다는 식으로 보상책을 내거는 방법이 여기에해당한다. 예외에 의한 관리(Management-by-exception)는 열심히 하면 어려운 일에서 제외시켜 주겠다는 식으로 부하의 노력이나 기여에 대한 보답으로 벌칙을 없애주는 방법을 말한다. 쉽게 말해, 수반적 보상이 당근을 제시하는 것이라면, 예외에 의한 관리는 채찍에서 벗어나게 해주는 것이다.

거래적 리더십은 효과가 없는 것일까? 그래서 변혁적 리더십으로 대체된 것일까? 절대 그렇지 않다. 거래적 리더십도 매우 효과가 있다. 심지어 효과가 즉각적(卽刻的)이다. 예를 들어, 자녀의 중간고사 성적이 오르기를 바라는 부모가 있다고 치자. 어떻게 하면 자녀가 공부를 열심히 하게 만들까? 가장 손쉬운 방법이 바로 거래적 리더십이다. 그중 수반적 보상을 써 보라. 가령 성적이 오르면 자녀가 가장 갖고 싶은 하는 물건을 주겠다고 조건을 제시해보라. 자녀는 틀림없이 열심히 공부할 것이다. 이처럼 거래적 리더십은 단기간에 효과를 볼 수 있는 좋은 방법이다.

하지만 문제가 있다. 대부분 예상했겠지만, 그 다음이 문제다. 수반적 보상을 통해 중간고사에서는 성적이 올랐다고 치자. 그럼, 기말고사에는? 또 그 다음 번 시험은? 시험 때마다 자녀가 갖고 싶어 하는 프로모션을 제시하기가 현실적으로 쉽지 않다. 이처럼 거래적 리더십은 때로는 매우 효과적인 수단이 될 수도 있지만 지속성에 취약점을 가진 방법이다. 매번 끌리는 당근을 제시해야 하는 문제점이 있고, 또 당근을 주다가 끊을 경우에는 오히려 부정적인 결과를 가져오기도 한다. 궁극적으로는 서로의 관계가 거래적으로 고착될 위험이 있다. 끌리는 당근이 제시되면 열심히 하고, 그렇지 않은 경우에는 아예 빈둥거린다. 결과적으로 거래적 리더십을 잘못 사용할 경우, 목적과 수단이 전도되고 부하직원을 수동적으로 만들 위험이 있다.

거래적 리더십의 부작용 때문에 생겨난 이론이 변혁적 리더십 (Transformational Leadership)이다. 변혁적 리더십에서는 이제 더 이상 상사-부하의 관계가 거래적으로 흘러가지 않는다. 변혁적 관계로 자리매김된다. 여기서 '변혁적(transformational)'이라는 말은 '포메이션(formation)'을 '바꾼다(trans)'는 뜻이다. 거래적 리더가 부하와의 거래를 통해 동기부여 시켰다면 변혁적 리더는 부하의 긍정적 변화를 통해 동기를 고취시킨다. 좀 더 구체적으로 말하면, 변혁적 리더십은 리더가 부하에게 비전을 제시하고 부하로 하여금 충성과 신뢰, 존경 등의 감정을 불러 일으켜서 부하의 태도와 가치관의 변화를 유도함으로써 높은 수준의 노력과 성과를 이끌어내는 것을 말한다. 변혁적 리더십에서 리더가 부하에게 영향력을 발휘하는 수단은 무엇일까? 크게 세 가지다.

첫 번째는 '카리스마(charisma)'다.

흔히 카리스마 하면 사람들을 휘어잡는 매력을 뜻하는 데, 변혁적 리더십에서 말하는 카리스마는 의미가 약간 다르다. 여기서 말하는 카리스마란 부하에게 미래에 대한 비전을 제시하며 도전적인 목표를 세우고, 부하를 그 비전과 목표에 몰입시키는 능력을 말한다.

쉽게 말해, 부하직원에게 꿈과 비전을 심어주면 스스로 열심히 노력한다는 뜻이다. 주변을 보면 대체로 꿈이 있는 사람이 그렇지 못한 사람보다 열심히 산다. 꿈을 이루고자 하는 열망 때문이다. 꿈을 이룰 수 있다는 희망만으로도 좋은 동기부여가 된다. 요컨대 리더는 부하에게 꿈과 비전을 심어줄 수만 있다면 스스로 열심히 노력하게 된다.

두 번째는 '지적 자극(intellectual stimulation)'이다.

지적 자극이란 부하에게 기존의 문제해결 방식에서 벗어나서 보다 새롭고 창의적 방식으로 사고를 변화하도록 그들의 생각, 상상력, 신념, 가치를 자극하는 것을 말한다. 상사로부터 지적 자극을 받은 부하는 상사에 대한 신뢰와 존경의 감정이 생기고 때로는 경외감까지 들기도 한다. 그 결과, 상사에게 더욱 충성하게 된다. 무술 영화를 보면, 무림 절대고수에게는 제 발로 찾아와서 제자가 되겠다며 충성을 맹세하는 사람이 있다. 뛰어난 스승으로부터 배울 수 있다는 것 자체로 동기부여가 되기 때문이다. 이처럼 리더가 부하를 지적으로 자극할수록 부하는 열심히 노력하게 된다.

세 번째는 '개별적 배려(individualized consideration)'다.

개별적 배려란 리더가 부하에게 개별적인 관심을 가지며, 개개인의 욕구에 부합하는 임무를 부여하고 잠재력을 개발해 주는 행위를 말한다. 나아가 부하가 성장하고 발전하는 데 도움을 주는 코치나 멘토(mentor) 역할도 하는 것이 여기에 해당한다. 자신에게 개인적 관심을 갖고 배려해주며 성장시켜 주는 리더를 어떤 부하가 싫어할까. 당연히 리더에게 존경과 감사를 느끼고, 누구보다 열심히 리더를 따르게 된다.

이처럼 변혁적 리더십은 리더-부하의 관계가 거래적이 아닌 변혁적 관계로 새롭게 정립함으로써 기존 거래적 리더십이 갖는 한계를 뛰어넘는다. 변혁적 리더는 부하에게 꿈과 비전을 심어줌으로써 열정과 몰입을 이끌어낸다. 또 지적 자극을 통해 부하의 잠재력을 개발하고, 개별적 배려를 통해 좋은 관계 속에서 부하를 성장시킨다. 그 결과, 부하의 가치관과 태도가 긍정적으로 바뀌고 최고의 노력을 다하게 되어 기대 이상의 성과를 달성하게 된다.

정리하면 이렇다. 최근의 리더십 연구는 거래적 리더십에서 변혁적 리더십으로 변해왔다. 해서, 요즘은 변혁적 리더십이 대세다. 변혁적 리더십은 리더가 카리스마, 지적 자극, 개별적 배려 등의 영향력 발휘 수단을 통해서 부하의 동기를 자극하는 행위를 말한다. 이 대목에서 한번 물어보자. 변혁적 리더십에서 주장하고 있는 카리스마, 지적 자극, 개별적 배려를 리더가 잘 활용하면 효과적으로 부하를 동기부여 시킬 수 있겠는가? 이 물음에 대해 대부분 "그렇다"

라고 답하리라 본다.

　이론적으로만 따지면 변혁적 리더십은 이전 리더십 이론에 비해서 고차원적이다. 인간 동기의 보다 높은 수준의 성취욕구를 자극하는 행위이기 때문이다. 하지만 어디까지나 '이론적으로는' 그렇다는 말이다. 그렇다면 실제로는? 현실에서는 리더가 변혁적 리더십을 잘 발휘할 수 있을까? 여기에 대한 대답은 다소 부정적이다. 교육으로 변혁적 리더십에 대한 이론을 접할 때는 대부분 '그렇게 하면 되겠구나!' 하고 고개가 끄떡여지지만 막상 일터로 돌아가서 그것을 발휘하려고 하면 말처럼 쉽지 않다. 여러 현실적 조건들이 방해하기 때문이다. 물론 모든 리더가 변혁적 리더십을 발휘하지 못하는 것도 아니고, 그것을 방해하는 현실적 조건이 개인마다 상이하기도 하다. 하지만 대체로 오늘날 리더들이 처한 상황을 고려하면, 변혁적 리더십을 발휘하기 어려워하는 리더가 더 많은 것도 사실이다. 왜 변혁적 리더십을 발휘하기 어려운 것일까? 이론과 현실에 차이가 있기 때문이다. 리더십 이론과 현실과의 괴리, 이것이 오늘날 리더가 빠지는 딜레마다. 무슨 말이냐고? 차근차근 따져보자.

딜레마 하나, 리더가 '카리스마'를
발휘하기 어려운 이유

이론

부하직원에게 꿈과 비전을 심어주면 스스로 열심히 노력한다.

현실

부하직원에게 꿈이나 비전을 말하기 어렵다. 왜????

변혁적 리더십에서 말하는 카리스마란 리더가 부하에게 꿈과
비전을 심어주고 목표에 몰입하게 만드는 능력이라고 배웠다. 부하
에게 꿈과 비전이 생기면 스스로 열심히 노력하게 된다. 헌데, 현실
에서는 리더가 부하에게 꿈과 비전을 심어주기가 힘든 경우가 많다.
왜 그럴까? 가장 큰 이유는 바로 '정작 리더 자신에게 꿈과 비전이
없기 때문'이다. 자기도 꿈이 없는데 어떻게 부하에게 꿈을 심어줄
수 있을까? 스스로에게 한번 물어보자. 나는 꿈이 있는가? 물론 개인
차는 있을 것이다. 하지만 솔직하게 말한다면, 현실에서는 꿈을 가진
사람보다는 없는 사람이 더 많다. 대체로 직장생활을 오래 할수록
꿈과 비전이 명료해지는 것이 아니라, 희미해진다. 아예 없는 경우도

많다. | "직장에서 잘리지(?) 않는 게 꿈"이라고 말하진 말자. 꿈이 없는 리더는 부하에게 꿈을 말하기 어렵다. 그래서 카리스마를 발휘하고 싶어도 할 수가 없다. 이게 현실이다.

비틀어서 한번 물어보자. 리더에게는 반드시 꿈이 있어야 할까? 꿈이 없으면 큰일 나는가? 이미 리더인데, 여기서 또 꿈이 있어야 하는가, 없으면 안 되는가? 사람들은 말한다. 그래도 꿈이 있어야 한다고. 꿈이 있어야 희망과 목표가 생기고, 희망과 목표가 있어야 열정이 생긴다고. 맞다. 인생에서 꿈이 있으면 여러 가지 긍정적인 측면이 있다. 하지만 현실에서는 꿈이 없는 리더가 더 많다. 지금까지 열심히 살았지만 자신의 꿈을 위해 살진 않았기 때문이다. 가족을 위해, 돈을 위해, 안 잘리기 위해 살아온 사람이 대부분이다. 그러다 보니 리더의 자리까지 왔지만, 어느새 꿈을 잃어버렸고, 새로운 꿈조차 꾸기가 어려워졌다. 아닌가? | 이 대목에서 나는 그렇지 않다고 말하는 사람이 있을 것이다. 그런 분이라면 박수를 보내겠다. 이 부분은 그렇지 못한 대다수 리더의 입장에서 쓴 글이니 감안하고 읽어주시기 바란다.

꿈이 없는 리더는 어떻게 해야 할까? 지금 당장 고민해서 꿈을 만들어내야 할까? 그럴 수도 없고, 그렇게 만든 '인스턴트식' 꿈으로는 희망과 열정을 갖기 힘들다. 이미 꿈이 있는 사람이라면 상관없는 일이겠지만, 현재 꿈이 없는 사람이라면 '이것'이라도 가질 것을 권유하고 싶다. 뭐냐고? 즉답(卽答)을 하기보다 시 한 편 읽고 논의를 이어가기로 하자. 읽어볼 시는 정일근 시인의 〈신문지 밥상〉이라는 시다. 시를 읽을 때 이야기 속 이미지를 떠올리면서 읽어보기 바란다.

신문지 밥상

더러 신문지 깔고 밥 먹을 때가 있는데요

어머니, 우리 어머니 꼭 밥상 펴라 말씀하시는데요

저는 신문지가 무슨 밥상이냐며 궁시렁궁시렁하는 데요

신문질 신문지로 깔면 신문지 깔고 밥 먹고요

신문질 밥상으로 펴면 밥상 차려 밥 먹는다고요

따뜻한 말은 사람을 따뜻하게 하고요

따뜻한 마음은 세상까지 따뜻하게 한다고요

어머니 또 한 말씀 가르쳐 주시는데요

해방 후 소학교 2학년이 최종 학력이신

어머니, 우리 어머니의 말씀 철학

- 정일근

시를 읽어 본 소감이 어떤가? 시인의 어린 시절은 찢어지게 가난했는가 보다. 그 변변한 밥상조차 없는 집이다. 헌데, 어머니는 꽤

나 '쿨'하신 분이다. 오늘도 식사를 준비하면서 아들에게 "얘야 밥상 펴라!"라고 말씀하신다. 신문지를 가리키면서 말이다. 이에 대해 아들이 구시렁거린다. | '궁시렁'은 시적 표현이다. 표준어는 '구시렁'이다. 어쨌든 아들은 신문지를 바닥에 깔았고, 어머니는 그 위에 밥과 찬을 올려 놓았다. 이제 엄마와 아들은 마주 보고 식사를 하고 있다. 머릿속에 이러한 장면이 그림처럼 펼쳐지는가?

지금 엄마와 아들은 신문지 밥상 위에서 마주 보고 식사를 하고 있다. 그런데, 그것 아는가? 두 사람은 서로 다른 세계를 살고 있다는 사실을. 지금 아들이 사는 세계는 신문지 깔고 밥 먹을 정도로 '궁핍한' 세계다. 하지만 엄마는 지금 '근사한' 밥상 차린 세계 속에 살고 있다. 그렇지 않은가? 우리는 흔히 같은 시공간 안에 있으면 같은 세계를 사는 것으로 생각하지만 실제로는 그렇지 않다. 한 사람, 한 사람이 모두 하나의 세계다. 자신이 만나고 바라보고 해석한 대로의 세계가 자신의 세계다. 그런 의미에서 보자면 지구에는 | 단 하나의 세계에 같이 사는 것이 아니라 인구 수만큼의 서로 다른 세계가 공존하고 있는 셈이다.

세계뿐만 아니다. 사람이나 사물 등의 존재도 마찬가지다. 사람이나 사물의 존재도 미리 정해진 것이 아니라, 그것이 무엇을 만나고 어떻게 해석되는지에 따라서 그 존재가 달라진다. 예를 들어보자. 여기 직사각형으로 된 쇠뭉치가 있고, 중앙에는 나무 막대가 단단하게 꽂혀있다.

무엇에 쓰는 물건일까? 이것의 존재는 무엇인가? 사람들은 대부분 이것을 보고 '망치'라고 부를 것이다. 하지만 이것은 망치가 아니다. 아니라고? 그럼? 이 물건은 무엇과 만나는가에 따라서 그 존재가 달라진다. 만약 이것이 쇠못과 만나서 벽에 못질하는 용도로 사용된다면 '망치'라고 부르는 것이 타당하다. 하지만 만약 강도가 지나가는 취객의 뒤통수를 때리는 용도로 사용되었다면 그때도 이 물건을 망치라고 부르는 것이 타당할까? '흉기'라고 불러야 하지 않을까? 그럼 이 경우는 어떤가? 만약 이 물건이 기울어진 테이블을 받치기 위해서 사용된다면, 그때도 망치라고 부를 수 있을까? 그렇지

않을 것이다. 받침대라고 불러야 하지 않을까? 요컨대 물건의 존재(이름)는 애초부터 정해진 것이 아니라, 그것이 사용되는 상황에 따라 달라진다.

사람도 마찬가지다. 개인의 존재는 고정되어 있지 않고 그가 어떤 세상과 만나는가에 따라서 달라진다. 어떤 사람이 직장을 다니고 있으면 '회사원'이라고 부른다. 하지만 그가 퇴근 후에 글을 쓰면 '작가'가 된다. 주말에 산을 오르면 '산악인'이 되고, 취미 활동으로 춤을 출 때는 '댄서'가 된다. 즉 사람의 존재가 미리 정해진 것이 아니라 그가 어떤 세계와 만나느냐, 어떤 활동을 하는가에 따라 '사후적으로' 규정된다는 뜻이다. 이러한 주장을 펼친 사람은 독일 철학자인 하이데거다. 그는 『존재와 시간』이라는 책에서 다음과 같이 주장했다.

> 현존재(인간)는 존재하는 한 언제나 이미, 그리고 언제나 여전히 존재 가능성에 따라 이해한다.
>
> -하이데거, 『존재와 시간』

하이데거는 사물이나 인간의 존재가 본래부터 정해진 것이 아니라 그것의 '쓸모'에 따라 달라진다고 보았다. 그것이 무엇에 쓰이는가에 따라 사후적으로 존재가 규정된다는 뜻이다. 하이데거는 이를 '존재 가능성'이라고 표현했다. 즉 그것이 무엇으로 존재할 수 있는가에 대한 가능성에 따라 그것의 존재가 달라진다는 뜻이다.

이제 정일근 시인의 〈신문지 밥상〉으로 돌아가보자. 시에서 신문지를 바라보는 어머니와 아들의 시각이 달랐다. 아들에게는 '신문지'일 뿐인 물건이 어머니에게는 '밥상'으로 둔갑했다. 왜 그런 차이가 생겼을까? 이는 신문지의 '존재 가능성'을 바라보는 시각의 차이에서 기인했다. 아들은 신문지의 존재 가능성을 닫아 두었다. 그러니 신문지는 오로지 신문지일 뿐이다. 어머니는 신문지의 존재 가능성을 열어 두었다. 그러니 밥상으로 존재할 수도 있다고 보는 것이다. 신문지의 존재 가능성을 닫아 둔 아들의 시선과 그것의 존재 가능성을 열어 둔 어머니의 시선, 둘 중 어느 쪽이 지혜로운가? 당연히 존재 가능성을 열어 둔 어머니가 지혜롭다. 시인의 말처럼, '어머니의 말씀 철학'이다. 철학이 담긴 지혜는 세상을 풍요롭게 만든다. 신문지 깔고 밥 먹는 아들의 세계보다는 근사한 밥상을 앞에 둔 어머니의 세계가 더 풍요롭다. 그렇지 않은가?

하이데거의 사유를 통해 우리가 기억해 두어야 할 단어는 '존재 가능성'이다. 모든 존재자는 자신의 존재 가능성에 따라서 실존이 달라진다. 사물도 그렇고 사람도 그렇다. 플라스틱으로 된 병에 물을 담으면 그것은 물병이 된다. 술을 넣으면 술병이 되고, 참기름을 담아두면 참기름병이 된다. 다시 말해 플라스틱 병의 존재는 원래부터 정해진 것이 아니라 그 속에 무엇이 담겨지는가, 다시 말해 그 병이 어떤 세계와 만나는가에 따라 달라진다.

근데, 재미난 사실이 있다. 세상이 풍요로워지려면 모든 존재자의 존재 가능성을 열어 두어야 한다는 점이다. 신문지의 존재 가능성을 닫아 둔 아들에게는 궁핍한 세계가 주어졌지만 신문지의 존재 가능성을 열어 둔 어머니에게는 보다 풍요로운 세계가 펼쳐진 것처럼. 이러한 논리는 삶에도 적용된다. 자신의 존재 가능성을 열어 둔 사람이 그것을 닫아버린 사람보다는 풍요로운 삶을 살 수가 있다. 존재 가능성을 열어 둔 사람은 자신이 무엇이라도 될 수 있다고 믿는다. 그러니 미래에 대한 꿈을 꿀 수도 있고 희망을 가질 수도 있다. 하지만 자신의 존재 가능성을 닫아버린 사람에게는 꿈도 없고 희망도 없다. 미래가 암울하고 어두워진다.

여기서 질문 하나 하자. 사람들은 나이가 들어갈수록 자신의 존재 가능성이 열릴까, 닫힐까? 물론 사람에 따라 다르겠지만 대체로 나이가 들수록 존재 가능성이 닫힌다. 아이들은 대부분 꿈을 이야기하지만 나이가 들어갈수록 꿈 이야기를 하지 않는다. 스스로 존재 가능성을 닫아버렸기 때문이다. 먹고살기도 바빠죽겠는데 꿈 같은 소리 할 겨를이 없다. 눈앞에 닥친 현실을 살아내느라 새로운 미래를 꿈꿀 겨를조차 없고, 새로운 미래에 대한 생각도 안 든다. 팍팍한 현실을 고려하면 충분히 납득되기도 한다. 하지만 이해 여부와 현실은 별개의 문제다. 미래에 대한 존재 가능성을 펼치는 일조차 버거운 오늘날의 현실이 이해된다 하여, 그러한 사실이 개개인의 삶에 만족감을 가져다 주지는 않는다. 그럼, 어떻게 해야 할까? 해답을 구하는 일이 갈급할 수 있겠지만, 잠시 여유를 가지면서 조금 더 논의를 이어가 보자.

존재 가능성을 닫아버린 리더는
부하의 가능성도 부정한다

스스로 꿈꾸기를 멈춘 자의 미래는 어두울 수밖에 없다. 존재 가능성이 닫아버렸기 때문이다. 꿈꾸기를 멈춘 사람은 리더십을 발휘하기도 어렵다. 왜 그런가? 자신에 대한 존재 가능성을 열지 못하는 사람은 타인의 존재 가능성도 부정하기 쉽기 때문이다. 무슨 말이냐고? 예를 들어보자.

여기 한 아버지가 있다. 그에게는 공부를 곧잘 하는 아들이 있다. 아버지는 아들이 공부를 잘한다는 사실이 자랑스럽다. 자기 아들

정도면 어렵지 않게 명문대에 입학할 수 있을 거라 믿었다. 그런데 문제가 생겼다. 중학교 때까지는 성적이 좋았던 아들이 고등학교에 가서는 성적이 나빠졌다. 게임에 빠진 탓이다. 결국 아들은 아버지가 기대한 대학에 가지 못했고, 결국 지방의 이름없는 대학에 입학했다. 이 일로 인해 아버지는 크게 실망했고, 더 이상 아들에게는 아무런 기대도 갖지 않게 되었다. 아버지는 술이 취하면 아들에 대해 주변 사람들에게 다음과 같이 하소연을 하곤 했다. "저따위 삼류 대학을 나와서 어디 대기업에 취직이라도 하겠어? 저 녀석은 이제 끝났어!" 아버지는 요즘같이 취업이 어려운 시기에 자기 아들 정도의 학벌로는 대기업에 입사하는 것이 불가능하다고 본 것이다.

아버지는 왜 자기 아들이 대기업에 입사하지 못할 거라고 단정하는가? 왜 아직 도래하지 않은 미래의 일에 대해 그렇게 확신하는가? 그 이유는 아들의 미래에 대한 존재 가능성을 닫아버렸기 때문이다. 존재 가능성을 닫아버렸기에 미래에 대해 그 어떤 긍정적인 전망조차 내릴 수 없는 것이다. 미래가 암울하고 회색빛이다. 마치 정일근의 시에서 신문지의 존재 가능성을 닫아버린 아들에게 초라한 세계가 펼쳐지고 있는 것처럼. 이처럼 미래에 대한 전망은 존재 가능성에 대한 현재의 시선에 따라 달라진다. 존재 가능성이 열려 있으면 밝은 미래가 펼쳐지고 그것이 닫혀 있으면 미래는 어둡고 암울해진다.

다른 관점에서 생각해보자. 자신이 기대한 수준의 대학에 진학하지 못한 아들에 대해 미래의 존재 가능성마저 닫아버린 아버지는 스스로에 대한 존재 가능성을 펼칠 수 있을까? 아마도 어려울 것이다. 아들의 미래에 대한 평가는 아들에 대한 객관적이고 합리적인 분석의 결과가 아니라, 실은 본인(아버지)이 가진 삶과 세계에 대한 가치관이 투영된 결과이기 때문이다. 본인이 세상을 바라보는 마음의 창(窓), 즉 프레임의 영향 때문이다. 자신이 어떤 프레임을 가지고 세상을 바라보는가, 다시 말해 어떤 마음의 창을 통해 관찰하는가에 따라 세상과 존재에 대한 평가가 달라진다. 긍정적인 창을 통해 보면 세상은 밝고 아름답게 보인다. 반면 부정적인 창을 통하면 세상은 어둡고 암울하게 보인다. 독일의 철학자 마르틴 부버도 이런 점을 통찰했던 인물이다. 그의 주장을 들어보자.

세계는 그대가 원하는 대로 세상에 머물러 있다. 그러나 그대의 밖에 있든 안에 있든 그것은 그대에게 냉담하다. 그대는 세계를 지각하고 그것을 그대의 진리로 받아들인다. 세계는 그것을 내버려둔다.

-마르틴 부버, 『나와 너』

마르틴 부버에 따르면, 모든 사람이 공통적으로 지각하는 객관적인 세계란 존재하지 않는다. 사람마다 주관적으로 지각한 서로 다른 세계가 각자에게 현전(現前)한다. 그의 표현을 빌려서 말하자면, 개개인이 '원하는 대로' 세상이 펼쳐질 뿐이다. 개인은 그런 식으로 '세계를 지각하고' 그것을 자신의 '진리로 받아들인다.' 세계는 '쿨'하다. 사람들이 세계를 어떻게 해석하든, 좋게 해석하든 나쁘게 해석하든 관계치 않는다. 각자가 해석한 대로 '내버려둔다.' 결국 세계란 모든 사람에게 동일하게 존재하지 않는다. 자신이 '원하는 대로', 하이데거식으로 말하면 '이해하고 해석한 대로' 자기 앞에 드러날 뿐이다. 그래서 프레임이 중요하다. 내가 어떤 창으로 세상을 바라보는가, 다시 말해 내가 어떻게 이해하고 해석했는지에 따라 세상이 달라지기 때문이다.

"저 녀석은 이제 끝났어"라며 아들의 존재 가능성을 닫아버린 아버지를 보면 측은한 생각이 든다. 왜? 아들이 좋은 대학을 가지 못해서? 아니면 대기업에 입사할 가능성이 없어서? 둘 다 아니다. 아버지가 가엽고 불쌍한 이유는 아들 때문이 아니다. 자신 때문이다. 아버지 본인이 스스로의 존재 가능성을 닫아버린 점이 더욱 안타깝다. 아버지는 스스로의 존재 가능성이 닫아버렸기에 아들의 존재 가능성도 열지 못하는 것이다. 결국 아들이 문제가 아니라 아버지의 프레임이 문제다. 이처럼 스스로에 대한 존재 가능성이 닫혀 있으면, 다시 말해 세상을 바라보는 마음의 창이 어두우면 세상을 밝게 바라보지 못할 뿐 아니라 타인의 가능성도 긍정하기 어렵다. 요컨대 자신의 존재 가능성을 열지 못하는 사람은 타인의 존재 가능성도 닫아 버린다.

리더십 측면에서 생각해보자. 리더십은 관계의 산물이다. 아버지와 아들의 관계는 좋을까? 아들의 존재 가능성을 닫아버린 아버지에 대해 아들은 좋은 관계를 유지할 수 있을까? 아마도 힘들 것이다. "넌 끝났어"라며 자신에 대해 긍정적으로 바라보지 않고, 미래에 대한 가능성마저 닫아버린 상대와 좋은 관계를 유지하기란 좀처럼 힘들 것이다. 상대에 대한 불신과 절망 속에서 긍정적인 상호관계를 기대하기 어렵다. 상대에 대한 신뢰와 희망 속에서만 긍정적 관계의 싹이 자라날 수 있다. 결국 상대에 대한 존재 가능성을 닫아버리면 세상도 암울해지고 관계도 어려워진다.

하이데거가 말한 '존재 가능성'을 잘 이해할 수 있는 그림이 있다. 벨기에의 초현실주의 화가인 르네 마그리트의 〈통찰력〉이라는 그림이다. 먼저 그림 감상부터 해보자.

마그리트가 그림을 통해 전하고 싶은 메시지는 무엇일까? 그림에서 특이한 부분이 있는가? 마그리트 자신이라고 알려진, 중년 남성이 이젤 앞에 앉아서 그림을 그리고 있다. 아마도 정물화를 그리는 듯하다. 좌측 테이블에는 타원형의 알이 하나 놓여 있다. 그런데 캔버스에 그려진 그림은 알이 아니다. 화가는 새를 그리고 있다. 눈앞에 보이는 알을 보고, 정작 그림은 알이 껍질을 깨고 나와서 날개

르네 마그리트 〈통찰력〉

를 펼친 미래의 모습을 그리고 있다. 현재를 보고 미래를 그리는 행위, 이를 두고 화가는 '통찰력'이라 이름 붙였다.

통찰(洞察)이란 예리한 관찰력으로 사물을 꿰뚫어 보는 것을 말한다. 마그리트는 지금 알을 | 그냥 보고 있는 것이 아니라 꿰뚫어 보고 있다. 그가 관통하고 있는 것은 물질이 아니라 시간이다. 사물이 아니라 그 존재의 미래를 통찰하고 있는 것이다. 알을 보고 새를 그리다니, 대단하지 않은가. 이것은 아무나 할 수 있는 게 아니다. 화가의 말처럼, 통찰력을 가진 사람만이 할 수 있는 특별한 능력이다. 그것이 가능하기 위해서는 알을 보고, 그것에 대한 미래의 존재 가능성을 열 수 있어야 한다. 미래를 꿰뚫어 볼 수 있는 능력도 존재 가능성이 열려 있어야 가능한 법이다. 타인이나 사물의 존재 가능성을 펼치려면 먼저 스스로에 대한 존재 가능성도 열려 있어야 한다. 출발은 스스로의 존재 가능성을 펼칠 수 있는가의 여부다. 자신의 가능성이 열려 있어야 타인의 존재 가능성도 열어두고 바라볼 수 있다. 이것은 또, 세계와 삶의 존재 가능성을 펼칠 수 있게 만든다.

생각해보자. 사람은 나이를 먹을수록 스스로에 대한 존재 가능성을 펼친 채 살아갈까? 유감스럽게도 이 질문에 대한 대답은 'No'다. 대부분 나이가 들수록 스스로의 존재 가능성을 닫아버리는 경우가 많다. 어릴 때는 대부분 꿈을 갖고 있지만 성장할수록 꿈이 없어지는 것이 그 증거다. 해서, 나이가 들수록 행복해지기 어렵다. 객관적인 능력이나 물질적 조건이 좋아졌음에도 행복감을 느끼기란 좀처럼 쉽지 않다. 미래에 대한 긍정적인 전망보다는 불안한 심정이 더 크다. 왜 그럴까? 미래에 대한 존재 가능성이 닫히기 때문이다.

그렇다면, 나이가 들수록 미래에 대한 존재 가능성이 닫히는 현상은 당연하고 자연스러운 일일까? 모든 생명체가 나이가 들면 병들고 결국에는 죽게 될 운명이니 일견 당연한 일처럼 생각되기도 한다. 하지만 그것은 보통 사람들의 생각이다. 삶과 인생, 세계에 대해 깊이 있게 통찰했던 사람들은 달리 생각하는 경우도 많다. 대표적인 인물이 독일 철학자인 니체다. '신은 죽었다'는 말로 유명한 니체는 모든 인간의 가능성을 긍정했던 사람이다. 먼저 그의 주장을 들어보자.

> 우리 모두는 우리 안에 숨겨진 정원과 식물을 갖고 있다. 달리 비유하면 우리 모두는 언젠가 분출하게 될 활화산이다. 그러나 이것이 얼마나 가까운 시간에 혹은 먼 후에 이루어질지는 아무도 모른다. 심지어 신조차도.
>
> -니체, 『즐거운 학문』

니체는 모든 인간에게는 '숨겨진 정원과 식물'이 있다고 보았다. 하지만 자신에게 아름다운 정원과 식물이 있다는 사실을 믿지 않는 사람도 많다. 왜? 그것이 '숨겨져' 있기 때문이다. 드러나 있지 않고

니체 1844~1900

독일의 철학자. 니체는 쇼펜하우어의 영향을
받아 염세주의에 빠졌고, 지금까지의 모든 도
덕은 허구이며 새로운 가치의 도덕을 세워야
한다고 주장했다. 니체는 20세기 초에 유럽에
다가올 허무주의를 예측하며 전통적인 가치를
파괴하지 않으면 안 된다고 주장하기도 했다.

숨겨져 있기 때문에 그것이 있다는 사실조차 믿지 않는 사람이 많다. 니체는 인간이 가진 가능성에 대해서 '활화산'이라고 비유했다. "우리 모두는 언젠가 분출하게 될 활화산이다." 그런데 그 화산이 언제 분출할지는 아무도 모른다. 심지어 신조차도. 중요한 점은 내 안에 언젠가 분출하고야 말 활화산이 있다는 사실을 믿어야 한다는 것이다. 자신에게 활화산이 있다는 사실을 믿는 사람은 그것을 분출하기 위해 이런저런 시도를 할 것이다. 그러다 보면 실패하는 일도 있겠지만 언젠가는 거대한 불 줄기를 뿜어내며 폭발하는 날도 오고야 만다. 그런데 자신에게 활화산이 있다는 사실을 믿지 않는다면? 아무런 시도도 하지 않는다. 결국 그 화산은 그가 살아있는 동안에는 폭발하지 않는다. 이쯤 되면 활화산이라고 부르기도 민망하다. 휴(休)화산 내지는 사(死)화산이다. 중요한 것은 내 안에 언젠가는 분출하고야 말 활화산이 있다는 사실을 믿는가이다.

니체나 하이데거처럼 삶과 세계에 대해서 깊이 있게 고민했던 철학자들의 시각은 보통 사람들과 다르다. 그들은 모두 인간의 가능성을 긍정했다. 하이데거가 말한 '존재 가능성'이 니체의 표현으로는 '활화산'이다. 자신의 존재 가능성을 펼치든, 아니면 내 안에 언젠가 분출하고야 말 활화산이 있다고 믿든 상관없다. 자신의 존재가 미래를 향해 열려 있다는 생각이 삶을 풍요롭게 만든다.

스스로의 존재 가능성을 닫는 순간
리더는 늙는다

질문 하나 하자. 당신은 나이가 많이 들었다고 생각하는가? 물론 이 질문에 대한 대답은 사람마다 다를 것이다. 학교에 가서 학생들에게 물어보면 나이가 적다고 할 테고 노인정에 가서 노인에게 물어보면 나이가 많다고 할 것이다. 만약 사오십 대 중년에게 물어보면 어떻게 대답할까? 이 역시 개인차가 있을 것이다. 하지만 여기서 중요한 점은 단지 숫자의 크기가 대답을 결정하는 것은 아니라는 사실이다. 생물학적 나이보다는 주관적 인식에 더 큰 영향을 받는다. 사십이라도 늙었다고 느끼는 사람이 있는가 하면, 육십이어도 아직 젊다고 말하는 사람이 있다. 젊고 늙음에 대한 판단은 나이가 아니라 마음가짐에 달렸기 때문이다. 이러한 사실을 잘 드러내는 시(詩)가 있다. 사무엘 울만의 〈청춘〉이라는 시다. 워낙 유명해서 한 번씩은 들어 보았겠지만, 여기서 일부만 인용해 보았다.

청춘이란 인생의 어떤 한 시기가 아니라 마음가짐을 뜻하나니. (중략)
때로는 스무 살 청년보다 예순 살 노인이 더 청춘일 수 있네. 누구나 세월만으로 늙어가지 않고 이상을 잃어버릴 때 늙어가나니 (중략) 그러나 머리를 높이 들고 희망의 물결을 붙잡는 한, 그대는 여든 살이어도 늘 푸른 청춘이네.

-사무엘 울만, 〈청춘(Youth)〉 일부

사무엘 울만은 청춘을 이렇게 정의했다.

"청춘이란 인생의 어떤 한 시기가 아니라 마음가짐을 뜻하나니."

즉 10대, 20대의 특정 시기가 청춘을 뜻하는 것이 아니라 스스로 마음을 어떻게 가지는가, 정신이 어떤가에 따라 달라진다는 뜻이다. 때로는 '스무 살 청년보다 예순 살 노인이 더 청춘'일 수 있는 이유가 바로 여기에 있다. 생물학적으로 아무리 나이가 어려도 이상을 잃어버렸다면 늙은 사람이다. 정신이 냉소와 비탄에 갇히면 스무 살이어도 노인일 수 있다. 아무리 나이가 많아도 '머리를 높이 들고 희망의 파도를 타는 한' 청춘이다.

청춘에 대한 울만의 주장에 동의하는가? 재미난 사실은 울만의 주장이 하이데거나 니체와도 닿아있다는 점이다. 하이데거의 주장처럼 자신의 존재 가능성을 열어 둔 정신의 소유자라면 아무리 나이가 들어도 청춘이다. 지금보다 미래가 더 좋아질 것이라는 희망과 이상이 있기 때문이다. 니체처럼 자기 안에 언젠가 분출하고야 말 활화산이 있다고 믿는 사람도 청춘이다. 그 활화산의 존재가 기쁨과 용기를 주기 때문이다. 결국 청춘이란 신체 연령이 아니라 정신의 문제다. 자신의 정신이 얼마나 미래를 향해 열려 있는가의 문제다. 결국 미래를 향해 자신의 존재 가능성을 열어 둔 사람에게 나이란 그야말로 '숫자에 불과하다.'

'나이 많은 청춘'을 한 사람 더 소개하고자 한다. 한때 매그넘 회장을 역임하기도 했던 사진작가 '마크 리부(Marc Riboud)'다. 1923년 프랑스 리옹에서 태어난 그는 20세기 최고의 사진작가 중 한 사람으로 손꼽힌다. 1923년생이니까 벌써 90세를 훌쩍 넘긴 그는 오랜 기간 왕성한 작품활동을 하면서 유명한 사진을 여럿 남겼다. 대표작으로는 〈에펠탑의 페인트공(1953년)〉과 〈꽃을 든 여인(1967년)〉 등이 있으며, 그 외에도 수많은 저널리즘 사진과 감성 사진들이 그의 예술 세계를 잘 보여주고 있다. 가수에 빗대어 말하면, 수많은 히트곡을 남긴 사람이다.

이처럼 유명한 작품을 여럿 남긴 고령의 마크 리부에게 어떤 사람이 물었다. "당신이 찍은 최고의 사진은 무엇입니까?"하고. 그 사람은 아마도 위 두 작품을 후보로 생각했을 수도 있다. 하지만 마크 리부의 답변은 전혀 예상 밖이었다. "그것은 내일 찍을 예정입니다." 아직 자기 인생에서 최고의 작품은 아직 탄생하지 않았다는 답변이다. 내일이면 더 좋은 작품을 찍을 예정이기 때문이다. 한마디로 자기 생애 최고의 전성기는 아직 도래하지 않았다는 뜻이다. 멋있지 않은가? 남들 같으면 벌써 늙었다고 생각해서 인생을 정리할 나이에 마크 리부는 아직도 최고의 순간이 남아있다고 믿는 것이다.

질문 한번 해보자. 마크 리부는 노인인가, 청춘인가? 당연히 청춘이다. 아직 인생곡선이 계속해서 상승하고 있기 때문이다. 사무엘 울만의 정의로 보아도 청춘이다. 머리를 높이 들고 희망의 물결을 붙잡고 있기 때문이다. 고령의 마크 리부가 최고의 작품은 내일 찍을 예정이라고 말할 수 있었던 이유는 무엇일까? 아마도 자신의 존재 가능성이 미래를 향해 열려 있기 때문일 것이다. 반복해서 말하는 바지만, 존재 가능성이 열려 있는 사람은 나이가 아무리 들어도, 아무리 높은 위치에 올라도 새로운 내일을 꿈꾼다. 그러니 청춘이다. 마크 리부에게도 나이는 숫자에 불과하다.

이제 리더십 관점에서 논의해보자. 변혁적 리더가 부하직원에게 영향력을 발휘하는 수단 중 첫 번째는 '카리스마'다. 카리스마란 부하에게 꿈과 비전을 심어주고 목표에 몰입하게 만드는 능력이다. 그런데 현실에서도 대다수 리더가 카리스마를 발휘하지 못한다. 왜? 리더에게 꿈과 비전이 없기 때문이다. 리더에게 꿈이 없기에 부하에게 꿈을 말할 수 없는 것이다. 클래식을 모르는 사람이 다른 이에게 클래식을 논할 수 없는 것과 같은 이치다. 이야기할 수 없을 뿐 아니라 클래식과 관련된 이야기를 꺼내는 사람을 싫어하기까지 한다. 꿈도 마찬가지다. 리더에게 꿈이 없으면 부하에게 꿈을 논할 수 없을 뿐 아니라, 부하가 꿈을 말하는 것조차 싫어진다. "꿈 타령 하지 말고, 그럴 시간에 일이나 더 열심히 해!"라며 억박지를 수도 있다. 요컨대 리더에게 꿈이 없으면 카리스마를 발휘할 수 없다.

꿈이 없는 리더는 어떻게 해야 할까? 하이데거가 말한 '존재 가능성'이라도 가져야 한다. 미래를 향해 자신의 존재 가능성을 열어 두어야 한다. 니체가 말한 바처럼, 내 안에 언젠가 분출하고야 말 활화산이 있다고 믿어야 한다. 구체적인 꿈이 없더라도 존재 가능성을 열어 둔 사람이라면 부하와 꿈과 희망을 논할 수 있다. 지금보다 미래가 더 나아질 수 있다고 믿기 때문이다. 미래를 긍정할 수 있어야 현재를 긍정적으로 바라볼 수 있다. 눈앞의 어려움과 고통도 더 나은 미래를 위한 기회와 자양분이 될 수 있다고 믿으며, '지금-여기'의 삶을 긍정하게 된다. 나이가 아무리 들어도 자신의 미래에 대해 가능성을 열어 둔 사람은 '청춘'이다. 청춘은 다른 사람과 꿈, 희망을 논하는 자다. 꿈이 없어도 존재 가능성을 열어 둔 사람은 카리스마를 발휘할 수 있다.

딜레마 둘, 리더가
'지적 자극'을 하기 힘든 이유

이론

부하직원을 지적으로 자극해주면 부하는 더욱 열심히 일한다.

현실

부하직원에게 지적으로 자극하기 어렵다. 왜????

변혁적 리더십에서 영향력을 발휘하는 두 번째 수단은 '지적 자극'이다. 지적 자극이란 부하에게 기존의 방식이 아닌 새로운 방식으로 사고하게 만듦으로써 부하의 생각과 상상력을 자극하는 것을 말한다. 카리스마가 그랬던 것처럼, 현실에서는 대다수 리더가 부하직원을 지적으로 자극하기 어렵다. | 물론 이는 일반화하기는 어려운 주장이다. 아직도 부하에게 지적 자극을 주고 부하를 성장시키는 리더가 있다. 하지만 과거에 비해 적어진 건 틀림없는 사실이다.

왜 그럴까? 리더가 과거보다 똑똑하지 못하기 때문일까? 절대 그렇지 않다. 평균적으로 비교하면, 요즘 리더가 과거의 리더보다 훨씬 똑똑하다. 하지만 그럼에도 부하직원을 지적으로 자극을 하기란

쉽지 않다. 왜? 부하가 과거보다 더 똑똑해졌기 때문이다. 해서, 지금은 리더나 부하가 아는 게 엇비슷하다. | 심지어 부하가 더 똑똑한 경우도 있다. 아는 게 비슷하니 지적으로 자극할 수가 없다. 과거와 달리 요즘은 많은 조직에서 정보의 독점 현상이 사라지고 소위 '정보 민주화'가 이루어지는 추세다. MIS(경영정보시스템), KMS(지식경영시스템), ERP(전사적자원관리) 등 다양한 정보 시스템을 만들어서 공유하도록 유도하고 있다. 이제 아주 특별한 경우가 아니면, 정보는 공개하고 공유하는 것이 기본이 되었다.

리더 입장에서 보자면, 정보공유 시스템의 활성화는 긍정적인 현상이 아니다. 과거 리더가 가졌던 정보적 파워를 향유하기가 어려워졌기 때문이다. 부하 입장에서는 이제 정보에 대해 리더에게 의존할 필요가 없어졌다. 스스로 찾으면 되고, 모르는 게 있으면 '네이버'에게 물어보면 된다. 더 이상 리더에게 물어볼 필요가 없다. 정보공유 시스템이나 인터넷은 부하의 질문에 정확하고 빠르게 답해준다. 심지어 친절하기까지 하다. 깐깐한 리더처럼 투덜거리거나 잔소리하는 법도 없다.

최신 디지털 정보에 대해서는 오히려 리더가 아둔한 경우도 많다. 하루가 멀다 하고 새로운 정보가 쏟아져 나오고, 기존과는 다른 방식의 첨단 기계들이 경쟁하듯 출시되는 정보의 바다는 디지털이나 모바일에 익숙하지 않은 리더에게는 괴리감을 가져다 주기도 한다. 아무래도 최신 정보에 대한 접근은 젊을수록 용이하다. 상황이 이렇다 보니 정보의 역전현상이 일어나기도 한다. 이제 리더가 부하에게 물어봐야 하는 경우도 생긴다. 정보 민주화를 넘어서 역차별 현상이 일어나기도 한다. 이래저래 리더가 부하를 지적으로 자극하기 힘든 상황이 되었다.

이제 어떻게 해야 할까? 리더도 뒤처지지 않게 최신 정보에 민감하게 반응해야 할까? 그렇게 하는 것이 현실적으로 가능하지도 않거니와 그렇게 한다고 해서 부하를 지적으로 자극할 수 있는 것도 아니다. 리더가 최신 정보를 아무리 많이 알아도 그것을 부하도 이미 알고 있는 상황이라면 지적인 자극을 하기는 힘들다. 지적 자극은 상대는 모르고 있지만 나는 알고 있는 상태라야 비로소 가능하기 때문이다.

상식적인 이야기지만, 지적으로 자극하려면 부하가 모르는 유익한 지식이나 정보를 제공함으로써 긍정적 반응을 이끌어내야 한다. 어떻게 하면 그것이 가능할까? 책을 읽어야 한다. 책을 통해 부하가 모르는 가치 있는 지식과 정보를 습득해야 한다. 혹, 이렇게 반문할지도 모르겠다. "책에 있는 정보도 인터넷에 다 나오지 않는가?" 하고. 인터넷은 정보의 바다다. 하지만 인터넷을 통해서는 단편적이고 얕은 수준의 정보만을 얻을 수 있다. 인터넷은 기본적으로 정보를 빠르고 쉽게 얻기 위한 수단이다. 깊고 심오한 지식은 인터넷과는 잘 맞지 않는다. 정확히 말하면 인터넷은 정보의 바다이긴 하지만, '넓고 얕은' 정보의 바다다. 깊이 있고 종합적인 정보는 인터넷에서 얻기 어렵다. 다양한 시각과 깊이 있는 통찰을 얻을 수 있는 지식은 책을 통해서만 얻을 수 있다. 음식에 비유해 인터넷에서 얻는 정보가 '인스턴트'라면 책을 통해서 얻을 수 있는 정보는 정성을 들인 '특식(特食)'이다.

정보 민주화 시대에 리더가 부하에게 지적인 자극을 하려면 책을 읽어야 한다. '옛글 가운데에서 참된 보물만 모아둔 책'이라는 의미의 『고문진보(古文眞寶)』에는 "빈자인서부(貧者因書富) 부자인서귀(富者因書貴)"라는 말이 나온다. 이 말은 '가난한 사람은 책으로 인해 부자가 되고, 부자는 책으로 인해 귀해진다'는 뜻이다. 가난한 사람에게 책은 재물을 가져다 주고, 부자에게는 고귀함을 선사한다는 것이다. 부자건 가난한 자건 간에 책이 삶을 풍성하게 만들어준다는 소리다.

책의 효용성에 대해서는 소크라테스도 비슷한 말을 했다.

"남의 책을 읽는 데 시간을 보내라. 남이 고생한 것으로 자기를 쉽게 개선할 수 있다."

그의 논리대로라면, 책은 남들이 고생한 것으로 자신의 삶을 개

소크라테스_BC 470~BC 399

고대 그리스의 철학자. 소크라테스는 아테네
에 살면서 많은 제자들을 가르쳤는데 당시 그
의 사상은 귀족 계급을 대변하고 있었으나 새
로운 신흥 계급의 출현으로 그의 사상 활동이
아테네 법에 위배된다 하여 처형당했다. 그는
단순한 지식이 아닌 실천을 중시하며 참된 앎
을 얻을 수 있는 방법으로 진리에 도달할 수 있
다고 믿었다.

선할 수 있게 만드는 좋은 수단이 된다. 이 말은 지적 자극을 위해 리더가 왜 책을 읽어야 하는지에 대한 소크라테스의 조언이기도 하다. 책을 많이 읽은 리더는 저자가 고생한 것으로 자기를 쉽게 개선할 뿐 아니라, 부하의 삶을 개선하는 데 활용할 수도 있다.

그렇다면 모든 책이 부하를 지적으로 자극하는 데 도움이 될까? 그렇지는 않다. 지적인 자극을 할 수 있는 책과 그렇지 않은 책이 있다. 좋은 책을 읽어야 부하를 지적으로 자극할 수 있다. 시간을 들여 책을 읽어도 부하에게 자극을 줄 수 없는 경우도 있다. 책의 내용이 별 가치가 없거나 부하가 이미 그 내용을 알고 있는 경우가 여기에 해당한다. 결국 부하가 모르면서도 가치 있는 책을 읽어야 한다. 그런 책만이 지적 자극이 가능하다. 결국 부하에게 지적인 자극을 할 수 있는 책이 좋은 책이다.

평소 책을 자주 읽지 않는 리더라도 한 번씩 서점을 들르기 마련이다. 즐비하게 진열된 책을 보면서 스스로 반성도 한다. '그동안 책을 너무 멀리하고 살았어'라며 자책도 한다. 그 결과, 서점을 나오면서 손에 한두 권의 책을 들고 나온다. 책을 구매한 자신에 대해 스스로 대견해한다. 새로 산 책을 통해 조금이나마 지적인 성취를 이룰 자신의 모습에 미리 뿌듯해한다. 평소 책을 좋아하지 않는 사람이 가끔씩 서점에 들렀을 때, 손에 들고 나오는 책은 주로 어떤 책일까? 대부분 베스트셀러다.

이 대목에서 질문 하나. 베스트셀러를 읽은 리더는 부하에게 지적인 자극을 할 수 있을까? 쉽지 않다. 왜? 베스트셀러는 '많이 팔린 책'이다. 많이 팔렸기에 부하도 그 책을 읽었을 확률이 높다. 그래서 지적인 자극을 하기가 어렵다. 앞서 말했지만, 누군가를 지적으로 자극하려면 상대가 모르는 경우라야 가능한데, 아무리 가치 있는 정보라도 상대도 그 책을 읽고 알고 있는 상태라면 무용지물이 되고 만다. 속되게 표현해서 '꽝'이다. 그런 의미로 보자면 베스트셀러일수록 지적인 자극을 하기는 더 어렵다.

베스트셀러에 대해 사람들이 흔히 갖는 오해가 있다. 많은 사람들이 구매했기 때문에 좋은 책일 거라는 환상이다. 하지만 이는 진실이 아니다. 베스트셀러란 말 그대로 '많이 팔린 책'을 뜻할 뿐 '좋은 책'이라는 뜻은 어디에도 없다. 많이 팔린 음반이라고 해서 반드시 좋은 음악이 아닌 것과 같은 이치다. 실제로는 대중적으로 인기를 얻지는 못했지만 음악적으로는 더 뛰어난 곡들도 많다. 책도 마찬가지다. 좋은 책이 잘 팔릴 것 같지만 현실에서는 좋은 책일수록 대중의 주목을 받지 못하는 경우가 훨씬 많다.

리더가 부하를 지적으로 자극하려면 책을 읽어야 한다. 그것도 좋은 책을 읽어야 한다. 해서, 부하를 지적으로 자극함으로써 영향력을 발휘하고자 하는 리더에게는 두 가지가 요구된다. 첫째, 책을 많이 읽을 것. 둘째, 좋은 책을 골라 읽을 것. 둘 중 어느 것이 먼저 일까? 후자가 먼저다. '좋은' 책을 '많이' 읽어야 한다. 결국 리더에게는 좋은 책을 고르는 안목이 필요하다. 좋은 책을 고르는 안목이 없다면 책을 많이 읽어도 지적인 자극에 실패하는 경우가 생길 수도 있다.

평소 인문고전을 탐독한 리더가
부하를 지적으로 자극할 수 있다

어떤 책이 좋은 책일까? 실용서나 수험서 등을 제외하고, 자신을 고양시킬 목적으로 읽는 책은 크게 둘로 구분할 수 있다. 자기계발서와 인문서다. 이 둘은 어떻게 차이가 나는 것일까? 엄밀하게 따져 물으면, 이 둘도 명확하게 구분되는 것은 아니다. 넓은 의미로 보면 모든 책은 자기계발서다. 자기계발을 목적으로 하지 않는 책이 어디 있겠는가? 인문서도 자기계발을 목적으로 읽는 경우가 많다. 하지만 그럼에도 이 둘은 엄연히 구분되며, 서점에서도 분류된 채 진열된다. 여기서는 일반적으로 통용되는 분류 기준으로 이 둘을 구분해 보겠다.

자기계발서는 주로 '방법(How)을 알려주는 책'을 말한다. 돈 많이 버는 방법, 직장에서 성공하는 방법, 행복하게 사는 방법 등 무엇인가를 얻거나 성취하기 위한 '방법'을 알려주는 책이 자기계발서다. 자기계발서를 읽으면 독자는 자신의 두뇌 중에 소위 '도구적 이성'이 발달하게 된다. 도구적 이성(道具的 理性, Instrumental reason)이란 목적의 타당성이나 가치는 생각하지 않고, 목표를 가장 효과적이면서도 효율적으로 달성할 수 있는 방법을 모색하는 능력을 말한다. 즉, 목적을 달성하는 데 가장 빠른 수단(방법)을 찾는 이성으로 주로 '어떻게(How)'를 중시한다. | 도구적 이성이란 개념은 독일의 사회철학자 막스 베버가 현대 문명의 위기가 어디에서 비롯되었는가에 대해 '이성의 도구화'에 주목한 것에서 비롯되어, 독일 프랑크푸르트학파의 호르크하이머와 위르겐 하버마스에 의해서 구체화된 개념이다. 이를테면, 『경매로 500억 번 비결』(2006, 한솜미디어), 『나는 스티브 잡스를 이렇게 뽑았다』(2014, 미래의 창) 등은 자기계발서로 분류할 수 있겠다. 각각 경매로 큰돈을 버는 '방법', 훌륭한 인재를 뽑는 '방법'을 알려주고 있기 때문이다.

인문서는 자기계발서와 성격이 다르다. 인문서는 주로 '질문(Why)을 하는 책'이다. 그렇기 때문에 인문서에는 구체적인 방법이 들어있지 않는 경우가 많다. 주로 질문을 하기에 인문서를 많이 읽으면 두뇌가 발달되는 부분이 다르다. 도구적 이성이 아니라 '비판적 이성'이 개발된다. 비판적 이성은 합리성과 효율성만을 추구하는 도구적 이성과는 달리 현상에 대해 비판적 성찰을 하는 능력과 관련이 있다. 사람들이 당연하다고 생각하는 것에 대해 '그건 왜 그렇지?'라며 질문을 하는 능력이 바로 비판적 이성이다. 예컨대 스피노자의 『에티카』나 찰스 다윈의 『종의 기원』 등이 인문서로 분류되는 책이다.

<자기계발서와 인문서의 차이>

	자기계발서	인문서
특징	'방법'을 알려준다	'질문'을 한다
초점	'How'에 초점	'Why'에 초점
효과	도구적 이성이 개발됨	비판적 이성이 개발됨
도서 예	『경매로 500억 번 비결』 『나는 스티브 잡스를 이렇게 뽑았다』	스피노자의 『에티카』 찰스 다윈의 『종의 기원』

자기계발서건 인문서건 간에 책을 읽으면 두뇌가 개발된다. 하지만 도구적 이성이 개발되는가, 비판적 이성이 개발되는가 하는 차이는 매우 중요한 문제다. 개인의 삶과 행복에 결정적 영향을 미치기 때문이다. 독일의 사회철학자 막스 베버는 서구 물질문명의 위기가 바로 인간의 이성이 물질문명의 도구로 전락한 것, 즉 '이성의 도

구화' 때문이라고 주장했다. 위르겐 하버마스는 이러한 현상이 '이성의 분화' 즉 도구적 이성과 비판적 이성의 분화에서 비롯되었다고 보았다. 따라서 이성의 비판적 본질의 회복이 중요하다고 강조했다. 비판적 이성을 통해 도구적 이성을 규제하지 않는 경우 어떤 일의 가치는 오로지 효용성과 효율성에 따라 평가되고, 개인적 신념에 따른 행동은 효율적이지 못한 낡은 방식으로 치부되기 쉽다. 도구적 이성만이 발달한 사회라면, 자신의 신념에 따라 평생을 청렴하고 윤리적으로 산 사람도 돈을 잘 벌지 못했다면 가치 없는 삶으로 평가 절하되기 쉽다. 설령 나쁜 짓을 했더라도 그가 결국 돈을 많이 벌었다면 칭송 받을 만한 인생이 되기도 한다.

물질문명이 발달하면서 우리 사회는 도구적 이성이 지배하는 세계가 되어버렸다. 오늘날 '무엇이 더 가치 있는 삶인가?' 등의 질문보다는 '어떻게 하면 돈을 많이 벌고 성공할 수 있는가?'에 관심을 더 많이 두는데, 이러한 현상도 도구적 이성 위주로만 개발해 온 것과 무관하지 않다. 결국 이성이 수단화되는 경우 삶의 목적이나 가치 있는 삶에 대한 질문은 논의 대상에서 배제되거나 무시되기 쉽다. 대신 돈을 벌거나 성공하기 위한 방법에만 몰두하는 경향이 두드러진다. 도구적 이성이 문제가 되는 가장 큰 이유는 그것이 지배하는 사회에서는 인간도 도구적 수단으로 전락하고 만다는 데 있다. 특정한 목적을 위해 정작 인간도 수단화되고, 개인의 정체성과 삶을 구성하는 핵심 개념 — 가령 행복, 사랑, 우정, 존경, 배려, 열정 등 — 은 수단적 목적인 돈이나 성공을 위해서 기꺼이 희생되거나 우선순위에서 배제된다. 그 결과, 돈을 많이 벌고 사회적으로 성공할지는 모르겠지만, 가치 있는 삶을 살거나 행복을 맛보기는 어려워진다.

책 이야기를 하다가 갑자기 분위기가 다소 무거워진 감이 없지 않다. 가볍게 접근해보자. 직장인은 자기계발서와 인문서 중에서 어떤 책을 읽어야 할까? 어떤 책이 삶에 더 많은 도움을 줄까? 대체로 사람들은 인문서보다는 자기계발서를 더 선호한다. 이는 서점에서 어떤 책이 더 많이 팔리는지를 살펴보면 쉽게 알 수 있다. 현실에서는 자기계발서가 인문서보다 압도적으로 많이 팔린다. 그렇다면 자기계발서가 개인의 삶에 더 많은 도움이 되는 것일까? 절대 그렇지 않다. 결론부터 말하면, 인문서를 읽어야 한다. 인문서가 삶에 더 많은 도움을 준다. 왜 그런지 살펴보기로 하자.

가령, 여기 『주식투자로 100억을 버는 비법』 | 앞으로 줄여서 〈주백비〉라 부르기로 하자이라는 책이 있다고 치자. | 이런 책이 실제로 있는지는 모르겠으나, 비슷한 책은 많다. 이 책은 주식투자로 돈을 버는 '방법'을 알려주는 책이다. 그래서 | 인문서가 아닌 자기계발서로 분류했다. 이 책을 예로 삼아서 자기계발서에서 제시하는 방법이 독자에게 어떤 영향을 미칠지를 생각해보자.

이 책을 보면서 가장 먼저 드는 생각 하나. 〈주백비〉라는 책을 쓴 저자는 실제 주식으로 100억을 번 것일까? 어떻게 생각하는가? 저자는 실제로 100억이라는 돈을 벌었을까? 물론 이 질문에 대한 답은 저자를 직접 만나서 확인하면 될 일이다. 여기서는 확인이 불가능하니 추론만 해보자. 저자가 100억을 벌었는가에 대한 물음에는 두 가지 경우의 수를 생각해볼 수 있다. 벌지 못했거나 벌었거나.

만약 저자도 100억을 벌지 못한 경우라면? 주식으로 100억을 번 적도 없는 사람이 〈주백비〉란 책을 썼다면? 이것은 아마도 속임수나 사기에 가깝다. 이 경우—주식으로 100억을 버는 방법을 알지만, 실제로는 벌지 못한 경우—라면 먼저, 자신이 그 방법으로 100억을 번 다음에 책을 내도 될 일이다. '죽여주는(?)' 방법을 알면서, 그것도 돈을 100억이나 벌 수 있는 방법을 알면서 그것을 활용하기보다 '딴짓'이나 하고 있는 저자의 저의(底意)가 궁금할 뿐이다. | 여기서 '딴짓'이란 구체적으로 책이나 쓰는 일을 말한다. 대체로 책을 쓰는 일이 돈이 별로 안 된다. 해서, 딴짓이다.

긍정적으로 생각하기로 하자. 글을 쓰고 책을 펴내는 이가 남을 속일 리가 없다고 치고, 그냥 믿자. 〈주백비〉의 저자는 실제 주식으로 100억을 벌었다고 치자. 저자는 주식으로 100억을 버는 '방법'을 알고 있고, 그 방법으로 실제 100억을 벌었다. 그럼, 저자는 지금쯤이면 재산이 천 억쯤 되어 있지 않을까? 왜냐하면 주식으로 100억을 버는 방법을 알고 있으니 그 방법을 계속해서 사용했을 것이고, 그 결과 지금은 책을 쓸 당시보다는 훨씬 많은 재산을 가져야 옳지 않은가. 혹시 예전 방법을 계속 사용하다가 지금은 주식으로 빈털터리가 되지는 않았을까? 모를 일이다. 이렇게 해석하는 것이 타당하지 않을까? 저자도 한때는 주식으로 100억을 벌었던 적도 있었지만, 그가 말하는 '방법'이란 그 당시의 조건에서만 적용되었던 것일 뿐, 모든 시기와 상황에서 보편 타당하게 적용되는 것은 아니지 않을까? 판단은 독자의 몫이다.

이번에는 저자가 말하는 '방법'의 실체에 대해서 생각해보자. 저자는 자신이 주식으로 100억을 벌었다고 주장하는데 그가 100억을 어떻게 벌었을지 상상해보자. 이 역시 두 가지로 생각해 볼 수 있다.

A

저자가 주식으로 100억을 버는 '방법'을 안 후, 그 방법대로 했더니 100억을 벌었다.

B

실은 저자도 방법을 몰랐다. 그런데, 어떻게 하다 보니 주식으로 100억을 벌었다. 그래서 자신이 사용했던 방법을 '주식으로 100억 버는 방법'이라고 주장했다.

A와 B 중 어느 쪽이 맞을까? 아마도 B의 경우가 맞을 것이다.

해서, 저자 본인은 그렇게 100억을 벌었을지 몰라도 다른 사람이 저자의 방법을 그대로 따라 한다고 해서 돈을 번다는 보장은 없다. 그렇지 않은가?

한 가지 더. 저자는 주식으로 100억을 버는 방법이 있다고 주장하고 있다. 좋다. 저자의 주장대로 진짜로 100억을 버는 방법이 있다고 치자. 그리고 그 방법을 저자만 알고 있다고 치자. 만약 이런 상황이라면, 다시 말해 진짜 100억을 버는 방법이 있고 그 방법을 저자만 알고 있는 상황이라면 저자는 책을 쓰는 게 맞을까, 쓰지 않는 편이 옳을까? 만약 당신이 저자의 입장이라면 어떻게 하겠는가? 책을 쓰겠는가, 쓰지 않겠는가? 나라면 절대 책을 쓰지 않겠다. 그 좋은 방법을 굳이 남에게 알려 줄 필요가 있을까? 나만 알고 혼자서 써먹는 편이 낫지 않을까? 저자의 책 제목처럼, '비법(秘法)'이란 말 그대로 '비밀스러운 방법'인데 굳이 공개할 이유가 있을까 하는 의문과 함께 다시 한 번 저자의 저의가 의심스러워진다. 혹시 돈을 버는 방법을 공개하여 책을 팔아 돈을 벌려는 것은 아닐까 하는 의구심이 떠나질 않는다.

결국 자기계발서에서 말하는 '방법'이란 모든 상황에서 공통적으로 적용되지 않는 경우도 많다. 저자는 그 방법을 통해 좋은 결과를 얻었을 수 있으나, 다른 사람이 그 방법대로 따라 한다고 해서 동일한 결과를 얻는다는 보장이 없다. 동일한 방법이라도 그것이 적용되는 때와 장소, 상황에 따라 그 결과가 달라지기 때문이다. 그래서 자기계발서를 아무리 읽어도 지혜가 쌓이거나 깊이가 생기지 않는다. 가벼운 기술을 몇 가지 익혔다고 해서 내공(內攻)이 생기는 것은 아니다. 내공은 인문서를 읽어야 쌓인다.

구체적인 방법을 알려주지는 않지만, 본질에 대해 질문하는 인문서는 그 수준에서 자기계발서와는 비교가 되지 않는다. 인문서는 어떤 문제의 핵심을 인식하고 본질에 대한 통찰을 얻는 데 도움을 준다. 따라서 내력 증진뿐 아니라 문제에 대한 바람직한 시각을 갖는 데도 도움을 얻을 수 있다. 현실의 여러 문제를 다양한 시각으로 바라보고 의미 있게 해석함으로써 새로운 관점을 갖고 문제를 근본적으로 해결하는 데 결정적 역할을 한다. 요컨대 인문서는 직접적인 방법을 알려주지 않지만 보다 근본적인 해결책을 얻는 데 도움이 된다.

인문서는 역사의 검증을 거친 책이다. 2,500여 년 전에 쓰여진 〈논어(論語)〉를 지금도 많은 사람들이 읽는 이유를 생각해보라. 만약 그 속에 들어있는 통찰이 단지 과거에 살았던 사람의 말일 뿐 현재에 도움이 되지 않았다면 지금까지 그렇게 많이 읽힐 리가 없다. 과거에 쓰여진 책이지만 오늘날에도 빛나는 통찰을 제공하기에 지금도 많은 사람에게 사랑 받는 것이다.

자기계발서를 쓴 저자와 인문서를 쓴 저자의 내공을 비교해보자. 물론 자기계발서의 저자도 보통은 아니다. 그러나 대개의 경우,

인문고전의 저자와 비교할 수준은 못 된다. 요즘도 하루에 수백 권의 새로운 책이 쏟아져 나오는데, 신간의 대다수는 자기계발서다. 일반 독자의 눈에는 자기계발서의 저자가 특별해 보일 수 있지만, 그렇다고 해서 경이롭거나 범접하지 못할 수준은 아니다. 약간의 노력과 수고만 들이면 누구나 책을 낼 수도 있다. 이에 반해 인문고전의 저자는 보통이 아니다. 모두 내공이 특별하다. 자기 분야에서 탁월한 경지에 올랐던 사람만이 오늘날에까지 전해져서 우리에게 회자된다. 한마디로 모두가 대가들이다. 노래방에서 '노래 좀 한다'는 사람과 국민가수의 차이라고 해도 크게 틀리지 않다. | 이 글은 절대 자기계발서 저자의 내공을 폄하하기 위함이 아니다. 나 또한 그러하지만, 대부분의 자기계발서 저자는 내공 면에서 스피노자나 다윈과 비교하면 열위일 수밖에 없기 때문에 특별히 체면이 깎이는 일이 아니라고 생각한다. 단지 인문고전 저자의 탁월함을 강조하고 싶었을 뿐임을 미리 밝혀둔다.

　책을 쓰는 과정에 들인 노력의 정도에도 차이가 있다. 자기계발서는 보통 몇 개월이면 집필할 수 있다. | 물론 이것도 개인차가 있긴 하지만, 선수(?)들은 2~3개월이면 뚝딱 써 내는 경우도 많다. 초보일수록 시간이 오래 걸린다. 하지만 대부분의 인문고전은 저자가 한 권의 책을 내기 위해 인고의 세월을 투여한 경우도 많다. 스피노자라는 엄청난 내력의 수유자가 『에티카』라는 책 한 권을 쓰기 위해 무려 15년의 기간이 소요되었다. 생명 탄생의 기원에 대해 기존 지배관념인 창조론과 반대되는 진화

론을 주장하기 위해 찰스 다윈이 들인 시간은 더 길다. 다윈이『종의
기원』을 쓰는 데 걸린 시간은 무려 22년이나 된다. 다윈이라는 어마
어마한 학자가 22년 동안 연구하고 숙고한 결과가 한 권의 책에 기
록되어 있는 셈이다. 얼마나 소중한 책인가? 보통의 자기계발서와는
비교가 되지 않는다.

　책을 많이 읽는 것도 좋지만 좋은 책을 읽는 것은 더 중요하다.
책을 아무리 읽어도 사고가 깊어지지 않는 책도 많기 때문이다. 대체
로 자기계발서가 그렇다. 물론 특정한 방법을 알려주는 자기계발서
가 유용한 면도 있다. 하지만 깊이 있는 내공을 기르고 빛나는 통찰
을 얻을 수 있는 책은 당연히 인문서다. 인문서를 읽어야 세상과 인
생을 통찰하고 삶의 외연을 넓힐 수 있다.

　이탈리아의 소설가이자 평론가인 이탈로 칼비노는『왜 고전
(Classics)을 읽는가』에서 고전을 이렇게 정의했다.

　"고전이란 너무도 유명하지만 아무도 안 읽은 책이다."

　하도 유명해서 이름이야 들어봤지만 실제로 읽어본 사람은 많
지 않다는 뜻이다. 해서 고전 중에는 베스트셀러가 많지 않다. | 문학은
몇몇 있지만 철학의 경우에는 베스트셀러가 거의 없다. 이러한 점이 리더가 인문
고전을 읽어야 할 이유이기도 하다. 유명하지만 실제로는 대부분 읽

찰스 다윈 _{1809~1882}

영국의 생물학자. 어릴 때부터 동식물에 관심
을 가졌으며 의학을 공부했으나 적성에 맞지
않아 중퇴했다. 그는 남아메리카와 남태평양
의 여러 섬을 탐사하며 동식물의 상(相)이나 지
질(地質) 등을 조사하여 후에 진화론을 제창하
는 데 기초가 되는 자료를 수집했다. 다윈의 진
화론은 사상의 혁신으로 후에 많은 자연관, 세
계관에 큰 영향을 주었다.

지 않은 책이기에 이를 읽어두면 부하에게 지적인 자극을 줄 수 있다. 책의 내용은 탁월하지만, 실제로는 아는 사람이 별로 없기 때문에 지적인 충격을 줄 수도 있다. 요컨대 부하에게 지적인 자극을 하려면 평소 인문서를 많이 읽어야 한다.

딜레마 셋,
리더가 '개별적 배려'를 하기 힘든 이유

이론
부하직원을 개별적으로 배려하면 부하는 고마워하면서 더욱 열심히 일한다.

현실
부하직원에게 개별적으로 배려하기 어렵다. 왜????

변혁적 리더십에서 영향력을 발휘하는 세 번째 수단은 '개별적 배려'다. 개별적 배려란 리더가 부하에게 개별적인 관심을 갖고 배려해주며 성장시켜 주는 행위를 말한다. 하지만 카리스마나 지적 자극을 행하기가 힘들었던 것처럼, 오늘날 리더는 부하를 개별적으로 배려하기가 어렵다. 이 또한 개인차가 있지만, 평균적으로 보면 과거에 비해 요즘 리더들이 부하를 배려하기 힘든 건 사실이다.

왜 그럴까? 과거보다 요즘 리더가 이기적 성향이 강해졌기 때문일까? 그렇지 않다. 리더의 인간성이 갑자기 달라졌다고 보는 것은 아무래도 석연치 않다. 이러한 현상을 바라볼 때, 개인의 성격 문제로 해석하는 일은 매우 피상적인 시각이다. 현대 철학의 경향 중에 구조주의(構造主義, Structuralism)라는 사상체계가 있다. 이는 어떤 사물이나 현상의 의미를 개별적으로 보는 것이 아니라 전체 체계 안에서 다른 것들과의 관계에 따라 규정된다는 인식을 전제로 하는 사상이다. 예를 든다면, 불우이웃 돕기 성금이 갈수록 줄어드는 현상을 개인의 이기심이나 배려 없음의 결과로 보기보다 사회 전반적으로 경제가 어려워져서 먹고살기 힘들어진 탓이라고 해석하는 관점이 구조주의적 시각에 가깝다. 겉으로 드러난 개별 현상만 볼 것이 아니라 문제의 본질을 꿰뚫어 보는 시각이 필요하다.

다시 리더십의 주제로 돌아가서, 요즘 리더들은 왜 부하를 개별적으로 배려하기 힘든 것일까? 리더의 이기심 때문이 아니다. 이 현상도 구조주의적 시각에서 접근하는 것이 옳다. 리더가 속해 있는 전체 구조가 과거에 비해 부하에게 개별적 배려를 행하기 어려워졌기 때문이다. 구체적으로 어떤 상황이 리더로 하여금 개별적 배려 행위를 하기 힘들게 만든 것일까? 이를 이해하기 위해 배려에 대한 개념부터 살펴보자.

배려(配慮)란 도와주거나 보살펴주려고 마음을 쓰는 것을 말한다. 누군가를 도와주거나 보살펴주려면 기본적으로 여유가 있어야 한다. 여유가 없으면 배려를 하고 싶어도 할 수가 없다. 예를 들어보자. 무거운 짐을 든 채, 길을 걷고 있는 노인이 있다고 치자. 연로한 분이 힘겹게 짐을 들고 가는 모습이 안쓰러워 도와주려고 한다. 마음만 있으면 노인을 도울 수 있는 것일까? 그렇지 않다. 노인을 돕고자 하는 사람에게 여유가 있어야 한다. 우선 그에게 시간적 여유가 있어야 한다. 바빠서 도저히 시간을 낼 틈이 없다면 자기 일을 내버려둔 채 노인을 돕기 어렵다. 신체적 여유도 있어야 한다. 몸을 다쳐서 자신도 무거운 짐을 들 수 없거나 자기 두 손에도 가득 물건이 들려 있다면 노인을 도와줄 수가 없다. 결국 배려란 도우려는 마음에 더하여 여유까지 있는 사람이 할 수 있는 행위다. 여유가 없다면, 다시 말해 신체적, 물질적, 시간적 넉넉함이 없다면 타인을 배려하고 싶어도 하기 어렵다.

오늘날 리더는 왜 과거에 비해 부하에게 개별적인 배려에 인색한가? 가장 큰 이유는 리더에게 여유가 없기 때문이다. 정작 자신이 여유가 없기에 마음은 있어도 할 수가 없는 것이다. 요즘 리더에게는 무슨 여유가 없는 것일까? 물론 개인이나 조직의 상황에 따라 정도 차이는 있겠지만, 크게 보면 업무적인 면과 경제적인 면을 생각할 수 있겠다.

오늘날 조직의 리더는 과거에 비해 업무적인 여유가 없다. 극심한 경쟁으로 인한 성과 압박, 이로 인한 업무 스트레스와 지위 불안 등으로 오늘날 리더는 과거에 비해 느긋함이나 넉넉함이 없다. 일찍이 철학자 쇼펜하우어는 인생을 사냥에 비유한 바 있다.

"인생은 끊임없는 사냥이며, 우리는 거기서 포수가 되기도 하고 쫓기는 짐승이 되기도 하면서 서로 고기를 빼앗는다."

세렝게티 초원에서 동물들이 생존을 위해 치열하게 싸우듯이 인간사도 이와 흡사하다고 본 것이다. 우리네 인생도 따지고 보면, 생존을 위해 쫓고 쫓기는 신세라 할 만하다.

문제는 이러한 생존 경쟁이 현대에 와서 더욱 심해졌다는 데 있다. 오늘날 비즈니스라는 초원에서는 절대 강자도 영원한 승자도 없다. 잠시라도 질주를 멈추면 또 다른 경쟁자가 자신을 추월하고 잡아먹으려 든다. 해서, 여기서는 누구나 뛰어야 한다. 쉴 틈이 없다. 재독철학자인 한병철은 오늘날 성과사회에서 성과주체인 인간이 보다 빠르고, 보다 생산적으로 변해가는 현상을 보고 『피로사회』라는 진단을 내렸다. 성과를 향한 끝없는 압박은 성과 주체인 인간을 '노동하는 동물'로 만들어 버리고 피로와 탈진, 우울증을 가져다 준다는 것이다. 그 결과, 과도한 성과 압력에 시달리는 리더는 자기 착취로까지 이어지고, 타인에 대해 생각하거나 돌볼 여유조차 없어진다. 요컨대 오늘날 리더는 업무 면에서 과거보다 여유가 없어졌기 때문에 부하를 배려하기가 어렵다.

어디 업무만 그런가? 경제적인 면도 과거에 비해 여유가 없어졌다. 오늘날 리더는 겉으로 보기에는 그럴싸해 보이지만 실상은 경제적 여유도 많지 않다. 80~90년대만 하더라도, 가령 대기업 부장 정도만 되어도 어느 정도 경제적 여유가 있었다. 자기 소유의 집은 한 채 정도 있고, 자녀 학자금 문제에 크게 신경 쓰지 않아도 되었으며, 노후에 대한 걱정도 크지 않았다. | 퇴직금은 그대로 유보되어 있고, 퇴직 후 생존 기간도 길지 않았다. 그래서 스스로 중산층 정도의 경제적 여유는 누린다고 여겼다.

하지만 지금은 어떤가? 대체로 오늘날 리더는 경제적 여유가 없다. 자기 소유의 집도 없는 사람이 많고, 있다 하더라도 상당 부분은 대출을 끼고 있다. 해서, 매월 월급 중 일부는 이자나 원금을 갚는 데 들어간다. 이쯤 되면 내 집에 살고 있더라도 월세를 내고 있는 것과 별반 다르지 않다. 매월 통장에 찍히는 월급 액수는 적지 않지만

막상 쓸 돈은 별로 없다. 앞서 말한 은행이자를 제외하더라도 사교육비와 생활비를 내고 나면 정작 소비할 돈은 많지 않다. 저축은 언감생심(焉敢生心)인 경우도 많다. 대부분 은행에서 마이너스 통장을 쓰는데, 이게 플러스로 돌아서는 경우는 거의 없다. 상황이 이렇다 보니 노후를 위한 대비는 남의 이야기처럼 들린다. | 물론 개인마다 경제적 상황이 다르겠지만 평균적으로 비교하면 과거보다 경제적 여유가 없는 것만은 확실하다. 경제적 여유가 없다 보니 생계수단에 더욱 매달리게 된다. 지금의 경제적 원천을 잃기라도 한다면 매달 꼬박꼬박 들어가야 할 대출이자, 학자금, 사교육비, 생활비 등을 충당하기가 막막하다. 해서 더욱 일에 집착하게 된다. '제 코가 석 자'라 다른 사람을 도와주거나 보살필 여력이 없다.

성과사회인 오늘날 조직은 과거보다 야박해졌다. 오늘날 리더는 자신이 속한 조직에서 자리를 보존하는 일도 만만치가 않다. 지속적으로 성과를 내야지, 문제를 일으켜서도 안 된다. 부하직원 관리에도 신경을 써야 한다. 성과가 낮거나 문제를 일으키는 부하도 상당 부분 자신이 책임져야 하기 때문이다. 상황이 이렇다 보니 리더도 인정이 없어졌다. 실적이 부진하거나 문제를 일으킨 부하에 대해 이해하고 감싸기보다 야멸차고 냉정하게 대하게 된다. 잘못했다가 자신의 자리도 위협을 받기 때문이다. 이래저래 야박해졌다.

오늘날 리더가 과거에 비해 업무적으로나 경제적으로 여유가

없어진 점을 인정할지라도 그래서 부하를 배려하지 않고 야박하게 대하는 점이 이해된다 할지라도 부하에 대한 배려 없음은 리더십에는 치명적이다. 자신을 배려해주지 않고 냉정하게 거래적으로 대하는 리더를 신뢰하거나 존경하는 부하는 없기 때문이다. 상대가 나에게 대하는 만큼 자신도 냉정하게 대한다. | 물론 겉으로야 그렇게 드러내지는 않겠지만 속으로는 그렇게 생각한다. 결국 리더와 부하 간의 좋은 관계나 리더십은 물 건너가고 만다. 이러한 현실에서 리더는 어떻게 해야 할까?

Humanities for Leaders **8**

자기를 먼저 배려해야
타인을 배려할 수 있다

로베르토 베니니 감독이 연출한 〈인생은 아름다워〉라는 이탈리아 영화가 있다. 이탈리아에서 파시즘이 맹위를 떨치던 1930년대 말, 주인공 귀도는 아들 조슈아, 아내와 함께 유태인 수용소에 갇히게 된다. 귀도는 아들을 안심시키기 위해 자신들이 처한 현실이 실은 하나의 신나는 놀이이자 게임이라고 속인다. 결국 귀도는 탈출을 시도하다 발각되어 독일군에게 처형을 당하게 되는데, 죽음의 순간에도 아들을 위해 코믹한 모습을 연출하며 처형장으로 향한다. 대부분의 관객은 죽음 앞에서도 아들을 위해 기꺼이 자신을 희생하는 귀도의 모습에 감동하며 눈물을 훔친다.

귀도는 어떻게 아들을 위해 기꺼이 죽음을 선택할 수 있었을까? 해석이야 다양하게 내릴 수 있겠지만, 가장 큰 이유는 그가 '행복하기' 때문이다. 자신이 행복하니까 아들을 위해 죽을 수도 있는 것이다. 정말? 이러한 주장이 의아하게 들릴지 모르겠다. 하지만 이러한 논리는 네덜란드의 철학자 '스피노자'의 주장이다. 그는 그의 주저인 『에티카』의 마지막 정리에서 이런 말을 썼다.

우리는 쾌락을 억제해야 행복한 것이 아니고, 행복하기 때문에 쾌락을 억제할 수 있다.

-스피노자, 『에티카』

행복해야 쾌락을 억제할 수 있다는 그의 주장이 금방 이해가 되지 않는 사람도 있을 것이다. 하지만 생각해보면, 이 논리는 매우 의미 있는 통찰이다. 예를 들어보자. 연인이 있는데도 또 다른 이성을 찾는 사람이 있다. 흔히 '양다리를 걸친다'고 말하는 상황이다. 기존

스피노자_1632~1677

네덜란드의 철학자. 인간은 정신에 감정과 지
성을 가지고 있는데 그 근본은 '자기 보존의
욕구'이며 이것이 진정으로 인간답게 실현되
기 위해서는 감각적 인식을 제거하고, 이성과
직관적 인식에 의해 진실을 바라보아야 한다
고 보았다. 스피노자는 인간의 감각적인 인식
을 열등하게 취급하는 합리주의 정신을 주장
했다.

연인을 두고 왜 양다리를 걸치는 것일까? 원래 그 사람이 한 명의 이성으로는 만족하지 못하는 성격이어서일까? 가장 큰 이유는 기존 연인과의 관계가 행복하지 않기 때문이다. 그래서 새로운 행복의 가능성을 찾고 있는 것이다. 만약 원래 연인과의 관계가 만족스럽다면, 그래서 더없이 행복하다면 굳이 새로운 이성을 찾을 이유가 없다. 결국 새로운 이성을 억제해야 기존의 연인과 행복해지는 것이 아니라, 기존의 연인과 행복해야 새로운 쾌락을 억제할 수 있다.

다른 예를 들어보자. 중국집에서 자장면과 짬뽕 중 고민하다 자장면을 시켰다고 치자. 이때 자장면이 생각보다 맛이 없다면 짬뽕에 대한 생각이 간절해진다. 반대로 자장면이 더없이 맛있다면 짬뽕에 대한 생각조차 나지 않을 것이다. 짬뽕을 억제해야 자장면이 맛있어지는 것이 아니라 자장면이 맛이 있어야 짬뽕을 억제할 수 있다. 스피노자의 주장이 이해가 되는가? 결국 우리는 쾌락을 억제해야 행복해지는 것이 아니라 행복한 사람이 쾌락을 억제할 수 있는 것이다.

이러한 논리는 쾌락에만 적용되는 것은 아니다. 희생이나 배려에도 동일하게 적용된다. 〈인생은 아름다워〉에서 귀도가 아들을 위해서 희생을 했고, 행복한 죽음을 맞이했다. | 최소한 웃으면서 코믹하게 처형장으로 걸어갔다. 스피노자의 논리대로라면, 아들을 위해 희생했기 때문에 그가 행복한 것이 아니라, 그가 행복했기 때문에 기꺼이 아들을 위해 희생할 수 있는 것이다. 누군가를 배려하는 행위도 마찬가

지다. 기부천사로 잘 알려진 가수 김장훈은 기부 이유에 대해 묻는 기자에게 "기부를 하면 내가 더 행복해지기 때문"이라고 말했다. 하지만 기부를 했기 때문에 그가 행복해진 것이 아니다. 그가 행복한 사람이기 때문에 그렇게 많은 돈을 기부할 수 있었던 것은 아닐까?

조직에서 리더가 부하를 배려하는 행위도 마찬가지다. 흔히 사람들은 부하를 배려하면 리더가 행복해질 수 있다고 믿는다. 틀린 말은 아니라고 본다. 하지만 순서는 틀렸다. 리더가 행복해야 부하를 배려할 수 있다. 리더가 행복하지 않다면 그래서 여유가 없다면, 부하를 배려할 수도 없기 때문이다. 먼저 리더가 행복하고 여유가 있어야 한다. 배려는 그 다음이다. 이 대목에서 현실적인 질문 하나 하자. 리더는 어떻게 해야 행복해질 수 있을까? 어떻게 해야 여유가 생길까? 이 물음에 대해 프랑스 철학자인 미셸 푸코에게서 조언을 얻을 수 있다. 먼저, 그의 주장을 들어보자.

> "타인에 대한 배려가 자신에 대한 배려에 우선하도록 해서는 안 된다. 자신에 대한 배려가 도덕적으로 우선하는 것이다. 왜냐하면 타인보다는 자신이 존재론적으로 우선권이 있기 때문이다."
>
> ─미셸 푸코, 1984년 인터뷰에서

푸코는 타인에 대한 배려보다 자신에 대한 배려가 훨씬 중요하다고 주장한다. 왜? 이유는 단순하다. 타인보다 자기 자신이 훨씬 우선하기 때문이다. 독일 철학자 니체도 『차라투스트라는 이렇게 말했다』에서 이와 비슷한 주장을 했다.

"이웃을 항상 자신처럼 사랑하라. 그러나 그에 앞서 자기 자신을 사랑하는 사람이 되어야 한다."

니체에 의하면, 이웃을 사랑하려면 먼저 자기 자신을 사랑해야 한다. 바꾸어 말하면 자기 자신을 사랑하지 않으면, 타인을 사랑할 수 없다는 뜻이기도 하다. 니체는 이렇게 일갈하기도 했다.

"이웃에 대한 너희들의 사랑은 너희들 자신에 대한 좋지 못한 사랑에 불과하다."

푸코나 니체의 주장을 듣고 있노라면, 언뜻 동의하기 어렵고 심지어 불쾌감이 들기도 한다. 타인을 배려하지 말라거나 이웃을 사랑하지 말라는 주장은 우리의 익숙한 도덕관념과 배치되기 때문이다. 그들의 주장을 곧이곧대로 듣고 행동했다간 자칫 이기주의자로 낙인 찍히거나 파렴치한으로 매도되지나 않을까 걱정이 되기도 한다. 하지만 곰곰이 생각하면 전혀 일리가 없는 주장은 아니다. | 철학자의

주장이 일리가 전혀 없는 경우는 없다. 만약 전혀 일리가 없는 주장이라면, 지금까지 언급될 리가 없다.

여기 수중에 단돈 만 원밖에 없는 가난한 사람이 있다. 그 돈이면 가족이 모두 오늘 한 끼 식사를 할 수 있는 돈이다. 그런데 길을 가다가 자신보다 훨씬 어려운 처지의 걸인을 만났다. 더구나 걸인은 벌써 삼 일째 굶었단다. 걸인은 그에게 애처로운 눈빛을 보내며 도와달라고 요청했다. 이때 어떻게 하는 것이 옳은 일일까? 이 상황에서 자신이 가진 돈을 기꺼이 걸인에게 주어야 할까? 자신보다 어려운 처지에 놓인 사람을 위해서라면 무조건 희생해야 하는가? 물론 선택은 자유다. 하지만 푸코나 니체라면, 그러한 행위에 대해서 박수를 보내지 않을 것이다. 왜? 그 행위가 자신에게는 좋지 못한 사랑이기 때문이다. 타인을 돕거나 배려하는 행위도 그럴 만한 위치에 있는 사람이 할 때 의미가 있는 법이다. 걸인을 위해 적선한 일 때문에 자기 가족이 저녁을 굶는 것에 대해서는 뭐라고 말해야 할까? 오해하지 말자. 여기서 논의하고자 하는 포인트는 어려운 사람을 도울지 말지에 대한 기준이 아니다. 타인에 앞서 자기 자신을 사랑하고 배려하는 것이 더 중요하다는 말을 하고 싶은 것이다.

조직에서도 마찬가지다. 부하를 배려하기 위해서는 리더가 넉넉해야 한다. 자신이 물질적, 정신적으로 여유가 있어야 부하의 어려움이나 고통을 헤아리고 배려해 줄 수 있다. 리더가 여유를 가지려면 어떻게 해야 할까? 평소 자신을 배려해야 한다. 무슨 배려? 자기 자신에 대한 물질적, 정신적 배려를 해야 한다. 구체적으로 말하면, 리더가 스스로에 대한 투자를 아끼지 않고 자신의 욕망에 충실한 삶을 살아야 한다. 투자? 욕망?

앞서 언급했듯이 오늘날 리더도 '미생(未生)'이다. 성과나 미래에 대한 불확실성 때문에 대부분 언제 잘릴지 모를 불안감에 시달린다. 거대한 조직의 메커니즘 속에서 자신이 진정 필요한 존재인지에 대한 믿음을 가지기도 어렵다. 그렇기 때문에 평소 자신에 대한 투자를 아끼지 말아야 한다. 그런데 현실은 어떤가? 이종격투기 무대에 서서 치열하게 경쟁하고 있지만, 그래서 항상 불안하지만 정작 그러한 불안감을 해소하기 위한 방안이나 조치에 대해서는 그냥 손놓고 있는 경우가 허다하다. 불안해하면서 눈치만 볼 뿐이다. 성과나 미래가 불확실할수록 자기 자신에 대한 투자를 늘려야 한다. 어떻게? 리더가 자기계발에 더 많이 투자하고 힘써야 한다.

대체로 오늘날 리더를 포함하여 직장인들은 자기에 대한 배려에 너무 인색하다. 대한민국의 특수한 상황일 수는 있겠지만, 오늘날 부모들은 자녀에 대한 배려 때문에 자신에 대한 배려에 소홀한 경우가 많다. 단적으로 자녀와 부모에 대한 교육비 투자를 비교해 보라. 대다수 사람들이 자녀에 대한 교육비 투자는 과하면서 맹목적인 반면, 자신에 대한 교육비 투자에는 지나치게 야박하고 인색하다. 한 과목에 수십만 원씩 하는 자녀의 학원비는 선뜻 내지만, 자신의 자기계발을 위해서는 단돈 한 푼 쓰지 않는 부모도 많다. 정작 자신은 치열한 이종격투기 그라운드에서 불안해하면서 말이다.

이러한 주장에 대해 이렇게 반문하는 사람도 있을 수 있다. "자녀의 학원비 대기도 버거운데, 어떻게 나를 위해 투자할 수 있겠냐?"고. 전혀 일리가 없는 말은 아니다. 하지만 그럼에도, 자신을 배려하지 않는다는 사실에는 변함이 없다. 일부이긴 하지만, 직장인 중에도 자신에 대한 투자를 아끼지 않는 사람이 있다. 그런 사람들은 돈이 없어서 자녀에 대한 투자를 하지 않을까? 절대 그렇지 않다. 핵심은 비율의 문제다. 자녀에게 100을 투자하면 자신에게도 최소 10이나 20은 투자해야 하지 않을까? 자신에게 아무런 투자를 하지 않은 사람과 평소에 자기를 위해 투자를 꾸준히 한 사람이 경쟁하면 누가 이길까? 당연히 후자다. 평소 자신을 배려한 사람이 자기 분야에서 '능력자'로 우뚝 설 수 있다. 그런 사람은 실력이 좋아져서 더 잘된다. 그 결과, 자녀에 대해서 더 많이 배려할 수 있다. 요컨대 자기 배려가 우선이다.

오늘날 직장인들은 자신에 대한 정신적 배려도 부족하다. 많은 사람들이 자신의 욕망에 충실하지 못하다. 하고 싶은 일이 있어도 '지금은 상황이 되지 못하니 다음에 하지 뭐!'라며 미래에 양보한다. 하고 싶은 취미활동이 있어도 미루고, 경제적인 문제 때문에 접었던 꿈도 미룬다. 여행을 가고 싶어도 미루고, 먹고 싶은 것이 있어도 미룬다. 대부분의 욕망을 내일로 미루다 보니 오늘은 항상 재미없고 피곤하다. 그렇다고 내일이 되면 하는가? 그렇지 않다. 오늘 미루어 두었던 '내일'도 내일이 되면 또다시 '그 다음 날'에 양보한다. 언제나 미루기만 할 뿐 자신의 욕망을 향유하는 일은 없다. 한 번도 자기 욕망대로 살지 못하기 때문에 만성 피로와 스트레스에 시달린다.

리더가 자신의 욕망에 충실하지 못하면 타인의 욕망을 억누르게 된다. 욕망이란 인간의 본성에 속하는 아주 자연스런 현상임에도 그것에 충실한 사람을 이기주의라거나 조직지향적이지 못한 사람으로 오인한다. 자신의 욕망대로 취미활동을 하거나 여행을 다니는 부하를 보면, 할 일은 하지 않고 '쓸데없는 짓'이나 하고 다닌다고 폄하한다. 정신분석학자인 프로이트의 이론에 의하면, 욕망이 억압되면 신경증이나 편집증으로 이어진다. 흔히 '노처녀 히스테리'란 표현도 이와 유사한 메커니즘 때문에 생긴 말인데, 이때 히스테리는 자신의 욕망이 충족되지 못한 반작용인 셈이다. 평소 자신의 욕망에 충실하지 못한 리더는 부하에게 심한 히스테리 증상을 보이기도 한다. 결국 리더가 부하와 좋은 관계를 맺으려면 먼저 자신의 욕망에 충실해야 한다. 자기 자신을 먼저 배려하는 리더가 정신적으로 안정되고, 능력이 고양되어 지위에 대한 불안이 적어진다. 이런 리더가 궁극적으로는 부하를 개별적으로 배려할 수 있게 된다.

이 장에서의 논의를 정리하면 이렇다. 리더십이란 타인에게 영향력을 발휘하는 수단이다. 영향력을 발휘하는 수단에 따라 리더십 연구는 거래적 리더십에서 변혁적 리더십으로 바뀌어 왔다. 변혁적 리더십에서 리더가 부하에게 영향력을 발휘하는 수단에는 카리스마, 지적 자극, 개별적 배려 등이 있다. 그런데 문제는 대다수 리더가 현실에서 이러한 수단을 실제 사용하기가 어렵다는 데 있다. 왜 그런가? 그 이유는 리더에게 꿈이 없고(카리스마), 아는 게 없고(지적 자극), 여유가 없어서(개별적 배려)다. 그럼 어떻게 해야 할까? 리더에게 꿈이 없더라도 자신의 '존재 가능성'을 펼치고, 평소 인문고전을 많이 읽어서 지적 소양을 넓히고, 자기 자신을 먼저 배려해야 한다. 그럴 때에만 제대로 된 변혁적 리더십을 발휘할 수 있다.

제3부

인문학, 리더를
똑바로 세우다

직장인으로 성공하기 위한
세 가지 방법

    사람은 누구나 성공하길 바란다. 성공이란 목적한 바를 이루는 것이다. 성공적인 인생이란 자신이 목적한 바를 이루어낸 삶을 일컫는다. 목적한 바를 이루지 못했다면 아무리 '폼'나 보여도 성공한 인생이라 보기 어렵다. 이 대목에서 다분히 '인문적(?)'인 질문 하나 하자. 직장인, 다시 말해 샐러리맨에게 성공이란 어떤 모습일까? 무엇을 이루어야 성공했다 말할 수 있을까? 개인마다 차이는 있겠지만, 대략 다음 세 가지의 길을 생각해볼 수 있겠다.

1. 높은 곳으로 올라가는 것

2. 정년퇴직까지 살아남는 것

3. 준비된 자기 사업하는 것

위 세 가지 중 가장 바람직한 길은 무엇일까? 당신은 어느 쪽을 향해 나아가고 있는가? 물론 사람마다 다를 것이다. 임원이나 사장이 되는 것이 목표인 사람도 있고, 중간에 잘리지 않고 정년 때까지 살아남기를 바라는 사람도 있을 것이다. 어떤 이는 직장생활을 자기 사업을 위한 준비기간이라 생각하기도 한다. 어느 길이라도 좋다. 문제는 셋 중 어느 하나도 이루기가 만만치 않다는 데 있다.

생각해보자. 조직에서 높은 곳까지 올라가기가 쉬운가? 샐러리맨이라면 누구나 소위 '별'을 달고 싶어 한다. 알다시피 직장에서 별을 달기란, 다시 말해 임원으로 승진하기란 여간 어려운 일이 아니다. 오죽하면 '임원이 되었다'는 말을 '별을 달았다'고 표현할까. 그만큼 힘들기 때문이다. 실제로 대기업 신입사원이 백 명 있다면 그중에서 임원이 될 수 있는 사람은 겨우 한 명 정도이거나 그보다 적다. 해서, 하늘에 있는 별을 따는 것만큼이나 어렵다는 말은 그냥 하는 소리가 아니다. 그것이 가능하려면 당사자에게 탁월한 능력이 있어야 함은 물론이고 운도 따라줘야 한다. 현실에서 임원이 된다는 것은 이처럼 소수의 능력자에게 주어지는 '천운(天運)'과도 같다. 대다수 평범한 사람들에게는 '그림의 떡'에 불과하다.

　그럼 정년퇴직은 쉬울까? 절대 그렇지 않다. 현실적 정년기간이
점점 짧아지고 있기 때문이다. 우스갯소리로, '오륙도(오십육 세면 월급
도둑을 줄인 말이다)'에서 '사오정(사십오 세 정년)'으로, 그것도 모자라 요
즘은 '삼팔선(삼십팔 세면 명예퇴직 선택)'이라는 말이 있을 정도다. 기업
경영에서 점점 효율과 효과를 중시하면서 인간의 가치도 효율성이
라는 잣대로 평가된다. 효율성이 떨어지는 사람은 평가절하되면서
점점 중심에서 주변으로 밀려난다. 세대 간 효율 경쟁도 심해졌다.
효율성이 떨어지는 기성 세대는 효율성이 높은 신세대에게 자리를
물려주고 떠나야만 했다. 소위 '가성비' | '가격 대비 성능 비율'을 줄인 말로
조직에서는 '연봉 대비 성과 비율'이다가 좋은 젊은 세대에게 기성세대가 밀
려나는 형국이다. | 요즘 기업에서 이슈가 되고 있는 '임금피크제'도 사실 기성세대
의 낮은 가성비를 만회하려는 조치의 일환이다. 능력을 높이는 게 아니라 가격을 낮춤으
로써 비율을 조정하려는 소극적 조치에 불과하다.

　더욱 심각한 문제는 이러한 현상이 가속화되고 있다는 데 있다.
경쟁이 심해지면서 기성세대가 밀려나는 속도가 점점 빨라진다. 오
륙도에서 사오정으로, 사오정에서 삼팔선으로. 이런 세태를 접할라
치면 요즘 샐러리맨의 신세는 마트에 진열된 상품과도 비슷하다는
생각이 든다. 가령, 우유를 예로 들어보자. 마트에서 진열된 우유에
는 유통기한이 있다. 유통기한이란 상품이 시중에 유통될 수 있는

기한으로 통상적으로 상품을 실제 먹을 수 있는 기한보다는 짧다. 그러니까 유통기한은 상품이 가진 고유 가치보다 짧게 설정한 기준이다. | 물론 이는 소비자에게 신선한 상품을 제공한다는 취지이겠지만, 그럼에도 상품의 입장에서는 야박한 기준이다. 그런데 최근에는 유통기한도 채 도달하기 전에 매장의 진열대에서 사라지는 경우도 많다. 유통업체 간 신선도 경쟁을 펼치기 때문이다. "우리 매장에서는 유통기한이 반 이상 지난 우유는 판매하지 않습니다"하면서. 해서, 멀쩡히 유통기한이 남아있음에도 진열대에서 내려와야 하는 불쌍한(?) 우유도 많다.

조직에서 구성원의 처지도 이와 비슷하다. 엄연히 개인이 가진 고유 가치가 있음에도 경쟁이 심해지면서 상대 가치가 낮은 사람은 뒤로 밀려나거나 아예 '무대'에서 내려와야 하는 경우가 허다하다. 안타깝지만 현실이다. 상황이 이렇다 보니 요즘 직장에서 정년을 논하는 것 자체가 무의미하기도 하다. 그곳까지 도달하는 사람이 거의 없기 때문이다. 해서, 정년이란 단지 이상의 표현이나 희망사항일 뿐, 더는 현실이 아니다. 실제 주위를 살펴봐도 정년까지 버티는 사람을 보기란 하늘에서 별을 따는 것만큼이나 어렵다. | 물론 공무원이나 공공조직에 속한 사람은 제외하고 한 말이다. 오늘날 직장에서 정년 퇴직하는 일은 임원이 되기보다 더 어렵다.

세 번째, 준비된 자기 사업은 어떨까? 물론 직장인은 대부분 결국에는 자기 사업을 하게 된다. 하지만 여기서 핵심은 자기 사업이

아니라 '준비된'이라는 단어에 있다. 사람들은 '준비된' 자기 사업을 많이 할까, 아니면 '준비 안 된' 자기 사업을 많이 할까? 후자가 훨씬 많다. 조직에서 임원이 되지 못했고 정년까지 버티지 못한 대부분의 직장인은 '자기 사업'을 한다. 왜? 더는 직장에서 받아주지 않기 때문이다. 퇴직 후 새 일자리를 구하지 못한 사람에게 주어진 선택지란 별로 없다. 대개 주위의 따가운 시선을 견디며 계속해서 새로운 자리를 알아보는 구직자 | 다른 사람이 보기엔, 실업자나 은퇴자다 로 남을 것인지 아니면 당당히 자기 사업을 하는 사장이 될 것인지 둘 중 하나다. 아무래도 구직자보다야 사장이 좋아 보인다. 해서, 결국 퇴직 후 자기 사업을 한다. 준비가 별로 되지 않은 상태에서.

　　이유야 어떠하든 자기 사업을 하는 사람 중에는 성공하는 사람이 많을까? 쉽게 관찰 가능한 일이겠지만, 사업으로 성공한 사람은 별로 없다. 물론 주변에는 자기 사업으로 큰돈을 벌거나 그 전 | 샐러리맨 시절보다 자유롭게 사는 사람도 있다. 하지만 이는 극히 일부다. 대부분은 처음 생각과는 달리 돈을 벌기도 힘들고, 시간적 여유도 없다. 자기 인건비도 못 건지는 경우도 허다하다. 개인 사업을 하다 보면 대체로 공간적으로나 관계적으로 활동 범위가 협소해진다. 공간적으로 자기 사업체 | 자영업이다 보니 주로 '가게'다.를 벗어나기 어렵다 주밀에도 쉬지 못하는 경우가 많아서 친구나 지인을 만나기도 어렵고, 개인적인 취미활동을 행하기도 쉽지 않다. 자기 사업이라고 벌여 놓

다 보니 샐러리맨 시절에는 당연히 누렸던 주말이나 휴일도 마음 놓고 즐길 만한 여유가 없다. 호칭만 '사장'으로 승격되었을 뿐 경제적, 시간적 측면에서의 삶의 질은 오히려 낮아졌다. 한마디로 자기 사업으로도 성공적인 삶을 영위하기란 좀처럼 쉽지 않다.

누구나 성공을 원하지만 대부분의 직장인에게 성공은 쉽게 손에 잡히지 않는 신기루와 같다. 직장인으로서 성공에 이르기 위한 세 가지 길(임원, 정년퇴직, 자기 사업)은 모두가 만만한 길이 아니다. 그럼, 어떻게 해야 할까? 아예 성공하길 포기하고 살아야 할까? 그렇지 않다. 삶이 아무리 어려워도 자신의 인생을 포기하고 살 수는 없다. 『데미안』의 소설가 헤르만 헤세도 "새는 알에서 나오려고 투쟁한다"는 말로 인생을 살아가는 것이 만만치 않음을 통찰했다. 성공을 향한 길을 가면서 어려움을 겪는 사람을 위해 헤세는 에바 부인의 말을 빌려 다음과 같이 주장했다.

> "그건 늘 어려워요, 태어나는 것은요. 아시죠, 새는 알에서 나오려고 애를 쓰지요. 돌이켜 생각해 보세요. 그 길이 그렇게 어렵기만 했나요? 아름답지는 않았나요? 혹시 더 아름답고 더 쉬운 길을 알았던가요?"
>
> -헤르만 헤세, 『데미안』

누구나 성공을 원하지만 대부분의 직장인에게 성공은 쉽게 손에 잡히지 않는 신기루와 같다.

새가 알에서 나오려고 애쓰는 것처럼, 성공의 길을 가는 것이 어렵고 힘들다는 것이 그의 통찰이다. 하지만 한편으로 그는, 그 길을 가는 일은 어렵지만 아름다움도 함께 있다고 위로한다. 세상에는 쉬우면서도 아름다운 길은 없다면서 말이다. 냉정하게 현실을 보면, 오늘날에는 개인이 성공하기가 점점 어려워지는 환경이긴 하다. 하지만 그럼에도 우리는 투쟁해야 한다. 새가 알을 깨트리려고 투쟁하듯이. 물론 그 과정이 어렵고 힘들다. 하지만 동시에 아름다움을 발견할 수 있는 기회가 되기도 한다. 어쩌면 인생이란 어려움이라는 씨줄과 아름다움이라는 날줄이 엮어서 아름다운 옷감을 직조하는 것과 같지 않을까? 그것이 다양할수록 옷감의 무늬는 더욱 화려해지는 것은 아닐까? 요컨대 성공의 길이 어렵다고 포기하지 말고, 그 속에서 아름다움을 창조하려는 투쟁정신과 용기가 가져야 하겠다. 이를 위해 우선, 우리에게는 직장에서 성공하기 위한 세 가지 길에 대한 인문학적 어드바이스가 필요하다.

첫 번째 : 직장에서 높이 올라가려면 어떻게 해야 할까?

직장에서 높이 올라가려면, 좀 더 구체적으로 조직에서 임원이 되려면 어떻게 해야 할까? 이 질문에 수많은 사람들이 정답처럼 하

는 말이 있다. "줄을 잘 서야 한다"고. '줄을 선다'는 말은 힘 있는 사람과 관계를 맺어 그 힘을 이용한다는 뜻이다. 즉 조직에서는 개인의 능력보다 줄을 잘 서야 높은 곳까지 올라갈 수 있다는 의미다. 반대로 말하면, 아무리 능력이 뛰어나도 줄을 잘못 서면 임원이 되지 못한다는 뜻이기도 하다. '운칠기삼(運七氣三)'이란 사자성어에 빗대어 '줄칠능삼'이라고 표현해야 할까? 줄이 칠이고 능력이 삼. |줄이 7할이고 능력이 3할.

　실제로 조직에는 힘 있는 사람에게 잘 보여서 자기 능력보다 좋은 위치에 오르려고 노력하는 사람이 있다. '줄을 잘 서야 조직에서 성공할 수 있다'고 믿는 사람에게 아부는 생존 무기며, 감언이설은 필살기다. 특히 평가 시즌이나 인사 철이 되면 이런 아첨꾼들이 곳곳에서 화려한 기술을 펼쳐 보인다. 그들은 온갖 아부와 사탕발림을 통해 힘 있는 사람의 눈에 들려고 노력한다. 그 줄을 통해 힘 있는 사람의 이너써클(inner-circle)로 들어가기 위함이다. 그 줄이 자신을 보다 높은 곳으로 이끌어줄 거라고 믿기 때문이다.

　조직에서 줄만 잘 서면 성공할 수 있을까? 다시 말해, 힘 있는 사람에게 잘 보이려고 노력만 하면 성공할 수 있을까? 결론부터 말하면, 절대 그렇지 않다. 아부만으로 힘 있는 사람에게 잘 보이려고 노력해본들 별 소용없고 그들의 마음을 얻을 수도 없다. 왜 그럴까? 생각해보자. 이너써클이란 조직에서 권력을 쥐고 있는 핵심층을 말한다. 따라서 이너써클의 멤버가 되면 조직에서 소위 '잘나갈' 수 있다. 그런데 문제는 이너써클에는 아무나 들어갈 수 없다는 데 있다. 이너써클이 조직의 권력을 쥐고 있는 가장 큰 이유는 그곳에 속할 멤버를 '엄선'했기 때문이다. 엄격하게 능력을 갖춘 사람만을 선별해서 고르기 때문에 계속해서 권력을 유지할 수 있는 것이다. 만약 그곳에서 그동안 아무렇게나 어중이떠중이를 멤버로 받아들였다면, 얼마 못 가 권력을 잃을 게 뻔하다.

결국 권력의 핵심층인 이너써클에 들어가려면 아부나 아첨만으로 어렵다. 자신의 능력과 경쟁력을 길러야 한다. 이너써클이 멤버를 선발할 때, 그들의 엄격한 기준을 통과할 수 있을 정도의 실력을 갖추어야 한다. 역으로 이렇게 말할 수도 있겠다. 탁월한 역량을 갖춘 사람이라면 오히려 이너써클에서 입단 제의를 해올 수도 있다. 능력자인 그를 멤버로 받아들여야 자신들의 경쟁력이 강화되고 권력기반도 공고해지기 때문이다. 세계적으로 인정받는 축구 유망주는 자신이 노크하지 않아도, 명문구단에서 먼저 입단 제의를 해오는 것과 같은 이치다. 관건은 줄을 잘 서는 것이 아니라 스스로 실력을 갖추는 일이다.

어떻게 하면 실력을 갖출 수가 있을까? 조직에서는 어떻게 하면 능력을 길러 권력의 중심으로 들어갈 수 있을까? 너무 당연한 말처럼 들리겠지만, 기본에 충실해야 한다. 세계적인 축구선수가 되기 위해서는 기본기에 충실해야 하듯이, 조직에서 탁월한 역량을 갖추기 위해서도 기본에 충실해야 한다. 기본기를 충실히 쌓은 사람이 그 기초 위에 고급 기술을 장착할 수 있는 법이다. 독일철학자 니체도 기본기의 중요성을 강조했다. 그는 『차라투스트라는 이렇게 말했다』에서 나는 법을 배우기 위해서는 그 전에 낮은 수준의 기본을 모두 익혀야 한다고 가르쳤다.

> 이것이 나의 가르침이니, 언젠가 나는 법을 배우고자 하는 자는 먼저 서는 법, 걷는 법, 달리는 법, 기어오르는 법, 춤추는 법부터 배워야 한다는 것이다. 처음부터 날 수는 없는 일이다."
>
> -니체, 『차라투스트라는 이렇게 말했다』

니체는 하늘을 날고 싶다고 해서 곧바로 날 수 없다고 주장했다. 하늘을 날 정도의 고급 기술을 시전(施展)하려면 먼저 서는 법, 걷는 법, 달리는 법부터 배워야 한다는 것이다. 사실 니체의 주장은 지극히 상식적인 이야기다. 서지도 못하는 자가 어떻게 걸을 수 있으며, 걷지도 못하는 자가 어떻게 달릴 수 있겠는가? 높은 수준의 기술을 펼치려면 그 아래 단계는 모두 마스터해야 한다. 따라서 고급 기술을 함양하고자 하는 사람이라면 사소해 보이겠지만 먼저 서는 법, 걷는 법과 같은 기본기부터 차근차근 익혀야 한다.

조직에서 탁월한 역량을 갖추기 위해서도 기본에 충실해야 한다. 기본기를 충실히 쌓은 사람이 그 기초 위에 고급 기술을 장착할 수 있는 법이다.

조직에서도 마찬가지다. 임원이 되려면 크고 중요한 프로젝트를 잘 수행해야 한다. 크고 중요한 프로젝트를 잘 수행해야 능력이 돋보이고 좋은 평가를 받을 수 있다. 남들도 다 해내는 고만고만한 일을 해낸 사람에게 힘 있는 사람이 특별히 주목하는 경우는 많지 않다. 크고 중요한 프로젝트를 잘 수행하려면 어떻게 해야 할까? 기본에 충실해야 한다. 명품의 가치가 디테일에서 드러나듯이, 크고 중요한 프로젝트의 성패는 의외로 작고 사소한 일에서 갈리는 경우가 많다. 아주 사소하고 기본이 되는 작은 일을 간과하다가는 전체 프로젝트를 망치는 경우도 허다하다.

'최소율의 법칙(law of minimum)'이라는 이론이 있다. 독일의 화학자인 리비히가 처음 주장한 이론인데, 이는 다른 영양소의 양과는 관계없이 식물의 성장을 결정하는 것은 가장 양이 적은 것에 의해 결정된다는 것이다. 가령 식물의 성장에는 질소, 인산, 칼륨 등 3대 영양소가 모두 필요한데, 궁극적으로 식물의 성장은 그중 가장 양이 적은 영양소에 의해 좌우된다는 것이다. 말하자면 가장 양이 적은 것이 성장의 '캐스팅보트'를 쥐고 있는 셈이다. 이런 논리는 조직에서도 동일하게 적용된다. 아무리 크고 중요한 프로젝트라 할지라도 그것을 구성하고 있는 요소 중에서 최소량을 가진 것에 의해 전체 성과가 결정된다. 따라서 프로젝트를 담당하는 관리자라면 작고 사소한 부분조차 소홀해서는 안 된다.

조직의 리더가 된 사람의 경우도 그렇다. 낮은 단계부터 차근차근 일을 배우면서 리더로 성장한 사람은 대체로 기본을 소홀히 하는 경우가 없다. 이미 자신이 경험했기 때문에 어디서 문제가 생길지, 어디가 '펑크'가 날지에 대한 감(感)이 있다. 그래서 처음 해보는 대형 프로젝트도 무리 없이 잘 해낸다. 반면 아래 단계를 건너뛰고 리더가 된 경우도 간혹 있다. 부모를 잘 만나서 경험 없이 곧바로 임원으로 조직생활을 시작하거나 두뇌가 명석하여 젊은 나이에 외국 유명대학에서 박사학위를 받고 스카우트된 경우가 여기에 해당된다. 이런 경우 다른 직원들이 좋게 보지 않는다. '낙하산'이라고 부르며 시기와 질투 어린 시선으로 본다. 이러한 '낙하산'이 프로젝트를 맡는 경우에는 의외로 실패 확률이 높다. 왜? 기본에 소홀하기 때문이다. 별로 중요하지도 않고 눈에 띄지도 않는 부분의 중요성을 간과해서 전체 프로젝트를 망치는 경우가 의외로 많다.

한편, 조직생활에서는 크고 중요한 일과 작고 사소한 일이 엄격히 구분되지 않는다. 국회의원이 하는 입법활동은 중요한 일이고, 환경미화원이 쓰레기를 치우는 일은 사소한 일이라고 할 수 있을까? 그렇지 않다. 개인에게 주어지는 직무나 과제는 대부분 중요한 일이다. 환경미화원이 쓰레기를 제때 치우지 않아서 온 동네가 쓰레기 냄새로 진동한다고 생각해보라. 그들의 업무가 얼마나 중요한 일인지 실감할 수 있을 것이다. 일의 중요성을 결정하는 것은 직무 특성이 아니라 그 일에 임하는 사람의 태도와 판단에 달렸다. 모든 일을 별로 중요치 않고 하찮은 일로 만드는 사람이 있는가 하면, 자신에게 어떤 일이 주어져도 그것을 중요한 일로 만드는 사람이 있다. 당연히 후자가 일에 대해 열정과 몰입을 쏟게 된다. 그 결과 기본기가 충실해진다.

결국 자신에게 주어진 일을 중요하게 생각하고 열과 성을 다해 몰입하는 사람은 기본기가 좋아져서 나중에 큰일도 잘 해내게 된다. 요컨대 직장에서 높은 자리까지 올라가려면 기본에 충실해야 한다는 게 철학자 니체의 주장이다. 한편, 니체는 직장에서 높은 곳에 올라가기를 원하는 사람에게 한 가지 더 의미 있는 조언을 남겼다. 먼저 그의 주장을 들어보자.

> 뭘 그리 놀라는가? 사람도 나무와 다를 바가 없다. (…) 나무가 더욱 높고 환한 곳을 향해 뻗으려 하면 할수록 그 뿌리는 더욱더 힘차게 땅속으로, 저 아래로, 어둠 속으로, 나락으로, 악 속으로 뻗어 내려가려고 한다.
>
> -니체, 『차라투스트라는 이렇게 말했다』

니체는 산허리에 매달려 있는 나무를 보면서 높은 곳에 오르려는 사람에게 필요한 전제조건을 발견했다. 산 허리에 위태롭게 매달려 있는 나무가 더욱 높은 곳을 향해 가지를 뻗으려면 어떻게 해야 할까? 뿌리를 더욱 깊게 땅속으로 뻗어 내려야 한다. 그래야 가지를 더 높은 곳으로 뻗어 나갈 수 있다. 만약 뿌리를 깊이 내리지 않은 상태에서 가지만 높이 뻗어 나가면 산허리에 겨우 매달려 있던 나무는 뿌리째 뽑혀버리고 말 것이다. 결국 땅속으로 뿌리를 깊게 내리는 일은 하늘을 향해 가지를 높게 뻗기 위한 선행 작업인 셈이다.

니체는 나무의 뿌리를 비유적으로 표현했다. 그는 "사람도 나무와 다를 바가 없다"고 주장했다. 조직에서 높은 곳에 올라가려면 먼저 땅속으로 깊이 뿌리를 내려야 한다. 즉, 자신이 맡은 분야에서 전문성을 길러야 한다. 분야는 어디라도 좋다. 영업이면 영업, 생산이면 생산, 연구개발이면 연구개발 등 자기만의 주특기 한 가지에 대해서는 소위 '도가 터야' 한다. 한 분야에서 득도(得道)한 사람만이 기초가 튼튼해져서 높은 곳까지 가지를 뻗을 수 있다. 그렇지 않으면 뿌리 약한 나무가 가지의 무게를 이기지 못해 송두리째 뽑히고 말듯이, 기초가 튼튼하지 못한 사람도 위로 올라갈수록 자신의 역량이 바닥을 드러내 더 이상 올라가지 못하고 꺾이고 만다. 요컨대 높이 오르기 위해서는 자신의 분야에서 도가 틀 정도로 전문가가 되어야 한다.

정리해보자. 직장에서 높은 곳까지 올라가려면 어떻게 해야 할까? 자신의 실력을 키워야 한다. 능력과 전문성을 길러야 한다. 어떻게? 철학자 니체는 두 가지 조언을 했다. 기본에 충실하고 자신의 분야에서 뿌리를 깊이 내리라고. 자신에게 주어진 일은 경중을 따지지 않고 모두 중요하게 여기면서 열정과 몰입을 다해야 한다. 나무가 높이 올라가기 위해서는 뿌리를 깊이 내려야 하듯이 조직에서 높이 올라가기 위해서는 먼저 자신의 분야에서 뿌리를 깊게 내려야 한다. 자신의 분야에서만큼은 누구에게도 뒤지지 않을 정도의 전문성을 길러야 한다. 결국 사람의 성장도 줄기가 아니라 뿌리가 결정한다.

두 번째 : 정년퇴직까지 살아남으려면 어떻게 해야 할까?

이 질문은 어려운 주제다. 앞서 살펴보았듯이 경쟁과 효율을 강조하는 자본주의 체제에서는 모든 상품의 수명이 점점 짧아질 수밖에 없기 때문이다. 매일같이 신상품이 쏟아져 나와 기존 상품들을 얼마 못 가 구식(舊式)으로 만들어 버린다. 인간도 마찬가지다. 새로운 지식과 기술로 무장한 신세대가 급속도로 기성세대의 공간을 잠식하고 대체해 버린다. 자리를 내준 기성세대는 자신을 구매해줄 새로운 시장을 찾지 못한 채 무대에서 쓸쓸히 사라진다. 시장에서 아무에게도 주목받지 못한 상품은 본질 가치에 관계없이 폐품 취급을 당하게 되는데, 인간의 가치도 이와 유사하게 매겨진다. 시장에서 밀

려난 사람의 가치는 본인의 고유 가치와는 무관하게 평가절하되고
만다.

　문제는 이러한 경향이 점점 심화되고 있다는 데 있다. 기술이
발전하고 경쟁이 심해질수록 젊은 세대가 기성세대를 대체하는 주
기가 짧아지고 있다. 해서, 오늘날 직장인은 나이보다 빨리 늙는다.
조로(早老)현상이 심각하다. 어떻게 해야 할까? 『종의 기원』을 쓴 찰
스 다윈은 "강한 종이 살아남는 것이 아니라 변화에 가장 잘 적응하
는 종이 살아남는다"는 말을 남겼다. 이 말은 변화하는 환경에 잘 적
응해야 오랫동안 살아남는다는 말이기도 하지만 어쨌든 오랫동안
살아남는 종, 다시 말해 죽지 않고 오래 버티는 종이 강한 종이라는
뜻이기도 하다. 인간뿐 아니라 모든 생명체에게 오래 버티는 능력은
강자의 특권에 속하는 셈이다.

　어떻게 해야 오래 버티고 살아남을 수 있는가? 흔치는 않지만,
요즘처럼 경쟁이 심한 환경에서도 정상의 자리에서 내려오지 않고
오래 버틴 사례가 없진 않다. 흔히 장수 상품이라 불리는 것들이다.
동화제약의 '활명수'는 1910년에 출시되어 그 역사가 100년이 넘었
다. 서민들의 애환을 달래준 '진로 소주'는 1924년에 출시되어 지금
까지 살아남았고, 동아제약의 '박카스'는 1961년에 출시되어 지금도
자양강장제의 대명사로 불린다. 이들도 물론 약간의 부침은 있었지
만, 치열한 경쟁 속에서도 정상의 자리에서 오랫동안 버틴, 그야말로

장수한 상품들이다.

　이들 장수 상품의 비결은 무엇일까? 무엇이 그들을 오랫동안 정상의 자리에 머물게 한 것일까? 관점에 따라 해석이야 다양할 수 있겠지만, 가장 큰 이유는 '경쟁력'이 있기 때문이다. 경쟁력 측면에서 우위에 있었기에 다른 상품이 그들의 자리를 대체하지 못한 것이다. 그렇다면 경쟁력이란 무엇일까? 경쟁력이란 '경쟁할 만한 능력'인데 정확히는 '경쟁에서 이기거나 살아남는 능력'을 의미한다. 경쟁에서 이기려면 | 또는 살아남으려면 어떻게 해야 할까?

　『손자병법』에서 손무는 싸우지 않고 이기는 것을 최고의 전략으로 꼽았다. 아예 경쟁할 상대가 없게 만드는 것이 최고의 병법인 셈이다. 이를 경쟁력에 비유하면 이렇게 말할 수도 있겠다. 최고의 경쟁력이란 경쟁할 상대가 없는 상태 또는 상대가 경쟁할 마음이 들지 않게 하는 것이다. 경쟁할 상대가 없으면 대체할 자가 없게 되고 그러면 정상의 자리를 오랫동안 누릴 수 있다. 이런 논리라면 이제 경쟁력의 의미는 '경쟁에서 이기는 능력'이라고 이해하기보다 '경쟁할 자가 없는 상태' 또는 '대체할 자가 없는 상태'라고 해석하는 편이 타당하다. 다시 말해, 이제부터 경쟁력이란 무엇을 잘하는 능력이 아니라, 대체 가능성으로 이해해도 좋겠다. 대체 가능성이 전혀 없는 상태라면 경쟁력이 상한 것이고, 대체 가능성이 높다면 경쟁력이 약한 것이다.

오늘날 하루가 멀다 하고 신제품이 기성 제품을 밀어내는 것은 기성 제품의 대체 가능성이 높기 때문이다. 그만큼 기성 제품의 경쟁력이 약하다고 해석해도 좋겠다. 앞서 언급한 장수 제품들은 신제품이 나와도 끄떡없다. 신제품이 기존 장수 제품을 대체하지 못하기 때문이다. 그만큼 경쟁력이 있다는 반증이다. 여기서 눈여겨봐야 할 포인트는 경쟁력의 여부가 생존과 밀접한 관계가 있다는 점이다. 경쟁력이 높으니 대체 가능성이 없고 대체 가능성이 없으니 오랫동안 그 자리에서 살아남을 수가 있는 것이다.

경제학에서도 경쟁력을 나타내는 용어가 있다. 바로 '대체재(substitutional goods)'라는 표현이다. 대체재란 어느 한 재화가 다른 재화와 비슷한 유용성을 가지고 있어서 한쪽의 수요가 늘면 다른 쪽의 수요가 줄어드는 관계에 있는 재화를 말한다. 가령 소주의 소비가 늘어나면 맥주의 소비가 감소하게 되는데, 그 이유는 소주의 수요가 맥주의 수요를 대체하기 때문이다. 이러한 현상은 소주와 맥주가 서로 경쟁관계에 있기 때문이기도 하다. 이처럼 어느 정도까지 서로 대체될 수 있는 재화 또는 서로 경쟁관계에 있는 재화를 '대체재' 또는 '경쟁재'라고 부른다. 대체재 이론을 해석해보면 대체재의 여부가 경쟁력과 밀접한 관계가 있음을 보여준다. 대체재의 존재가 많을수록 경쟁이 심해지고, 적을수록 경쟁은 덜해진다.

이러한 경쟁력의 논리는 조직생활에서도 동일하게 적용된다.

조직에서 정년까지 살아남으려면 어떻게 해야 할까? 경쟁력이 있어야 한다. 다시 말해 자기를 대체할 사람이 없어야 한다. 자기를 대체할 사람이 없어야 자리를 보존하기가 쉬워진다. 자신을 대체할 사람이 많다면 나이가 들어갈수록 자리를 보존하기가 어렵다. 앞서 보았듯이 나이가 들수록 소위 가성비 | 가격 대비 성능 비율, 연봉 대비 성능 비율가 낮아지기 때문이다. 이윤을 추구하는 기업의 논리는 냉정하다. 어떤 제품을 만들 때 성능이 동일하다면 가격이 싼 부품을 사용하는 것이 당연하다고 생각한다. 그 편이 더 이익이 되기 때문이다. 사람에 대한 운용도 마찬가지다. 능력이 비슷하다면 연봉이 싼 사람으로 대체하고 싶어 한다. 때문에 대체재의 존재는 자신의 생존을 위협하는 불안 요소일 수밖에 없다.

이 대목에서 한번 생각해보자. 조직생활을 오래할수록, 직급이 높아질수록 경쟁력이 생기는가? 다시 말해 대체 가능성이 없어지는가? 물론 개인마다 다르다. 그렇지만 일반적으로 말한다면, 조직생활을 오래할수록 경쟁력이 없어진다. 대체 가능성이 없어지는 게 아니라 더 커진다. 해서, 조직에서는 연차를 더해갈수록 조바심이 생기는 사람이 많다. 혹시라도 나를 대체할 사람이 생기지나 않을까 하는 불안 때문이다. 그 결과, 나이가 들수록 지향점이 달라진다. 높이 올라가기보다 오래 버티는 쪽으로. 하지만 지향점을 바꾼다고 해서 현실이 따라주는 것도 아니다. 오래 버티기를 결정하는 요소는 개인의 기대나 바람이 아니라 자신의 경쟁력, 즉 대체 가능성이 결정하기 때문이다. 대체 가능성이 높은 사람은 아무리 롱런(long-run)하고 싶어도 뜻대로 되지 않는다. 이해타산에 빠른 조직이 '주판알'을 퉁기는 순간 보따리를 싸야 할지도 모른다.

리더가 되면 대체 가능성은 없어질까? 이 또한 장담할 수 없다. 내 경험이긴 하지만, | 그렇지만 일반적인 상황과 크게 다르지 않다고 믿는다 리더 중에는 회사에서 정해놓은 여름 휴가를 전부 사용하지 않는 경우가 많다. 회사 규정으로는 공식적인 여름 휴가와 주말을 합치면 일주일 이상 휴가를 사용할 수 있음에도 이를 제대로 사용하는 리더는 의외로 많지 않다. "왜 여름 휴가를 규정대로 다 사용하지 않습니까?" 하고 물어보면 한결같이 하는 말이 있다. "너무 바빠서 여름 휴가를 맘대로 갈 수가 없다. 내가 없으면 회사가 제대로 돌아가지 않을까 봐 걱정이 돼서 맘놓고 휴가를 갈 수가 없다." 근데, 이 말은 진실일까?

바쁘다는 말은 인정할 수 있겠다. 하지만 자기가 없으면 회사가 돌아가지 않을까 봐 휴가를 못 간다는 논리는 액면 그대로 받아들이기 어렵다. 약간의 의구심이 남는다. 혹시 이런 것은 아닐까? 리더가 휴가를 제대로 가지 못하는 이유가 | 자기가 없으면 회사가 제대로 돌아가지 않을까 봐가 아니라 '자기가 없어도 회사가 너무 잘 돌아갈까 봐'서는 아닐까? 리더가 없더라도 회사가 아무 이상 없이 돌아가는 모습이 탄

로날까 두려워 휴가를 못 가는 것은 아닐까? 물론 이런 의구심이 들어도 확인할 길은 없다. 본인의 말을 믿을 수밖에. 하지만 그럼에도 확실한 사실은 경쟁력이 있는 리더는, 다시 말해 대체 가능성이 없는 리더는 회사 일을 핑계 삼아 개인의 여름 휴가를 포기하지 않는다는 점이다. 회사에 다소 어려움이 있더라도 자신의 휴가를 충분히 즐긴다. 왜? 그래도 회사가 자기를 자를 수 없다는 사실을 알고 있으니까. 자신을 대체할 수 없으니까. 이처럼 경쟁력이 있는 사람은 기본적으로 당당하다. 혹시 잘못되면 잘리지나 않을까 하는 걱정으로부터 자유롭기 때문이다.

정리하면 이렇다. 어떻게 하면 직장에서 정년퇴직까지 살아남을 수 있을까? 경쟁력이 있어야 한다. 여기서 경쟁력이란 무엇인가를 잘하는 능력이 아니다. 자신을 대체할 수 없는 상태를 말한다. 자신을 대체할 사람이 없기에 그 자리를 계속 보존할 수 있고 조직에서도 오래 살아남을 수 있다. 이제 관건은 어떻게 하면 경쟁력을 기를 수 있는가 하는 것인데, 그 부분은 뒤에서 다시 논의하기로 하자.

세 번째 : '준비된 자기 사업'을 잘하려면 어떻게 해야 할까?

샐러리맨은 결국 자기 사업을 할 수밖에 없다. 죽을 때까지 피고용인으로 있을 수 없기 때문이다. 시기의 차이일 뿐이다. 중요한 점은 자기 사업을 하게 되는 계기가 누구 때문인가 하는 것이다. 사업에 대한 선택 주체가 누구인가는 매우 중요한 문제다. '달걀이 스스로 껍질을 깨고 나오면 병아리가 되지만, 남이 껍질을 깨면 계란 프라이가 된다'는 말이 있듯이, 스스로 선택한 자기 사업이라면 새로운 삶이 펼쳐질 가능성이 높겠지만 타의에 의해 어쩔 수 없이 시작한 자기 사업은 원치 않는 결과로 이어지기 쉽다. 자신이 선택하지 않은 사업은 아무래도 준비가 부족해서 성공보다는 실패할 확률이 높다.

사람들은 대부분 알고 있다. 자신이 언젠가는 조직을 떠나 독립을 해야 한다는 사실을. 그래서 언젠가는 '폼'나게 독립해서 멋진 삶을 살겠다는 꿈을 꾼다. 하지만 생각하는 것과 행동하는 것은 다르다. 생각은 있지만 실천이 뒤따르지 않는 경우도 많다. 독립을 꿈꾸지만, 그것은 단지 '꿈'에 불과하다. 이루어지지 않을 기대며 현실과 동떨어진 꿈이다. 해서, 눈을 뜨고 있는 동안에는 꿈에 대해 생각조차 하지 않는다. 가끔씩 현실에 지치고 힘들 때 한 번씩 그 꿈을 불러와 스스로를 위로하는 데 사용할 뿐이다. 이는 위장된 꿈이자, 거짓 위로다. 현실의 상처를 낫게 해주는 치료제가 아니라, 단지 잠시 동안만 아픔을 잊게 하는 진통제에 불과하다.

사람들은 대부분 독립을 꿈꾸지만 정작 꿈이 이루어지게 행동하지는 않는다. 왜 그럴까? 사람들이 꿈을 이루지 못하는 이유는 '기적을 행하지 않기 때문'이다. '무슨 소린가' 하고 의아해할 수 있겠지만, 다음의 이야기를 통해 생각해 보기로 하자. 러시아 작가인 다닐 하름스의 단편 『노파』에 나오는 '기적을 행하는 자'에 대한 이야기다.

지금 나는 졸리지만 자지 않을 것이다. 나는 종이와 펜을 가지고 이야기를 쓸 것이다. 나는 내 안에서 어마어마한 힘을 느낀다. 나는 이 모든 것을 어제 이미 다 생각해 놓았다. 이것은 기적을 행하는 자에 대한 이야기인데, 그는 우리 시대에 살면서 아무런 기적도 행하지 않는다. 그는 자신이 기적을 행하는 자이며, 어떤 기적도 행할 수 있다는 것을 알지만, 그렇게 하지 않는다. 사람들이 그를 아파트에서 쫓아낸다. 손가락 하나만 까딱하면, 그 아파트를 차지할 수 있다는 것을 알지만 그는 그렇게 하지 않고, 대신 아파트에서 고분고분 떠나 교외에 있는 헛간에서 지낸다. 그는 이 낡은 헛간을 아름다운 벽돌집으로 변화시킬 수도 있지만 그렇게 하지 않고, 계속 헛간에서 살다가, 평생 동안 단 한 번의 기적도 행하지 않은 채 그렇게 생을 마감한다.

소설에 나오는 주인공은 초능력자다. 마음만 먹으면 '기적'을 행할 수 있는 능력을 가지고 있다. 그럼에도 그는 무슨 이유에선지 평

생 동안 단 한번의 기적도 행하지 않았다. '손가락 하나만 까딱하면' 아파트도 차지할 수도 있고, 낡은 헛간을 아름다운 벽돌집으로 변화시킬 수도 있다. 하지만 그는 그렇게 하지 않고 생을 마감했다. 왜 그랬을까? 모를 일이다. | 물론, 왜 그랬는지 짐작되는 바가 없지는 않다.

하름스의 소설에 나오는 '기적을 행하는 자'가 오늘날 대다수 직장인의 모습과 많이 닮아있다고 생각되지 않는가? 꿈은 꾸지만 정작 그 꿈을 이루지 못한 채 생을 마감하고 마는 대부분의 현대인과 흡사한 측면이 있다. 꿈도 있고 스스로도 그것이 이루어진다고 믿는데, 좀처럼 실현되지는 않는다. 왜? '기적을 행하지 않기' 때문이다. 해서, 정확히는 꿈을 '이루지 못한' 게 아니라, '안 한' 거다. 마음만 먹으면 뭐라도 할 수 있고 뭐든지 될 수도 있는데, 또 그럴 능력도 충분한데, 다만 기적을 행하지 않았을 뿐이다. 왜? 아직 때가 아니거나 군이 지금 당장 기적을 행하고 싶지 않기 때문이다. 그냥 기분 탓이다. 절대 기적을 행할 '능력이 없어서'가 아니다. 오해하지 마시라!

대다수 직장인은 근사한 자기 사업을 꿈꾸지만, 정작 '준비된 자기 사업'으로 이어지는 경우는 드물다. 왜 그럴까? 준비를 하지 않았기 때문이다. 왜 준비를 하지 않았을까? 하름스의 주장처럼 기적을 행하지 않아서? 거짓 꿈을 꾸고 있기 때문이다. 그래서 생각은 하지만 실천으로 이어지지 않는 것이다. 왜 거짓 꿈을 꾸는 것일까? 솔직히 말하자면, 그 이유는 능력이 없기 때문이다. 능력이 없어서 실천을 못하고, 실천을 하지 않기 때문에 준비가 되지 않는 것이다. 그 결과 꿈은 단지 꿈일 뿐 현실에서 실현되지는 않는다. 절대 당사자가 기적을 행하지 않았기 때문이 아니다.

'만약 상황이 그렇다면 굳이 거짓 꿈을 꿀 필요조차 없지 않을까' 하고 의문을 갖는 사람이 있을지도 모르겠다. 꿈을 이룰 수 없다고 해서 꿈조차 꾸지 못한다면 현실은 더욱 비참할 수밖에 없다. 이루어지는 않겠지만 꿈이라도 꿀 수 있어야 남루한 현실을 얼마간 견디는 데 힘이라도 얻을 수 있다. 해서, 거짓 꿈이라도 꾸는 것이다. 하름스 소설에 나오는 주인공이 기적을 행할 수 있는 능력이 있다고 믿는 것처럼.

이러한 논리로 보자면, 꿈을 꾸고 그것을 이루기 위해 실천하는 일은 아무나 할 수 있는 게 아니다. '준비된 자', '능력이 있는 자'만이 할 수 있는 비범한 능력이다. 철학자 니체도 이 점을 통찰했다. 그는 독립은 강자의 권리에 속한다고 주장했다. 먼저 그의 주장을 들어보자.

> 독립이란 극소수의 인간에게만 가능한 것이며 강자의 특권에 속하는 것이다. 아무 거리낌 없이 아주 당연한 권리라고 생각하여 그것을 시도하는 사람이라면 강한 인간일 뿐만 아니라 무모하리만큼 대담한 인간일 것이다.
>
> -니체, 『선악의 저편』

니체는 독립을 의지나 태도의 문제가 아니라 능력의 문제로 보았다. 그에 따르면, 독립은 아무나 할 수 있는 것이 아니다. 극소수의 강자만이 선택할 수 있는 특별한 권리다. 능력이 없다면 독립을 하고 싶어도 하지 못한다. 니체의 이러한 주장은 어린 시절 가출을 해본 사람이라면 쉽게 공감할 수 있는 일이다. 아이들은 큰 맘먹고 가출을 시도해도 얼마 못 가 백기투항하고 만다. 막상 집 밖을 나가면 반겨주는 곳도 없고, 춥고 배고프기 때문이다. 독립한 능력도, 준비도 되어 있지 않았기에 얼마 못 가 두 손 들고 다시 귀환한다. 결국 능력이 갖추어지지 않은 상태에서의 독립은 치기 어린 해프닝으로 끝나고 만다. 진정한 독립은 혼자서도 살아갈 만한 능력을 갖춘 후라야 비로소 가능한 법이다.

그렇다면, 능력이 갖추어져 있지 않은 사람 | 대다수가 여기에 속한다은 어떻게 해야 할까? 능력이 안 되니 딴 생각하지 말고 그냥 지금처럼 살아야 하는가? 그렇지 않다. 자의건 타의건 언젠가는 조직을 떠나서 독립해야 하는 것은 필연이다. 독립할 능력이 갖추어지지 않은 사람은 먼저 능력을 길러야 한다. 독립에 필요한 역량을 쌓고 하나하나 준비를 해야만 진정한 의미의 독립, 즉 '준비된 자기 사업'을 할 수 있다. 그래야만 독립하기 전보다 풍요롭고 멋진 삶을 영위할 수 있다. 능력을 기르기 위해서는 어떻게 해야 할까? 다시 한 번 철학자 니체의 도움을 받아보자.

나무가 악천후나 폭풍을 겪지 않고 자랑스럽게 하늘 높이 자라날 수 있겠는가? 외부에서 가해지는 불운이나 역경, 증오, 질투, 고집, 불신, 냉혹, 탐욕, 폭력 등은 이것들이 아니라면 덕의 위대한 성장이 불가능한 유익한 환경에 속하는 것은 아닐까? 나약한 천성을 지닌 자를 멸망케 하는 독은 강한 자를 강화시킨다. 이때 강한 자는 이것을 독이라고 부르지 않는다.

-니체, 『즐거운 학문』

능력을 기르는 방법에 대한 니체의 조언은 '고통을 견디라'는 것이다. 그는 "나무가 악천후나 폭풍을 겪지 않고 자랑스럽게 하늘 높이 자라날 수 있겠는가?"라고 반문하면서 외부에서 가해지는 불운이나 고통이 오히려 자신을 성장하게 하는 유익한 환경이라고 주장했다. '외부에서 가해지는 불운이나 역경, 증오, 질투, 고집, 불신, 냉혹, 탐욕, 폭력' 등은 오히려 위대한 성장을 가능케 하는 호의적인 조건이며, 이를 통해 강자가 될 수 있다는 논리다.

니체는 또, 자신에게 가해지는 외부 환경의 조건보다 그것을 받아들이는 사람의 천성이 더 중요하다고 보았다. 약자는 자신에게 가해지는 고통을 나쁜 것으로 여기지만 강자는 성장의 기회로 해석하기 때문이다.

"나약한 천성을 지닌 자를 멸망케 하는 독(고통)은 강한 자를 강화시킨다. 이때 강한 자는 이것을 독이라 부르지 않는다."

결국 고통은 우리에게 두 가지 얼굴로 다가온다. 즉, 고통은 나약한 자를 망하게도 하지만 강한 자에게는 오히려 위대한 성장의 자양분이 된다.

생각해 보면, 니체의 주장은 우리가 흔히 듣는 이야기이기도 하다. 주변에는 위대한 성취를 이룬 사람들이 간혹 있다. 그들에게 한번 물어보라. 자신의 성취가 쉽게 주어진 것인지? 대부분 절대 그렇지 않다고 답할 것이다. 현재의 성공은 운 좋게 거저 주어진 것이 아니라 과거의 역경과 고난을 극복했기 때문에 가능한 것이라고 말할 것이다. 결국 그들에게 역경이나 고난은 지금의 성공을 가능하게 해준 자양분인 셈이다. 삶에서 만나는 고통은 우리를 망하게도 할 수 있고, 흥하게도 할 수 있다. 중요한 것은 그것을 받아들이는 자신의 천성과 노력이다. 고통을 성장의 기회로 만드는 것이 필요하다.

자영업자가 샐러리맨에게 자주 하는 말이 있다. "그래도 월급 받을 때가 좋았어!" 자기 사업이 월급 받을 때보다 그만큼 힘들다는 뜻이다. 이 말은 단지 엄살이 아니다. 대체로 샐러리맨 시절에는 자신에게 '주어진' 일만 잘 하면 된다. 하지만 사업의 경우에는 모든 업무에 대해서 어느 정도까지는 알고 있어야 하고, 전체적인 메커니즘도 알아야 한다. 자기 사업을 하는 사람의 업무를 '경영'이라 부른다. 경영이란 기업이나 사업 전체를 관리하고 운영하는 일이다. 단순하게 말하면, 샐러리맨이 맡은 업무가 '부분'이라면 경영은 '전체'다. 경영을 한다는 것은 특정 업무를 담당하던 시절보다 관할 영역이 더 광범위하다. 신경 쓸 일도 많고 챙겨야 할 것도 부지기수다. 당연히 경영에는 더 많은 역량이 요구된다.

　니체는 능력을 기르려면 고통이나 역경과 맞서라고 말했다. 조직생활에서 소위 '짬밥'만 먹어도 누구나 자기 분야의 일은 일정 수준 이상으로 해낼 수 있다. 같은 업무를 반복하니 노하우가 쌓일 수밖에 없다. 하지만 자기 사업, 경영의 능력은 시간이 지난다고 저절로 생기지 않는다. 경영을 위해서는 자기 분야의 업무에 통달하는 것만으로는 부족하기 때문이다. 경영을 잘하려면 전체를 알아야 한다. 전체를 보면서 각 부분 간의 유기적인 상호작용을 이해해야 한다. 해서, 경영 능력을 기르려면 샐러리맨 시절부터 자신의 업무 영역을 넘어서야 한다. 잘 모르는 분야에 대해서도 부딪혀가며 익혀야 한다. 자신의 경계를 넘어설 줄 알아야 한다는 뜻이다. 물론 자신이 익숙한 분야를 넘어선다는 것은 위험과 고통을 수반하는 일이다. 잘 모르거나 익숙하지 않은 분야에서는 좋지 않은 결과나 실패를 경험할 수도 있다. 하지만 그가 강자라면 그러한 역경을 성장의 기회로 삼는다. 실패 속에서도 배우는 것이 있기에 궁극적으로 그는 실패하지 않은 것이 된다. 반면 경계를 넘어서는 것을 꺼리는 사람은 실패의 위험도 적다. 하지만 그는 한 번도 실패를 경험하지 않음으로써 더 이상 성장의 기회를 갖지 못하게 되고, 결국 실패한 것이 된다. 성공이란 한번도 실패한 적이 없는 사람에게 주어지는 것이 아니라 실패를 딛고 다시 일어선 사람, 실패 속에서도 새로운 것을 배운 사람에게만 주어지는 '인고의 결실'이다. 오죽하면 '실패는 성공의 어머니'라는 말도 있을까. 요컨대 '준비된 자기 사업'을 하기 위해서는 역경과 고통에 맞서 능력을 기르고 준비하는 자세가 필요하다.

조직에서 성공하기 위한
두 가지 길 : 노자 vs. 장자

앞서 말했듯이 사람은 누구나 성공하길 원한다. 그렇다면 직장인으로 성공하기 위해서는 어떻게 해야 할까? 시중에는 성공하기 위한 방법을 알려주는 책들이 부지기수다. 흔히 '성공학'이라 불리는

책들인데, 성공한 사람들은 대부분 자기의 인생 스토리를 한 권의 책으로 남기길 원한다. 해서, "이렇게 하면 성공하더라"라고 주장하는 소위 '하더라'류의 성공학 책이 넘쳐난다. | 본인이 직접 썼든 대필을 했든 간에. 세부 내용은 다소 차이가 있겠지만, 이런 책은 대부분 '나는 이렇게 성공했다, 그러니 너희들도 따라 해봐라'라는 식이다. 물론 이러한 책에서도 성공을 위한 좋은 힌트를 얻을 수도 있겠다. 하지만 여기서는 세속적인 성공보다는 삶의 근원적인 성공에 천착했던 현인으로부터 '직장인이 성공하기 위한 방법'에 대한 힌트를 얻어보기로 하자.

우리가 살펴볼 인물은 노자(老子)와 장자(莊子)다. 알다시피 둘은 도가(道家)를 대표하는 춘추전국시대의 사상가다. 도가는 공자와 맹자로 대별되는 유가(儒家)학파와 쌍벽을 이룰 정도로 사상적 완성을 이룬 문파다. 흔히 사람들은 장자가 노자의 사상을 계승하여 발전시킨 것으로 알고 있지만, 최근 들어서는 둘의 사상에 다른 점이 많다고 주장하는 연구자들이 늘어나고 있다. 특히, 도가 사상의 핵심 개념인 '도(道)'에 대해서는 두 사람의 주장이 사뭇 다르다. 먼저 노자의 주장을 들어보자. 그는 『도덕경(道德經)』에서 도에 대해 다음과 같이 주장했다.

道生一, 一生二, 二生三, 三生萬物
도는 하나를 낳고,

하나는 둘을 낳고,

둘은 셋을 낳고,

셋은 만물을 낳는다.

-노자, 『도덕경』 42장

성경에 "태초에 말씀이 계시니라(요한복음)"는 말이 있는데, 노자
는 태초에 '도(道)'가 있었다고 주장했다. 도에서 하나가 나오고 그것
에서 둘이 나오고 셋이 나오고 해서 결국 만물이 되었다는 설명이
다. 모든 존재자의 근원에 '도'가 자리잡고 있다는 뜻이다. 도에서 만
물이 생겨났으니 도가 만물을 발생시킨 근원인 셈이다. 쉽게 비교하
면, 기독교에서 천지만물을 창조하신 하나님에 해당하는 것이 노자
에게는 '도'다. 반면에 장자의 설명은 노자와는 사뭇 다르다. 그는 그
의 책 『장자(莊子)』에서 다음과 같이 말했다.

道行之而成, 物謂之而然

도는 걸어 다녔기 때문에 만들어진 것이고,

사물은 그렇게 불렀기 때문에 그렇게 구분된 것이다.

-장자, 『장자』〈제물론〉

장자는 '도'가 처음부터 존재했다는 노자의 말을 부정했다. 그는

'도'를 한자 뜻 그대로 해석했다. 즉, 그는 도(道)를 '길'이라고 해석했다. | 道가 '길 도'다. 그 결과, 길은 처음부터 존재한 것이 아니라 누군가에 의해 사후적으로 만들어졌다는 주장에 이르렀다. 노자의 해석이라면 길은 원래부터 존재했다는 관점이다. 반면 장자는 길이 애초부터 있었던 것이 아니라, 처음에는 없었는데 누군가가 걸어감으로써 흔적이 남겨졌고 그것을 따라 다른 사람이 뒤따르다 보니 결국 흔적이 선명해져서 길이 되었다는 것이다.

노자와 장자가 말한 도(道)를 오늘날 직장인이 성공하기 위한 방법이라고 생각해보자. | 노자나 장자의 도(道)를 직장에서 성공하기 위한 방법으로 비유하는 것이 '문헌학적 관점'에서는 논란의 소지가 없지는 않겠지만, 고전에 대한 '해석학적 관점'도 고전 읽기의 한 가지 방법인 만큼 가치는 있다고 본다. 노자식으로 말하면, 직장에서 성공하기 위한 방법은 이미 정해져 있다고 해석할 수 있다. 반면, 장자의 관점은 성공의 방법은 정해진 바가 없다는 해석이 가능하다. 어느 쪽이 맞는 것일까? 물론 여기에 대한 정답은 없다. 노자의 주장을 믿는 사람이라면 이전에 직장에서 성공한 누군가의 방법(길)을 찾아서 그대로 따라 가려고 노력할 것이다. 장자의 주장이 더 끌리는 사람이라면, 다른 사람의 방법(길)을 따르기보다 자신만의 길을 개척하려고 노력할 것이다. 현실에서 보면 노자의 방법으로 성공한 사람도 있고, 장자가 말한 대로 자신만의 길을 개척해서 성공한 이도 있다. 실용적인 관점으로 보자면, 둘 중 누구의 주장

이 타당한지를 따지기보다는 어느 쪽이든 성공하기만 하면 될 일이다. 각자 끌리는 쪽을 선택해서 성공에 이르길 바라는 바이다.

하지만 이처럼 양쪽 모두의 손을 들어주는 입장은 구체적인 방향을 제시해주길 원하는 대다수 독자의 기대에 부응하는 일은 아닐 것이다. 해서, 좀 더 논의를 진행해보기로 하자. 노자와 장자 중 성공을 갈망하는 오늘날 직장인에게 좀 더 부합하는 주장은 어느 쪽일까? 오늘날 직장인은 어느 쪽을 따르는 편이 현실적으로 가능성이 더 높을까? 이 역시 단정지어 말하기 어렵지만, 오늘날에는 노자보다는 장자의 손을 들어주고 싶다. 왜냐하면 오늘날 시대 변화의 양상이 장자의 주장에 좀 더 부합하기 때문이다.

1장에서 리더십의 위기를 말하면서 변화의 양상이 달라졌다고 언급한 바 있다. 즉 과거에는 '순환형 변화'의 시대였다면 오늘날에는 '흐름형 변화'의 시대가 되었다는 말이다. 순환형 변화의 시대는 사시사철이 바뀌기는 하지만 큰 틀에서는 별다른 변화 없이 반복 순환하는 시대다. 이런 시대라면 노자의 주장을 따르는 편이 현명할 것이다. 세상이 바뀌지 않기에 먼저 살았던 사람 중에서 성공했던 사람의 방법을 찾아 그대로 따르는 것이 지혜로운 선택이다. 하지만 오늘날은 흐름형 변화의 시대다. 작년과 올해가 다르고, 또 내년이면 전혀 새로운 세상이 된다. 흐름형 변화의 시대에 과거의 방법을 그대로 적용했다가는 기대한 결과를 얻지 못할 가능성이 높다. 따라서

오늘날과 같이 변화가 빠른 시대에는 "길은 걸어 다녔기 때문에 만들어졌다(도행지이성, 道行之而成)"는 장자의 주장
처럼 스스로 성공하기 위한 방법을 고민하고 개척해야 하는 편이 맞을지도 모른다.

스스로 성공하는 방법을 찾아나서는 편이 더 현명할 수도 있겠다. 결국 오늘날과 같이 변화가 빠른 시대에는 "길은 걸어 다녔기 때문에 만들어졌다(도행지이성, 道行之而成)"는 장자의 주장처럼 스스로 성공하기 위한 방법을 고민하고 개척해야 하는 편이 맞을지도 모른다. 흔한 경우는 아니지만, 주변에는 장자의 주장처럼 스스로 길을 개척하여 성공에 이른 사람을 종종 접하게 된다. 아르바이트로 입사해 관리자로 승진한 H은행 이서원 씨의 케이스가 바로 그런 경우다.

외환위기가 한창이던 1998년 여름, 그녀는 H은행의 모 지점에서 사무보조 아르바이트로 일을 시작했다. 서울 소재의 번듯한 4년제 대학 졸업반인 그녀는 경기침체의 여파로 제대로 된 직장을 구하지 못한 탓에 일단 비정규직 아르바이트로 취업전선에 뛰어든 것이다. 오전 9시부터 오후 6시까지 차심부름, 설거지 등을 하면서 그녀가 받은 돈은 고작 한 달 50~60만 원이 전부였다. 하지만 그녀는 내일 너 일 가리지 않고 열심히 일했고, 궂은일도 마다하지 않았다. 심지어 자신의 근무시간이 끝난 후에도 야근하는 정규직 선배의 일을 돕기까지 했다. 이러한 노력을 인정받았는지, 1999년 4월 지점 계약직으로 채용되었다. 가까이에서 그녀의 성실함을 눈여겨본 지점장이 강력하게 추천했기 때문이다. 특별한 교육도 없이 창구 업무를 맡게 된 그녀는 선배들로부터 어깨너머로 배워가며 또 열심히 일했다. 그 결과, 그로부터 1년 7개월이 지난 2000년 11월에 정규직으로

전환되었고, 2008년 12월에는 본점 차세대 인수지원부 과장으로 승진했다. | 2008년 12월 10일자 중앙일보 기사에서 발췌. 외환위기 당시 구조조정 한파로 공채 출신의 정규직 은행원들도 쫓겨나던 시절에 지점 사무보조 아르바이트로 들어와 계약직, 정규직을 거쳐 10여 년 만에 은행 관리자의 자리까지 오른 것이다. 그녀의 승진은 당시 정규직으로 입사했던 공채 출신보다도 더 빠른 것이었다. 이 정도면 성공이라 불러도 좋지 않을까?

아르바이트로 시작해서 은행 관리자가 된 이서원 씨의 성공은 노자와 장자 중 어떤 길을 따른 것일까? 그녀는 장자의 도(道)를 따랐다고 볼 수 있다. 기존에 성공했던 누군가를 뒤따라간 것이 아니라 스스로 자신의 길을 개척했기 때문이다. 오늘날처럼 환경 변화가 심하고 미래에 대한 불확실성이 큰 상황에서는 노자보다는 장자의 '도', 그러니까 성공의 길은 원래부터 존재하는 것이 아니라 스스로 만들어가야 한다는 주장이 더 타당한지도 모른다.

사례에도 언급된 것처럼, 이서원 씨는 정규직이 아닌 아르바이트 신분임에도 초과근무를 밥 먹듯이 했다고 한다. 추가로 돈이 주어진 것이 아닌데도 말이다. 한번 생각해보자. 아르바이트 신분으로 추가 수당도 없는 상황에서 정규직 선배가 퇴근할 때까지 남아서 일을 돕는 이서원 씨를 보고 주변 사람들은 뭐라고 했을까? | 상황을 좀 더 실감나게 하기 위해 자기 동생이나 딸이 그런 경우라고 생각해보자. "야! 너 참 대단

하다. 무척 성실한 사람이구나!"라고 했을까, 아니면 "네가 뭔데, 그 때까지 남아서 일을 해?"라고 했을까? 아마도 후자이지 않을까? "니 (네)가 뭔데 정규직들이 남아서 야근하는데 공짜로 돕고 있어? 넌 정 규직이 아니라, 알바(아르바이트)야. 정신 차려. 그럴 시간 있으면 다른 곳에서 알바나 하나 더 뛰어"라며 나무라지 않았을까?

생각해보면 이서원 씨의 행동은 분명 상식적이지 않다. '받은 만 큼만 일한다'는 근로계약의 기본 정신(?)에서 상당히 벗어나 있다. 아 르바이트 신분으로 추가 수당이 없음에도 스스로 초과근무를 자청한 다는 것은 일견 어리석어 보이거나 바보스럽기까지 하다. 그런데 그 것이 결과적으로는 성공적인 변화를 가져왔다. 이서원 씨는 왜 그렇 게 행동했을까? 미련해 보이는 이서원 씨의 행동을 이해하기 위해서 우리는 앞서 언급했던 독일 철학자 하이데거의 '존재 가능성'에 대한 통찰이 필요하다. 인간은 존재 가능성에 따라 세상을 바라보며 존재 가능성을 열어야 세상이 풍요로워진다는 하이데거의 주장이 기억나 는가?

이서원 씨는 자신의 미래에 대한 존재 가능성을 열어 두었을까, 닫아 놓고 있었을까? 당연히 열어 두었다. 그렇기에 다른 사람이 보 기에 미련해 보이는 행동도 서슴없이 하는 것이다. 만약 그녀가 자신 의 존재 가능성을 닫아 두었다면 그래서 그녀가 아르바이트 신분을 벗어날 수 없다고 생각했다면, 그녀는 추가로 돈을 받지도 못하는 초과근무를 자청했을 리 만무하다. 하지만 그녀는 스스로의 존재 가능성을 열어두었다. 그랬기에 일의 값어치를 따지지 않고 성실히 노력할 수 있었다. 추가 수당이 없는 상황에서 초과근무를 자청한 그녀는 정말 아무런 대가를 받지 않은 것일까? 아니다. 그녀는 대가를 충분히 받았다. 다만 대가의 종류가 달랐을 뿐이다. 초과근무를 자청하는 성실함을 통해 그녀는 일을 배우고, 동료 직원 및 상사로부터 인정을 얻었고, 더 나아가 고객의 마음을 얻었다. 이러한 유, 무형의 대가가 10년 뒤 그녀를 당당히 정규직 관리자인 과장으로 만든 것이다.

Humanities
for Leaders **3**

훌륭한 리더가 되려면
먼저 자신을 '리드'해야 한다

조선 후기의 실학자 다산 정약용은 『목민심서(牧民心書)』 서문에 "군자의 학문은 자신의 수양(修身)이 반이요, 나머지 반은 목민(牧民)이다"라고 썼다. 그는 목민관이 고을을 다스리면서 지켜야 할 지침을 기록한 『목민심서』를 통해 타인을 다스림에 있어 리더가 가져야 할 마음가짐을 서문에 남겨두었다. 타인을 잘 이끌려면 먼저 자신을 잘 다스려야 한다는 것이다. 다산의 이러한 주장은 오늘날 리더가 가져야 할 리더십 지침으로도 충분히 가치가 있다.

현대의 경영학에서도 리더가 부하를 잘 이끌려면, 다시 말해 리더십을 잘 발휘하려면 먼저 자신을 잘 다스려야 한다고 본다. 즉, 타인에 대한 영향력을 효과적으로 실행하기 위해서는 먼저 자신에게 영향력을 잘 발휘해야 한다는 것이다. 타인에게 영향력을 발휘하는 기술이 '리더십'이라면 스스로에게 영향력을 발휘하는 기술은 '셀프 리더십'이라 부른다. 좋은 리더십을 위해서는 먼저 셀프 리더십을 잘 발휘해야 한다. 결국 셀프 리더십은 효과적으로 리더십을 발휘하기 위한 전제조건인 셈이다. 다산이 『목민심서』 서문에서 밝힌 '자기 수양'도 셀프 리더십과 관련이 있다.

셀프 리더십이란 무엇일까? 셀프 리더십은 '스스로 자기 자신에게 영향을 미치기 위해, 즉 자기 영향력을 행사하기 위해 사용되는 행위 및 인지전략을 통틀어서 일컫는 말'로, 쉽게 표현하면 '사람들로 하여금 높은 성과를 올리도록 이끌어주는 자율적인 힘'이다. 여기서 핵심은 '자율'이다. 전통적인 리더십 이론에서는 인간을 기본적으로 타율적인 존재로 본다. 리더가 시키면 행동하지만 안 시키면 움직이지 않는다. 때문에 리더는 항상 지시하고, 통제하고, 감시하고,

규율해야 한다. 타이트한 관리를 통해 부하를 '복종하는 주체'로 만들어야 한다. 하지만 셀프 리더십을 갖춘 사람, 즉 '셀프 리더'에게는 리더의 지시와 명령이 필요 없다. 스스로 알아서 하기 때문이다. 셀프 리더는 기본적으로 자율적 주체다. 셀프 리더는 스스로 성찰하고 반성하며, 스스로 목표를 설정하고, 스스로 동기부여 된다.

사실 성공한 사람들은 모두 기본적으로 셀프 리더다. 타인의 힘에 의해 억지로 움직여서는 큰 성취를 이루기 어렵다. 남다른 성취는 자발적인 힘으로 몰입할 때 이루어지는 법이다. 대체로 타율의 힘은 자율을 넘어서지 못한다. 학창시절 전교 1등은 대개 스스로 알아서 공부하는 친구의 몫이다. 부모가 시켜서 억지로 공부한 학생은 상위권에 들 수는 있겠지만, 1등은 어렵다. 1등은 언제나 스스로 공부한 사람이 차지한다. 요즘식으로 표현하면, '자기 주도 학습'의 결과다. 이처럼 자기 주도, 타인에 의해서가 아니라 스스로의 힘으로 움직여 높은 성취를 이루어내는 사람이 셀프 리더다. 이는 또, 모든 성공한 사람들의 공통점이기도 하다. 셀프 리더는 어떤 특징을 가졌기에 남다른 성취를 이룰 수 있는 것일까? 크게 세 가지를 들 수 있다.

자율적 힘으로 움직이는 셀프 리더는 먼저, 'Self-esteem(자아존중감)'이 강하다. 자아존중감은 자아의 평가와 관련된 감정으로 자신의 가치에 대한 판단을 좋게 하는 것을 말한다. 즉 자아존중감이 높은 사람은 스스로를 가치 있고 긍정적인 존재로 평가한다. 앞서 예

<셀프 리더의 3가지 특징>

로 든 H은행 이서원 씨의 경우, 자아존중감이 높은 사람이라고 할
수 있다. 그녀는 비록 남들 보기엔 아르바이트 신분에 불과하지만
스스로 자기를 평가할 때는 자신의 가치와 능력이 정규직 선배들 못
지 않다고 믿었다. 그렇기에 현재 모습을 부끄러워하거나 실망하지
않고 더욱 자신의 일에 매진할 수 있는 것이다. 이러한 자아존중감
은 스스로의 존재 가능성에 대한 믿음과 깊은 관련이 있다. 대체로
자신의 미래에 대해 존재 가능성을 열어둔 사람은 자아존중감도 높
다. 반대로 말할 수도 있겠다. 스스로에 대한 믿음, 즉 자아존중감이
높을수록 미래에 대한 가능성을 긍정적으로 생각한다. 비록 지금은
보잘것없어 보일지 모르지만 미래에는 더욱 가치 있는 존재가 될 수

있다는 믿음이 바로 그것이다. 요컨대 셀프 리더는 자아존중감이 높고, 자신의 존재 가능성을 열어둔 사람이다.

셀프 리더의 두 번째 특징은 'Self-motivation(자기 동기부여)'이다. 동기부여란 '인간으로 하여금 행동하게 만드는 힘'이다. 셀프 리더는 타인에 의해서가 아니라 스스로 동기부여 된다. 셀프 리더의 두 번째 특징은 첫 번째와도 밀접한 관련이 있다. 자아존중감이 높은 사람이 스스로 동기부여 되는 경향이 높다. 흔히 꿈이 있는 사람, 미래의 가능성을 열어 둔 사람은 그것 | 꿈이나 미래의 가능성 때문에 그 자체로 동기부여 된다. 자기 주도 학습으로 전교 1등하는 학생은 대체로 미래에 대한 꿈이 명확하다. 미래에 대한 가능성이나 꿈은 그것을 바라는 이를 그곳으로 지향하게 만들고, 그것을 이루도록 몰입하게 만든다. 그 결과, 그렇지 못한 사람보다 꿈을 이룰 가능성이 훨씬 높아진다.

세 번째 특징은 'Self-control(자기 관리)'이다. 미래에 대한 가능성을 열어 두고, 스스로 동기부여 되는 셀프 리더는 자기 관리에도 철저하다. 꿈을 이루기 위해서는 무엇을 해야 하며, 무엇을 해서는 안 되는지를 잘 알기 때문이다. 자기 관리에 철저한 셀프 리더는 평소 나태함과 저급한 욕망을 잘 다스리며, 삶에 긍정적 결과를 가져다 줄 행동에 익숙해지려 노력한다. 그로 인해 좋은 습관이 생기고 그것이 삶을 바꾼다. 그 결과, 마침내 꿈을 이루고 만다. 여기서 빠뜨

修身齊家治國平天下(수신제가치국평천하)

타인에게 효과적인 리더십을 발휘하려는 자는 먼저 스스로를 다스리는 셀프 리더가 되어야 한다.

리지 말아야 할 점은 셀프 리더의 세 가지 특징이 모두 서로 관련되어 있다는 사실이다. 자아존중감(Self-esteem)을 가진 사람이 스스로 동기부여(Self-motivation) 되고, 그것은 또 자기 관리(Self-control)로 이어진다. 따라서 무엇보다 자아존중감을 가지는 것이 중요하다. 거듭 강조하는 말이지만, 자아존중감을 갖기 위해서는 하이데거가 말한 자신의 '존재 가능성'을 미래를 향해 활짝 열어 두어야 한다.

사실 타인에게 효과적인 리더십을 발휘하려는 자가 먼저 스스로를 다스리는 셀프 리더가 되어야 한다는 말은 상식에 가까운 말이다. 타인을 잘 다스리려는 자가 먼저 자기 자신을 잘 다스려야 한다는 말은 인문고전에서는 기본처럼 되뇌는 말이기 때문이다. 잘 알다시피, 사서삼경 중 하나인 『대학(大學)』에는 '수신제가치국평천하(修身齊家治國平天下)'라는 말이 있다. 이는 유교에서 강조하는 올바른 선비의 길을 나타낸 말로, 먼저 자기 몸을 바르게 가다듬고[修身], 그 후에 가정을 돌보고[齊家], 그 후 나라를 다스리며[治國], 그 다음 천하를 경영해야 한다[平天下]는 뜻이다. 출발은 자기 몸을 바르게 닦는 '수신(修身)'이다. 무릇 천하를 다스리려는 자는 가장 먼저 자기를 올바르게 가다듬어야 한다. 자신을 다스리지 못하면, 가족도 타인도 따르지 않는다.

그렇다면 수신, 자신을 잘 다스리려면 어떻게 해야 할까? 『대학』의 본문을 찬찬히 읽어보면 해답이 나온다.

사물의 본질을 꿰뚫은 후에 알게 된다. 알게 된 후에 뜻이 성실해진다. 성실해진 후에 마음이 바르게 된다. 마음이 바르게 된 후에 몸이 닦인다. 몸이 닦인 후에 집안이 바르게 된다. 집안이 바르게 된 후에 나라가 다스려진다. 나라가 다스려진 후에 천하가 태평해진다. 그러므로 천자로부터 일개 서민에 이르기까지 모두 몸을 닦는 것을 근본으로 삼는 것이다.

-『대학(大學)』

『대학』의 내용은 크게 세 가지 강령과 여덟 가지의 덕목으로 이루어져 있다. 세 강령은 명명덕(明明德), 친민(親民), 지어지선(止於至善)이다. 대학의 도(道)는 먼저 덕을 밝히고[明明德], 백성을 새롭게 하며[親民], 지극한 선에 머물게 하는 것[止於至善]이란 뜻이다. 쉽게 말해 자신의 덕을 갈고 닦은 후에 백성의 삶을 안온하게 하는 것으로 나아가야 한다는 뜻이다. 이를 위해 요구되는 덕목이 여덟 가지가 있는데, 이것이 '팔조목(八條目)'이다. 팔조목은 순서대로 격물(格物), 치지(致知), 성의(誠意), 정심(正心), 수신(修身), 제가(齊家), 치국(治國), 평천하(平天下)다. 먼저 사물의 이치를 터득하고[格物致知], 뜻을 참되고 정성스럽게 하며[誠意], 마음을 바르게 하여[正心], 자신을 수양하고[修身], 이를 바탕으로 집안과 나라, 천하를 다스리는 단계로 나가야 한다는 것이다.

여기서 눈여겨봐야 할 부분은 '수신'을 위해서는 격물치지, 성의, 정심의 단계를 거쳐야 한다는 점이다. 격물치지, 성의, 정심을 위해서는 무엇이 필요할까? 당연히 배움이 필요하다. 배움이 없이는 사물의 이치를 깨닫거나 뜻을 참되게 하거나 마음을 바르게 하는 일이 어렵기 때문이다. 이상의 논의를 통해 살펴보면 이러한 도식이 성립된다. 훌륭한 리더가 되기 위해서는 먼저 자기를 잘 다스려야 하는데, 이를 위해서는 배움의 기회를 가져야 한다. 달리 표현하면, 학문을 통해 사물의 이치를 터득하고 마음을 다스리는 데 노력한 사람은 자신을 수양하는 데 성공하게 되고, 그 결과 타인에게 좋은 영향력을 미칠 수 있게 된다. 요컨대 리더는 자신을 먼저 잘 다스려야 하는데, 이를 위해서는 공부가 필요하다.

차별적 경쟁력을 기르기 위한
다윈과 베르그송의 조언

타인을 다스려야 하는 리더가 먼저 자신을 수양하기 위해 노력하는 일을 요즘식으로 표현하면 '경쟁력을 기른다'는 말이기도 하다. 경쟁력이란 무엇일까? 경쟁력은 말 그대로 '경쟁에서 이기는 능력'이다. 가령, 상품의 경우라면 동일한 목적을 가진 여러 상품끼리 시장에서 경쟁하여 더 많이 팔리는 것이 경쟁력 있는 상품이 된다. 이처럼 경쟁력이란 비교를 전제로 한다. 비교할 대상이 없다면 경쟁력을 운운할 필요가 없다. 아무리 많이 팔려도 시장을 혼자서 독점하고 있는 상태라면 '경쟁력 있다'는 표현을 붙이지 않는다. 앞에서 우리는 경쟁력을 '대체 가능성'의 여부로 설명하기도 했다. 대체 가능성이 없으면 경쟁력이 있는 것이고, 대체 가능성이 있으면 경쟁력이 없다. 자신을 대체할 것이 많으면 경쟁 우위를 점하기가 어렵다. 결국 대체 가능성을 줄이는 노력이 경쟁에서 이기기 위한 방법과 동일한 맥락이다.

　　사람에게도 경쟁력이라는 표현을 붙일 수 있을까? 당연히 있다. 자본주의 시장경제에서는 사람도 상품처럼 유통되고 있기 때문이다. 인간을 상품에 비교해서 기분이 언짢은 사람이 있을지 모르겠지만 이것은 엄연한 현실이다. 기업에서 신규직원을 채용하려고 할 때 지원자는 상품의 판매 과정과 유사한 입장에 처한다. 구매자인 기업은 개별 공급자인 지원자의 상품성 | 개인의 능력이나 스펙, 인성 등을 비교 평가하여 자신의 입맛에 맞는 상품(지원자)을 고르게 된다. 이때 각 상품의 경쟁력이 자연스레 비교 평가된다. 가령 신규 직원을 열 명

뽑으려는 기업에 백 명이 지원했다고 치자. 기업은 백 개의 상품(지원자)을 비교 평가한 후, 비교 우위에 있는 상위 열 개만 선택하고 나머지는 구매를 포기한다. 비교 열위에 있는 나머지 구십 개의 상품(지원자)은 판매되지 않고 남겨진다. 자신을 사줄 다른 구매자를 찾아 나설 수밖에 없다. 만약 운 좋게 또 다른 구매자가 나섰더라도 또다시 자신의 경쟁력이 시험대에 올려진다. 상황이 이러하다 보니 자신을 상품으로 판매해야 할 지원자는 고민하게 된다. 방법은 크게 두 가지가 있다. 자신의 상품의 가치를 높이거나 가격을 낮추거나. 전자를 '스펙을 쌓는다'고 한다면, 후자는 '눈높이를 낮춘다'고 표현한다.

　인간이 상품처럼 비교 평가의 대상이 되는 일은 입사를 희망하는 취업 준비생에게만 해당되는 것은 아니다. 이미 근무하고 있는 사람에게도 적용된다. 다시 말해 경쟁력이란 입사하려는 사람뿐 아니라 기존 직장인에게도 동일하게 요구되는 역량이다. 취업 준비생의 경우에는 '팔리기 위해' 경쟁력이 필요하다면 기존 직장인의 경우에는 '밀려나지 않기 위해' 경쟁력이 요구된다. 알다시피 대부분의 기업은 해마다 일정 부분 신규 인력을 채용한다. 한편으로는 조직을 떠나는 사람도 생긴다. | 조직을 떠나는 사람은 대중에게 잘 드러나지 않는다. | 상품이야 선입선출(先入先出)의 원리에 따라 입출이 결정되지만, 사람의 경우에는 반드시 선입선출의 원리로만 결정되는 것은 아니다. 요즘에는 정년을 채우고 퇴출되는 경우가 매우 드물다. 명예퇴직이란

이름으로 수시로 퇴출된다. 정년퇴직보다는 수시로 진행되는 명예퇴직이 많다는 것은 퇴직 순서를 정하는 데 있어 선입선출의 기준이 적용되지 않는다는 것을 의미한다. | 명예퇴직의 대상이 된다는 것은 결코 명예로운 일이 아니다.

선입선출이 아니라면 어떤 기준으로 퇴출 순서를 정하는 것일까? 경쟁력이 기준이다. | 물론, 경쟁력에 대한 평가가 모호한 면이 없진 않다. 대다수 기업에서는 나이나 직급에 관계없이 성과를 내지 못하거나 역량이 부족한 인력을 우선 퇴출시키려 한다. 보유 인력의 경쟁력이 기업 전체의 경쟁력을 좌우하기 때문이다. 그 결과 경쟁력이 약한 인력에 대해서는 언제든 무언가 조치가 취해진다. 경쟁력이 개선되지 않는 한, 최종적인 종착지는 퇴출이다. 결국 경쟁력은 입사를 하려는 사람도, 기존 직장인에게도 매우 중요한 역량이 된다. 직장이라는 무대에 서기 위해서도, 그 자리를 계속 지키기 위해서도 경쟁력은 필요하다.

경쟁력을 기르기 위해서는 어떻게 해야 할까? 여러 방법이 있을 수 있다. 여기서는 인문고전에서 두 가지만 살펴보기로 하자. 진화에 관련된 위대한 저작을 남긴 두 위인, 바로 찰스 다윈과 앙리 베르그송이다. 그들은 각각 『종의 기원』과 『창조적 진화』라는 탁월한 고전을 남겼다. 그들이 남긴 저작으로부터 오늘날 직장인들이 자신의 경쟁력을 높이기 위한 방안을 숙고해보기로 하자.

먼저, 찰스 다윈. 알다시피 다윈의 주저 『종의 기원』은 생명의 기존 창조론을 부정하고 최초로 진화론을 주장한 혁명적인 텍스트다. 다윈 이전까지 세계와 생명체는 창조주의 뜻에 따른 결과물이었다. 피조물(被造物)이란 말이 뜻하듯이 모든 만물은 신에 의해 창조된 것이다. 신이 무에서 유를 창조하여 이 세상과 모든 존재가 생성되었다는 주장이다. 하지만 다윈의 생각은 달랐다. 여러 증거들을 수집하고 분석한 결과, 생명체는 신이 창조한 것이 아니라 공통 조상으로부터 분기하여 각자 진화해 온 결과일 뿐이다. 이후, 생명체의 기원에 대한 창조론과 진화론의 뜨거운 공방이 이어졌는데, 최근에는 다윈의 손을 들어주는 분위기다.

이 대목에서 우리가 눈여겨봐야 할 점은 다윈이 진화에 대해서 어떻게 설명하고 있는가 하는 것이다. 진화에 대한 다윈의 주장에서 경쟁력을 기를 수 있는 통찰을 얻을 수 있기 때문이다. 그는 진화를 '미소 변이의 점진적인 축적'이라고 표현했다. 그의 말을 분석해보면, 진화에는 두 가지 조건이 필요하다는 점을 알 수 있다. '미소 변이'와 '점진적인 축적'이다. 미소 변이란 조그마한 변화를 의미한다. 즉 조그마한 변화들이 끊임없이 쌓여야 비로소 진화가 일어난다는 뜻이다. 이 말은 '미소 변이'만으로는 진화가 이루어지지 않는다는 뜻이기도 하다.

조그마한 변화가 무수히 쌓여야 비로소 진화가 이루어진다는

THE 10,000-HOURS RULE

진화와 미소 변이

다윈은 인간이 공통된 조상으로부터 분기하여 지금에 이르렀다고 주장하며 그는 진화를 '미소 변이의 점진적인 축적의 결과'라고 말했다. '미소 변이'는 아주 조그마한 변화를 말하는데 점진적인 축적이 없이 미소 변이만으로는 진화가 이루어지지 않는다고 했다.

다윈의 주장은 오늘날 직장인에게 차별적 경쟁력을 기르는 데 있어 꽤나 의미 있는 통찰을 제공한다. 대부분의 직장인들은 자신을 변화 시켜 한 단계 높은 수준으로 진화하길 고대한다. 이를 위해 미소 변이, 즉 조그마한 변화를 종종 시도한다. 어떤 이는 퇴근 후에 영어학 원을 다니기도 하고, 어떤 사람은 바쁜 와중에도 온라인 학습을 통해서 자기계발에 힘쓴다. 심지어 야간에 대학원을 다니는 직장인도 있다. 한번 물어보자. 직장인이 영어학원을 다니고, 온라인 학습을 수강하고, 야간 대학원을 다니면 진화가 이루어지는가? 불행히도 여기에 대한 대답은 'No'다. 어렵게 학원이나 대학원을 다니면서 노력 해도 별반 달라지는 것도 없다. 진화는 좀처럼 일어나지 않는다. 들인 노력에 비해 역량의 발전 속도는 미미한 경우가 태반이다. 그렇지 않은가? 대체로 직장인이 진화를 위해 들인 노력은 효율적이지 못하다. 노력 대비 성과, 인풋(input) 대비 아웃풋(output)의 비율이 극히 낮다. 그래서 처음에는 크게 마음먹고 진화를 위한 시도를 했다 가 미진한 결과를 받은 뒤로는 실망과 함께 진화를 위한 노력을 철회하는 경우가 많다.

안타까운 일이지만 그들 | 진화를 시도하다 실망하고 철회한 사람들이 제 대로 알지 못한 사실이 하나 있다. 미소 변이가 곧 진화를 보장하는 것은 아니라는 점이다. 진화는 다윈의 주장처럼, 미소 변이가 '점진 적으로 축적'되어야 비로소 일어나는 법이다. 따라서 미소 변이가 원

하는 결과로 이어지지 않는다 할지라도 꾸준히 쌓아나가는 노력이 필요하다. 진화는 별다른 성과로 이어지지 않는 미소 변이를 포기함 없이 끝까지 밀고 나간 이에게만 주어지는 '후(後) 지급형 통장'과도 같다. 미소 변이를 몇 번 시도하다가 중간에 포기해버리면 그간 불입한 것은 제로(0)가 되어버리는 '소멸형'이면서 '만기 지급형' 상품이다. 따라서 진화를 이루고자 하는 이에게는 미소 변이를 계속해서 시도할 수 있는 끈기와 그것을 지속하는 꾸준함이 필요하다.

미소 변이의 점진적인 축적이 진화로 이어진다는 다윈의 주장을 뒷받침하는 오늘날의 연구도 있다. 『아웃라이어』의 저자인 말콤 글래드웰은 기자라는 직업 때문에 성공한 사람을 많이 취재했는데, 그들은 모두 성공에 이르기 전까지 한 가지 일에 일만 시간 이상을 투자했다는 공통점을 발견했다. 그의 주장은 신경과학자인 다니엘 레비틴이 내놓은 연구결과인 '일만 시간의 법칙(The 10,000-Hours Rule)'을 근거로 한 것인데, 어떤 분야에서든 최고 전문가로 인정받으려면 최소 일만 시간은 쏟아부어야 한다는 이론이다. 일만 시간이란 하루 세 시간씩 십 년간 누적해야 채울 수 있는 양이다. 그의 연구를 보더라도 성공한 이들은 모두 진화의 노력을 꾸준히 일만 시간 동안 지속한 사람들이다. 일만 시간의 법칙은 진화에 대한 다윈의 주장에 대한 세속적인 기준을 제시하고 있는 것으로 해석할 수도 있겠다. 미소 변이를 얼마나 지속해야 진화가 일어나는가? 말콤 글래드웰이라면 이렇게 답하지 않았을까? "최소 일만 시간은 지속해야 한다"고.

다윈의 주장과 말콤 글래드웰의 법칙에 동의한다 하더라도, 꾸준함과 끈기의 유전인자를 보유하지 못한 대다수 직장인에게는 진화의 과정이 무척이나 지난하게 느껴질 수도 있다. 최소 십 년을 투자해야 한다니까 선뜻 나서 시도할 엄두조차 나지 않는 사람도 있을 듯하다. 다른 관점에서 생각해보자. 앞서 다윈은 미소 변이가 곧 진화로 이어지지 않는다고 했다. 그렇다면 미소 변이는 그 자체로 아무런 의미가 없는 것일까? 그렇지 않다. 미소 변이의 실행이 그것 자체로는 진화를 보장하는 것은 아니지만, 나름 매우 중요한 의미를 지닌다. 미소 변이를 시도하면, 그 하나의 조그마한 변화로 인해 다음 진보를 위한 출발점이 달라진다. 무슨 말이냐고? 다음 그림을 보자.

그림에서 (A)는 현재 상태를 의미하며, (B)는 미소 변이를 시도하고 난 상태다. 조그마한 변화를 시도하고 난 후인 (B)의 상태도 그전의 (A)와 별반 다르지 않다. 진화가 일어나지 않은 것이다. 그렇다

면 (B)를 위한 미소 변이는 아무런 의미가 없는 것일까? 그렇지 않다. 겉으로 보기엔 차이가 없지만, 다음 진화를 위한 출발점을 바꾸는 효과가 있다. 아래 그림을 보자.

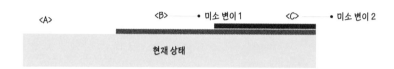

(C)는 두 번째 미소 변이를 시도한 다음의 상태다. 역시 (A)나 (B)와 별반 달라지지 않았다. 아직 진화가 완성되지 않은 것이다. 하지만 여기서 중요한 점은 (C)에 이르기 위해서는 (B)로의 이동이 있어야 한다는 것이다. (A)에서는 (C)를 꿈꾸는 것조차 불가능하다. 미소 변이(1)을 통해 (B)로 이동한 것은 아무런 성과가 없는 것은 아니다. 차이가 없어 보여도 실은 엄청난 차이가 있다. 그 다음 진보를 위한 출발점이 달라진 것이다. 이렇게 겉으로 보기에 차이가 없어 보이는 조그마한 변화를 꾸준히 하다 보면 언젠가는 진정한 진화를 이룰 수 있다. 아래 그림의 (D)처럼 말이다.

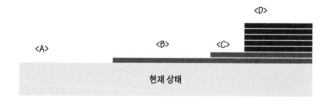

정리하면 이렇다. 다윈의 진화론의 핵심은 미소 변이를 꾸준히 축적해야 비로소 진화가 이루어진다는 점이다. 여기서 간과해서는 안 되는 포인트는 진화에 이르지 못한 미소 변이도 중요한 의미를 지닌다는 사실이다. 그 조그마한 변화가 다음 진보의 출발점을 바꾸어 준다. 그래서 진화를 위한 점진적인 축적을 가능하게 만든다. 진정한 진화는 자칫 사소해 보이는 미소 변이를 포기하지 않고 꾸준히 쌓아간 자에게만 주어지는 지속의 선물이다.

작은 변화가 모여서 진화를 이룬다는 다윈의 주장과 궤(軌)를 같이했던 한국의 철학자도 있다. 바로 퇴계 이황이다. 아마도 퇴계는 우리에게 가장 친숙한 인문학자가 아닌가 싶다. 천 원짜리 지폐를 펼치면 언제든 보는 얼굴이니까. 퇴계는 〈자탄(自歎)〉이라는 시에서 다윈과 비슷한 논지의 주장을 펼쳤다. "조금씩 흙을 쌓으면 산을 이룬다"는 그의 주장을 들어보자.

이 거 광 음 오 소 석
已去光陰吾所惜
이미 지난 세월이니 나는 안타깝지만

당 전 공 력 자 하 상
當前功力子何傷
그대는 이제부터 하면 되니 뭐가 문제인가

단 종 일 궤 위 산 일
但從一簣爲山日
조금씩 흙을 쌓아 산을 이룰 그날까지

莫^막自^자因^인循^순莫^막太^태忙^망

莫自因循莫太忙

미적대지도 말고 너무 서둘지도 말게

이 시는 퇴계 이황이 64세에 도산서원에 머무르고 있을 때 서원을 찾아온 제자 김취려에게 준 것이다. 그는 젊은 제자에게 '그대는 아직 젊으니 실망하지 말고 성심껏 노력하라'는 의미로 이 시를 지었다. 조급하게 굴지도 말고 그렇다고 미적거리지도 말고 꾸준히 해나가면 결국에는 원하는 바를 이룰 수 있다는 조언이다. 이러한 퇴계의 고언은 현재를 살아가는 우리에게도 여전히 유효한 가르침이지 않을까? 무엇인가를 이루고 싶은 사람에게, 하지만 현재 별로 이룬 것이 없는 사람에게 실망하지도 좌절하지도 말고 꾸준히 노력하라! 조금씩 천천히 쌓아나가다 보면 큰 산을 이룰 수 있다. 다윈이나 퇴계의 조언은 여전히 의미 있는 울림으로 우리에게 다가온다. 무엇인가를 이루고 싶은가? 그렇다면 지금 당장 조금씩 변화하라. 조금씩 변하다 보면 그것이 쌓여 위대한 진화도 가능하다.

다윈이 『종의 기원』을 발표한 지 48년이 지난 후, 진화에 관한 또 하나의 혁명적인 텍스트가 세상에 발표된다. 프랑스 철학자인 베르그송의 『창조적 진화』가 바로 그것이다. 그는 생명 진화의 과정을 고찰하면서 지성의 기원과 발생을 추적했는데, 그 과정에서 동물 진화에 대한 흥미로운 사실을 발견했다. 그것은 바로 위험에 대한 대처 방식과 그것이 가져다 줄 진화의 결과에 대한 극명한 차이다. 쉽게 말해 위험에 대처하는 삶의 태도가 진화에 결정적인 영향을 준다는 것이다.

> 극피동물의 단단한 석회질의 피부, 연체동물의 껍질, 갑각류의 딱지, 고어류의 경린(硬鱗)으로 된 갑옷은 아마도 적대적 종들로부터 스스로를 보호하려는 종들의 노력을 공통의 기원으로 하고 있을 것이기 때문이다. 그러나 동물이 피신처로 삼은 이 갑옷은 동물이 운동하는 것을 방해하고 때로는 그것을 마비시키기도 했다. (…) 척추동물도 마찬가지로 그러한 위협을 받았을 것이다. 그러나 그것들은 그 위험에서 벗어났고 이 다행스러운 상황으로 오늘날 생명의 가장 고차적 형태들을 꽃피울 수 있게 되었다.
>
> -앙리 베르그송, 『창조적 진화』

베르그송의 관찰에 의하면 극피동물, 연체동물, 갑각류 등과 척추동물은 위험에 대처하는 방식이 서로 달랐다. 누구에게나 적대적 종들로부터 위험이 도사리고 있는데, 전자의 동물들은 안전을 선택했다. 즉 단단한 껍질이나 갑옷 속에 약한 살을 숨겨서 피신한 것이다. 반면에 척추동물은 단단한 뼈 밖으로 약한 살을 두르고 이동을 선택했다. 전자는 약점을 숨겼고, 후자는 약점을 드러낸 것이다. 결과는 어떻게 되었을까? 위험을 피해 약점을 숨긴 동물들은 그 선택의 결과로 단기적으로는 안전해졌지만 그로 인해 운동을 방해 받아서 나머지 삶을 반수면과 마비의 상태로 지내게 되었다. 하지만 위험에도 불구하고 약점을 드러내고 이동을 선택한 척추동물은 그 선택으로 인해 처음에는 위험에 노출되었지만 이동이 가능해져 보다 현명하게 위험에 대처할 수 있게 되었다. 그들은 자신들의 약점, 즉 살을 보호하는 외피의 불충분함을 민첩성으로 보충했는데, 그 덕분에 적을 피할 수도 있게 되었고 공격할 수도 있었으며 적을 만날 장소와 순간을 선택할 수도 있게 되었다. 요컨대 약점을 숨기기보다 드러내고 단련함으로써 위험에 효과적으로 대처할 수 있었고 보다 고차원적 진화를 이룰 수 있었다.

베르그송은 이러한 진화의 패턴은 인간이 무장(武裝)을 발달시키는 데서도 관찰된다고 보았다. 극피동물이나 갑각류처럼, 연약한 인간도 처음에는 위험을 피해 피난처를 찾는 일에 몰두했다. 그러나 시간이 지나면서 척추동물처럼 위험에 맞서 이동을 선택했다. 여기서 두 번째가 진화에 유리한 방법인데, 도망과 공격에 유리한 조건을 만들기 위해서는 먼저 가능한 한 몸을 유연하게 하는 것이 필요했다. 위험을 피하지 않고 맞서기 위한 선택이 현재의 진화를 만들어냈다는 소리다. 역사적으로도 무거운 껍질을 벗어던지고 가벼운 몸으로 이동을 선택한 쪽이 진화에 유리한 위치에 섰던 사례는 많다. 그리스의 장갑보병이 로마군단으로 대치되었고, 철갑 옷을 입은 기사는 운동이 자유로운 보병에게 자리를 내준 역사가 이를 증명하고 있다.

위험과 진화의 관계에 대한 베르그송의 발견은 우리의 일반적인 통념을 뒤집는다. 흔히 사람들은 위험을 무조건 나쁜 것으로, 따라서 가까이 하기보다는 무조건 멀리하는 것이 올바른 삶의 태도라고 여기며 살고 있다. '안전제일주의'가 오늘날과 같이 험악한 세상을 현명하게 살아가는 자세라고 생각한다. 하지만 베르그송의 관찰에 따르면, 안전만을 추구하는 삶에도 치명적 결함이 있다. 위험을 회피하고 안전함만을 선택한 결과, 고차원적인 진화에 필요한 자양분마저 없애버리는 결과를 낳게 되고, 궁극적으로는 자유로운 삶을 영위하지 못하게 된다는 것이다. 생명의 기원을 추적하다 의미 있는 통찰을 발견한 베르그송은 다음과 같은 말로 결론을 내렸다.

"일반적으로 생명 전체의 진화에서도 인간 사회와 개인적 운명의 전개와 마찬가지로 최대의 성공은 최대의 위험을 무릅쓴 것들의 몫이었다."

결국 높은 수준의 진화란 각자가 가진 약점에도 불구하고 최대의 위험과 맞서 승리한 자에게만 주어지는 기적의 선물과도 같다.

불교 시인인 김달진 시인도 『법구경』에서 이렇게 말했다.

"회피하는 한 두려움은 영원하다. 기다리는 한 기회는 달아난다."

생명인 이상 위험을 만나면 피하고 싶은 것이 인지상정이라 여겨지지만, 사실 깊이 생각해보면 김달진의 주장에는 타당한 면이 있다. 예를 들어 생각해보자. 가령, 외국인만 만나면 말문이 막히는 사람이 있다고 치자. 이름하여 '영어울렁증'이다. 이런 사람은 길거리에서 외국인만 만나면 일단 피하고 싶다. 혹시 말이라도 걸어오면 난처해질 수 있기 때문이다. 영어울렁증을 극복하는 최선의 방법이 외국인만 보면 먼저 피하는 것일까? 아니다. 회피하는 것으로는 절대 위험을 극복할 수 없다. 김달진 시인의 말처럼 "두려움은 영원하기 때문"이다. '언젠가는 괜찮아지겠지'라며 기다리기만 해서도 안된다. "기다리는 한 기회는 달아나기 때문"이다. 어떻게 해야 할까? 당연히 회피하지 않고 당당히 맞서야 한다. 궁극적으로는 외국인과 당당히 대화할 수준에 이르러야 비로소 영어울렁증을 극복할 수 있는 것이다. 이를 위해서는 자신의 약점을 숨기기보다 드러내고 단련하려는 용기가 필요함은 물론이다. 이렇게 정리할 수 있겠다. 고차원적인 진화를 이루고 싶은가? 그렇다면 회피하지 말고 위험과 맞서라! 약점을 숨기지 말고 드러낸 채 단련하라!

군자불기, 리더는 그릇이 되어서는 안 된다

훌륭한 리더가 되기 위해서는 자신의 경력을 잘 관리하는 것도 필요하다. 생각해보자. 조직관리를 하는 데 있어 어떤 유형의 리더가 되는 것이 좋을까? 달리 말해, 오늘날 리더는 자신의 스타일을 어느 방향으로 개발하는 것이 좋을까? 특정 분야의 전문성을 기르는 쪽이 좋을까, 아니면 두루두루 다방면에 소양을 쌓는 것이 효과적일까? 요즘 표현으로 구분한다면, '스페셜리스트(specialist)'가 좋은가, '제너럴리스트(generalist)'가 효과적일까?

흔히 현대 사회를 '전문가'의 시대라고 말한다. 아닌 게 아니라 세상이 복잡해지고 경제 규모가 커지면서 소위 '제너럴리스트'의 시대는 저물고 '스페셜리스트'가 득세하는 시대가 되었다. 아무리 경제가 어려워도 자신만의 고유한 주특기 하나만 가지고 있으면 밥 먹고 사는 데 큰 문제가 없다는 논리다. 반면 이것저것 조금씩 하는 제너럴리스트는 죽도 밥도 아니어서 먹고살기 힘들다는 이야기이기도 하다. 해서, 요즘은 '어릴 때부터 자신의 방향을 명확히 정한 후, 주특기를 살리기 위해 죽기 살기로 매진해야 한다'고 생각한다. 왜? 스페셜리스트가 되어야 하니까. 그래야 살아남을 수 있으니까.

君子不器(군자불기)

'군자는 그릇이 되지 말라' 자신의 쓰임새가 특정한 용도로 고정되어서는 안 된다는 뜻이다.

현대에는 누구나 스페셜리스트가 되어야 한다는 주장은 정말로 타당한 것일까? 이 대목에서 우리는 '군자불기(君子不器)'라고 주장했던 공자의 말을 음미해볼 필요가 있다. 군자불기, 말 그대로 '군자는 그릇이 되지 말아야 한다'는 뜻이다. 공자는 무슨 연유로 이러한 주장을 한 것일까? 흔히 그릇(器)은 각기 그 용도가 정해져 있어서 서로 바꾸어 사용할 수 없다. | 물론 어떤 이는 밥그릇을 국그릇으로 사용해도 문제없다고 우길 수도 있겠지만, 이는 와인을 막걸리 잔에 마시는 것처럼 어색한 일이다. 여기서 그릇의 의미는 특정한 기능의 소유자로 해석할 수 있다. 결국 군자는 그릇이 되어서는 안 된다는 말의 의미는 자신의 쓰임새가 특정한 용도로 고정되어서는 안 된다는 뜻이다. 요즘 식으로 말하자면, 군자는 그 쓰임새가 정해진 '스페셜리스트'가 되어서는 좋지 않다는 말이다.

요즘같이 전문성이 강조되는 시대에 '군자불기'라고 주장하는 '공자님' 말씀은 왠지 세상물정 잘 모르는 옛사람의 고리타분한 관념처럼 느껴지기도 한다. 하지만 좀 더 깊이 생각해보면, 공자의 주장이 전혀 틀린 것만은 아니다. 공자가 괜히 성인이겠는가! 지금과 같은 자본주의 경제는 경쟁과 효율성을 중요시하는 체제다. 전문성은 이러한 경쟁과 효율성이 강조되는 상황에서 생존하는 데 불가결한 선택으로 여겨진다. 이러한 관점은 올바른 것일까? 꼭 그렇지만은 않다. 생각해보자.

모든 사람이 전문성을 추구하는 것일까? 그렇지 않다. 우리가 일반적으로 믿고 있는 것과는 달리, 자본가(owner)는 전문성을 추구하지 않는다. 자본가에게 고용된 사람들만 전문성에 집착한다. 오히려 전문성을 거부하는 것이야말로 성공한 자본가들의 공통적인 특징이다. | 빌 게이츠가 그랬고 스티브 잡스가 그랬다. 자본가는 어느 한 분야에 스스로 고립되기를 철저히 거부해왔다. 물론 자본가도 입으로는 전문성을 외쳤을지 모르지만 그것은 언제나 피고용인들의 전문성을 의미할 뿐이었다.

역사적으로도 전문성은 하층민의 몫이었다. 가령 봉건 시대로 거슬러 올라가면 칼이나 활을 전문적으로 만드는 사람, 도자기를 전문적으로 빚는 사람, 배를 전문적으로 제작하는 사람 등 전문성은 대체로 노예나 평민 신분에게 요구되는 직업윤리였다. 기득권층인 귀족들은 전문가가 아니었다. 그들은 문사철(文史哲)을 두루 익히고, 시서화(詩書畵)에도 관심이 많았다. 한마디로 귀족들은 인문고전을 통해 이성적 사유 능력을 갖추고, 시서화를 통해 감성적 감각을 두루 함양한 '제너럴리스트'였다.

이런 관점으로 보자면, 오늘날 여러 분야에서 강조되고 있는 전문성 담론은 인간적 논리가 아니다. 오로지 노동생산성과 관련된 자본의 논리일 뿐이다. 혹시 이렇게 반문하는 사람이 있을지도 모르겠다. "내가 자본가가 아닌데, 전문성을 추구하는 것은 당연한 것 아닌

가?" 맞다. | 나를 포함해서 대부분의 사람들은 자본가가 아니다. 대체로 자본가에게 고용된 노동자 신분이다. 따라서 전문성을 추구하는 것은 어찌 보면 당연한 일이기도 하다. 하지만 자신이 자본가가 아니라고 해서, 맹목적으로 전문성만을 추구하는 삶의 태도는 결코 올바른 것이 아니라는 점을 잊어서는 안 된다.

왜 전문성만을 추구하는 것이 옳지 않은가? 그 이유는 그러한 태도가 본질적으로 하층 계급이 스스로를 도구적 수단으로 만든다는 점 이외에도, 전문성만을 추구하게 되면 환경 변화에 효과적으로 대처하지 못하는 위험에 노출되기 때문이다. 무슨 소리냐고? 흔히 우리는 특정 분야에 전문성을 갖추게 되면 안전하다고, 좀 더 직설적으로 표현하면 밥 벌어 먹고사는 데 큰 문제가 없을 것이라고 생각한다. 하지만 이러한 믿음은 자신이 속한 분야가 시장에서 지배적 위치에 있을 때나 통용되는 논리다. 만약 자신의 분야가 시장에서 지배적 지위를 상실하게 되면? 그때는 개인의 전문성도 별 쓸모가 없어지고 만다. 가령, 어떤 사람이 브라운관 TV의 모니터를 만드는 전문성을 가졌다고 치자. 그런데 시장에서는 브라운관 TV가 밀려나고 LCD TV가 시장 표준이 되어버리면 어떻게 될까? 그의 전문성은 시장에서 쓸모없는 기술로 전락하고 말 것이다. 이처럼 개인의 전문성은 그가 속한 분야의 시장지위에 종속된 입장이어서 개인이 가진 전문성의 깊이와는 무관하게 그 분야의 시장지위와 운명을 같이할 수밖에 없다.

사람들은 어떤 것이 복잡해지고 전문화되는 것에 대해 맹목적인 믿음을 가지는 경향이 있다. 그것은 무언가 복잡해지고 전문화될수록 더 유용하다는 생각이다. 하지만 이것은 잘못된 믿음이다. 복잡해지고 전문화될수록 오히려 유용성은 떨어지는 경우도 많다. 청소도구인 빗자루와 로봇청소기를 비교해보자. 복잡한 전자장치와 첨단 부품이 많이 사용된 로봇청소기는 분명 빗자루에 비해서 인간에게 편리함을 가져다 주었다. 허나, 문제가 없는 것은 아니다. 걸핏하면 고장이 나기 쉽고, 고장 부위를 사용자가 스스로 고치기가 어려운 경우가 많다. 고장 난 부품이 전자장치라면 개인이 고쳐서 다시 사용하기란 거의 불가능에 가깝다. 그것만이 아니다. 아무리 사소한 부분이 한 군데라도 제대로 작동하지 않으면 그로 인해 기계 전체가 올스톱 되고 만다. 사소한 문제에도 아예 무용지물이 되어버린다. 이에 반해 원시적 도구인 빗자루는 쉽게 고장 나지 않는다. 고장이 나더라도 대충 손보면 수리가 가능하고, 수리가 안 되더라도 나머지 부분만으로도 어느 정도의 기능을 유지할 수 있다. 이러한 비유는 전문성이 반드시 유용성을 의미하지 않는다는 사실을 잘 보여준다.

산업이 아무리 복잡해지고 고도화된다 할지라도 개개인이 전문화되어 부품처럼 사용된다면, 개인의 입장에서는 원하는 결과를 얻기가 어렵다. 이것이 공자가 말한 '군자불기'의 진정한 뜻이기도 하다. 리더는 군자불기라는 공자의 주장을 더욱 가슴 깊이 새겨야 한다. 조직에서 리더가 된다는 말은 누군가를 이끌어야 하는 위치에 선다는 의미인데, 이는 피고용인이 아니라 고용인, 다시 말해 경영자의 역할을 맡는다는 뜻이기도 하다. 따라서 리더라면 더욱이 스페셜리스트가 아닌 제너럴리스트가 되어야 한다. 리더가 전문성만을 고집하다가 환경 변화에 대처하지 못한다면 자신은 물론 자신을 믿고 따랐던 사람들에게도 치명적인 결과를 가져다 줄 수도 있기 때문이다.

전문성 논의를 정리하면 이렇다. 오늘날 여러 분야에서 추구하는 전문성은 인간적인 논리가 아니다. 전문성은 지배층이 아닌 하층계급에 대한 논리이며, 경쟁과 효율성의 논리다. 전문성은 안전하지도 않다. 개인의 전문성은 자신이 속한 분야의 시장 지위와 운명을 같이하는 경우가 대부분이다. 전문적일수록 용도가 한정적이어서 다른 곳에 사용하기 어렵다. 그렇다면 자본가가 아닌 지위에 있는 대다수 샐러리맨은 어떻게 해야 할까? 어느 한 분야를 고집할 필요가 없다. 전문성을 갖추면서 동시에 제너럴한 역량을 함께 갖추는 것이 필요하다. 자신이 속한 분야에 대한 깊이 있는 전문성과 지식을 갖추는 동시에 인문적인 능력, 다시 말해 '문사철'의 이성과 '시서화'의 감성을 두루 갖추는 것이 필요하다. 리더라면 더욱 '군자불기'의 정신을 잊지 말아야 한다. 인문학적 소양을 길러 환경 변화에 효과적으로 대처할 수 있는 제너럴리스트가 되어야 한다.

혹시 이렇게 반문하는 사람이 있을지도 모르겠다. "아니! 한 가지 능력을 갖추기도 힘든데, 어떻게 모두를 갖추란 말인가?" 하고 말이다. 인정한다. 요즘같이 경쟁도 심하고 개개인에게 요구하는 것이 많은 상황에서 어느 것 하나라도 제대로 갖추기가 쉽지만은 않다. 하지만 삶이 아무리 바쁘고 힘들어도 무지나 무능력이 대안이 될 수는 없다. 시간이 걸리더라도 차근차근, 하나하나, 조금씩 쌓아가야 한다. 시작이 반이라는 말도 있듯이 아무리 멀고 어려운 길도 첫발을 내딛는 것이 중요하다. 퇴계의 주장처럼 조금씩 흙을 쌓으면 산을 이루기도 하는 법이다. 리더들이여, 인문학적 소양을 길러 용도가 정해진 그릇이 되지는 말자. 君子不器!

제4부

인문학으로
리더십에 날개를 달다

Humanities
for Leaders **1**

돈으로는 진정으로
부하를 리드할 수 없다

사마천의 『사기(史記)』, 〈화식열전〉에는 이런 대목이 나온다.

"무릇 사람들은 자기보다 열 배 부자에 대해서는 헐뜯지만,
백 배가 되면 두려워하고, 천 배가 되면 그의 일을 해주고,
만 배가 되면 그의 노예가 된다."

이는 빈부 격차가 심화될수록 없는 자가 가진 자를 어떻게 대하

는지를 잘 보여주는 글이다. 자기보다 월등히 부유한 사람에게는 두려움이나 경외감을 넘어 마치 노예처럼 복종을 하기도 한다. 앞서 리더십이 부하에게 영향력을 발휘하는 기술이라 논한 것을 기억할 것이다. 사마천의 글을 보면, 상대에게 영향력을 발휘하는 가장 효과적인 수단이 '돈'이라 여겨진다. 실제 돈은 그것을 갈구하는 사람에게는 동기를 북돋아주는 기제로 작용하며, 바로 이러한 속성 때문에 상대를 자신의 뜻대로 움직이게 만드는 강력한 수단이 된다. 자본주의 사회에 와서는 돈의 힘이 무엇보다 세졌다. 돈의 힘에 대해서는 오래전 마르크스도 인정한 바 있다.

> 돈은 성실함을 성실하지 않음으로, 사랑을 미움으로, 미움을 사랑으로, 덕을 악덕으로, 악덕을 덕으로, 노예를 주인으로, 주인을 노예로, 우둔함을 총명함으로, 총명함을 우둔함으로 전화시킨다. (…) 돈은 불가능한 일들을 친숙한 것으로 만들며, 자신과 모순된 것들에게 자신과 입 맞추도록 강요한다.
>
> ―마르크스, 『경제학-철학 수고』

마르크스에 따르면, 돈은 가치를 전도하는 힘을 가졌다. 돈만 있으면 미움을 사랑으로 바꿀 수도 있고 악덕을 덕으로 바꿀 수도 있다. 돈은 주인과 노예의 신분까지 역전시키기도 한다. 쉽게 말해, 돈만 있으면 왕 노릇까지 할 수 있다. 왜 그럴까? 돈의 속성 때문이다. 마르크스의 말처럼 돈은 "불가능한 일들을 친숙한 것으로 만들기도 하고 자신과 모순된 것들과도 입 맞추도록 강요하는" 신묘한 힘을 가졌다. 대체로 사람들은 돈만 준다면 아무리 어려운 일도 기꺼이 감내한다. 평소라면 절대 하지 않았을 일도 싫은 내색 없이 아무렇지 않은 듯 해낸다. 이러한 돈의 힘을 간파한 사람은 돈에 집착한다. 그것만 있으면 타인을 마음대로 부릴 수 있기 때문이다.

이 대목에서 생각해보자. 타인에게 영향력을 발휘하는 수단으로 '돈'은 가장 효과적인 방법일까? 결론부터 말하면, 절대 그렇지 않다. 대부분의 사람이 돈에 목을 매는 현실이라 돈의 압도적인 영향력이야 부인하기 어렵지만, 그렇다고 해서 그런 사실이 돈의 효과성을 증명하는 것은 아니다. 거래적 리더십이 그러하듯이, 사람들은 돈의 충실한 하인이 되기도 하지만 그렇다고 무작정 충성하지도 않는다. 자신이 기대한 것보다 큰돈이 주어지는 경우라면 기꺼이 고개를 조아리지만 그것이 주어지지 않거나 기대한 것보다 적게 주어지면 언제든 안면을 바꾸기도 한다. 한편, 돈을 수단으로 영향력을 발휘한 경우라면 사람에게 복종하는 것이 아니라 돈에 굴복했다고 보는 편이 맞다. 돈이 있을 때만 고개를 숙일 뿐 그것이 사라지면 영향력도 연기처럼 사라진다. 돈에 의한 리더십은 그 효과가 제한적이고 변덕스러울 수밖에 없다.

결국 돈으로는 진정한 리더십을 세우기 어렵다. 뿐만 아니라 돈으로는 진정한 사랑도, 존경도, 우정도 얻을 수가 없다. 요컨대 돈으로 쌓은 관계는 돈이 사라지면 관계도 끊어진다. 고로, 우리가 고민해야 할 것은 어떻게 하면 진정한 관계를 만들 수 있는가, 어떻게 하면 진정한 리더십을 확립할 수 있는가, 어떻게 하면 보다 근본적인 동기부여를 할 수 있는가 하는 일이다.

Humanities
for Leaders **2**

부하를 동기부여 하는
두 개의 손잡이二柄

사람은 무엇으로 모티베이션(motivation)되는 것일까? 당연한 말이지만, 타인에게 좋은 영향력을 발휘하기 위해서는 '동기부여'의 개념을 잘 알아야 한다. 동기부여란 '자극을 주어 사람을 행동하게 만드는 일'을 뜻한다. 이때 어떠한 자극이 효과적인가에 대해서는 개인마다 생각이 다를 것이다. 사람들은 어떤 자극에 잘 반응할까? 독일의 문호 괴테는 사람을 움직이게 하는 동인을 크게 두 가지로 통찰했다.

"인간을 움직이게 하는 두 개의 지렛대가 있다. 그것은 바로 '공포'와 '이익'이다."

그에 따르면, 사람은 공포를 느끼거나 이익이 될 때 기꺼이 행동한다. 가령 총으로 위협하는 은행강도 앞에서 은행원은 기꺼이 금고문을 열고, 애정 표현을 잘하지 않으면 결별하겠다는 애인의 경고에 기꺼이 비싼 반지를 생일 선물로 바치기도 한다. 성적이 떨어지면 혼을 낸다는 부모의 말은 놀기 좋아하는 자녀를 책상 앞에 앉게 만든다. 이처럼 사람들은 무엇인가 공포를 느끼면 그 상황을 회피하기 위해 행동한다.

이익 앞에서 인간은 고분고분해진다. 두둑한 성과급을 받을 기대로 야근을 밥 먹듯이 하기도 한다. 아무리 까다로운 고객이라도 자기에게 큰돈을 안겨준다면 상냥한 얼굴로 대면한다. 자신에게 이익이 된다면 고통도 참고 비굴함도 감내한다. 심지어 비도덕적인 일까지 자행하는 경우도 있다. 극단적인 경우에는 파우스트처럼 악마에게 영혼을 팔 수도 있다. 할 수만 있다면 말이다. 요컨대 공포와 이익은 인간을 행동하게 만드는, 효과적인 모티베이션 수단이 된다. 공포와 이익이 사람을 다스리는 데 있어 효과적이라는 사실은 약 2,300여 년 전에 법치(法治)의 통치철학을 설파했던 사상가인 한비자(韓非子)도 간파하고 있었던 바다.

> 현명한 군주가 신하를 제어하기 위하여 의존할 것은 두 개의 권병(權柄)뿐이다. 두 개의 권병이란 형(刑)과 덕(德)이다. 무엇을 일컬어 형과 덕이라 하는가? 처벌하여 죽이는 것을 '형'이라 하고 칭찬하여 상 주는 일을 '덕'이라 한다. 신하 된 자는 처벌을 두려워하고 상 받는 것을 이득으로 여긴다. 그러므로 군주가 직접 형을 집행하고 덕을 베푼다면 신하들은 그 위세를 두려워하여 이득을 얻는 쪽으로 돌아오게 될 것이다.
>
> -『한비자』, 〈이병(二柄)〉

한비자가 말하는 권병(權柄)이란 '권력의 수단'을 의미한다. 그에 따르면, 신하를 다스리기 위해서 군주는 '형(刑)'과 '덕(德)'이라는 두 가지 수단을 잘 활용해야 한다. 형이란 처벌하여 죽이는 것을 말하는데, 공포를 주는 수단이다. 덕이란 칭찬하여 상 주는 일을 말하는데, 이익을 제공하는 수단이다. 군주가 형과 덕을 효과적으로 사용하면 신하들은 공포를 피하고 이익을 얻기 위해 군주의 뜻에 잘 따르게 된다는 논리다. 형과 덕, 두 가지의 병기로 강력한 법치를 시행하라는 한비자의 사상을 수용한 진시황은 그 덕분에 전국을 통일함으로써 550여 년 간의 춘추전국시대에 마침표를 찍을 수 있었다.

춘추전국시대의 역사적 사실을 근거로 들어서 형과 덕이 인간을 행동하게 만드는 데 가장 효과적인 수단이라고 말할 수 있는가? 달리 말해, 공포와 이익이 사람을 움직이게 만드는 가장 효과적인 방법인가? 그렇지 않다. 역사적으로도 그렇다. 형과 덕이라는 이병으로 전국을 통일한 진나라는 그 후 불과 15년만에 멸망하고 말았다. 형과 덕, 공포와 이익이라는 두 가지 무기가 춘추전국시대의 혼란기에는 나름 효과적인 수단이었는지 모르겠으나 안정기에 접어든 전국통일시대에는 효과적이지 못했다. 이러한 사실을 통해 유추하면, 시대 상황이나 환경에 따라 바람직한 리더십 수단도 달라질 수 있음을 알 수 있다.

그렇다면 사람은 무엇에 움직이는 것일까? 경영학에서는 사람을 움직이게 만드는 수단을 '동기부여(motivation)'라고 부른다. 동기부여란 사람을 활동하도록 자극하여 의도하는 목표로 향하게 하는 것을 말한다. 사람은 무엇을 하고자 하는 욕구(欲求)가 일어날 때 일하려는 동기, 즉 동인(動因)이 생긴다. 인간의 욕구를 자극함으로써 행동하게 만드는 동인이 바로 동기부여 수단이 된다. 동기부여 수단은 크게 두 가지로 구분할 수 있다. 내재적 동기부여와 외재적 동기부여가 그것이다.

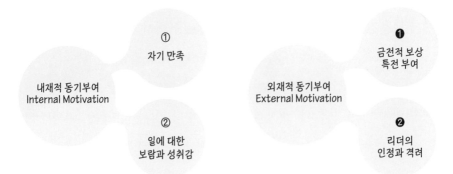

<동기부여의 두 가지 수단>

내재적 동기부여는 행위자의 내면에서 동인이 발생한 것으로 주로 자기만족이나 일에 대한 보람, 성취감 등이 여기에 해당한다. 가령, 자신의 형편이 넉넉하지 않음에도 어려운 사람을 돕거나 기부에 앞장서는 사람이 간혹 있다. 그는 왜 굳이 그러한 행동을 할까? 여러 요인이 있겠지만 분명한 것은 그러한 선행이나 기부활동이 스스로에게 만족감을 주기 때문이다. 힘들고 어려운 일을 해낸 후 보람이나 성취감을 느낀 사람은 다음에 또 그런 기회가 주어지면 망설임 없이 시도하려 한다. 고통과 역경이 따르더라도 이루고 난 뒤, 얻게 되는 보람이나 성취감을 다시 맛보기 위해서다. 이렇게 외부의 힘 때문이 아니라, 내면에서 솟아나는 무언가로 인해 행동하는 경우,

그 요인을 '내재적 동기부여'라 한다. 조직에서 내재적으로 동기부여된 사람이라면 리더가 아무런 지시 없이 내버려두어도 스스로 열심히 일하게 된다. 그를 움직이게 하는 동인이 리더에게 있는 것이 아니라 행위자의 내면에 이미 존재하고 있기 때문이다.

그런데 모든 사람이 내재적 동기부여 상태가 되기를 기대할 수는 없다. 스스로 동기를 갖지 못하는 사람에게는 외부적 힘이 필요하다. 내재적 동기부여와 달리 외부의 무엇인가에 의해서 행위자를 움직이게 하는 요인을 '외재적 동기부여'라 한다. 주로 금전적 보상이나 특전의 부여, 리더의 인정과 격려 등이 여기에 해당한다. 열심히 일한 사람에게 추가적인 성과급이 주어진다거나 상위 직급으로 승진할 수 있다는 약속이 주어진다면 그렇지 않은 경우보다 열심히 일하게 된다. '칭찬은 고래도 춤추게 한다'는 말이 있듯이 타인에 의한 인정과 격려는 행위자로 하여금 더욱 신이 나서 일하게 만든다.

현실적으로는 외재적 동기부여 수단인 ❶ 보상/특전과 ❷ 인정/격려는 그것의 효과나 활용성 측면에서 큰 차이가 있다. 전자의 수단은 대체로 효과가 즉각적인 반면 리더가 마음대로 활용하는 데 일정한 한계가 있다. 대부분의 조직에서는 리더에게 보상/특전이라는 동기부여 수단을 활용할 수 있는 권한이 주어진다. 하지만 무한정 주어지는 것이 아니라 제한적으로 주어질 뿐이다. 자원의 한계나 권한의 남용 가능성, 보상의 형평성 문제 등으로 인해 현장에 있는 리더에게 마음대로 보상할 수 있는 권한이 주어지는 경우는 극히 드물다. 따라서 뛰어난 리더는 보상/특전보다는 인정/격려라는 수단을 더 많이 활용한다. 리더의 인정과 격려는 일반적으로 그 효과 면에서 전자의 수단보다는 상대적으로 낮을 수 있지만, 활용에 한계나 제한이 없어서 무한정 사용할 수 있다.

드물기는 하지만, 인정과 격려를 잘 사용한 경우 보상이나 특전보다 효과가 더 큰 경우도 있다. 리더의 인정과 격려는 자존의 욕구나 자아실현의 욕구 등 보다 높은 수준의 욕구를 자극하는 데 효과적이기 때문이다. 미국의 심리학자인 매슬로우(Abraham Maslow)는 '인간의 동기부여에 관한 이론'에서 인간의 욕구를 총 다섯 단계로 구분하고, 그것을 위계화했다. 그가 구분한 다섯 단계는 가장 낮은 수준부터 ① 생리적 욕구(Physiological Needs), ② 안전의 욕구(Safety Needs), ③ 소속과 사랑의 욕구(Belonging and Love Needs), ④ 존중의 욕구(Esteem Needs) 그리고 마지막 가장 높은 단계인 ⑤ 자아실현의 욕구(Self-actualization Needs)로 구분했다. 외재적 동기부여 수단으로서 보상/특전은 주로 생리적 욕구의 충족을 지향하지만, 인정/격려는 존중의 욕구나 자아실현의 욕구를 겨냥하는 경우가 많다. 즉 보다 높은 차원의 욕구를 자극한다. 그렇기 때문에 보다 효과적일 수 있다. 유능한 리더는 어떻게 하면 보다 높은 수준의 욕구를 자극하고 이를 충족시킬 것인가를 고민해야 한다.

효과적인 동기부여 방법을 알고 싶은 리더를 위해 독일 철학자인 악셀 호네트(Axel Honneth)의 '인정이론'을 소개할까 한다. 악셀 호네트는 개인의 자아실현을 가능하게 하는 조건으로 '인정'과 '무시'를 들었다. 그가 말하는 인정이란 '개인이나 집단의 자기의식이나 정체성과 관련하여 상대방을 긍정하는 행동'을 뜻한다. 가령, 어쩌다가 잘못을 저질렀다고 치자. 다른 사람들은 대부분 "어떻게 그럴 수가 있는가" 하면서 멸시의 눈빛을 보낸다. 이와 달리 가족이나 가까운 지인 | 친구나 애인은 "살다 보면 실수할 때도 있는 거지"라며 대수롭지 않게 여기며 따뜻하게 대해준다. 이때 가족과 지인이 보이는 태도가 '인정'이다. 잘못을 한 자신에게 여전히 온화하게 긍정해주는 존재는 안정감을 주면서 동시에 스스로를 긍정하게 만든다. 사람은 기본적으로 타인에게 인정받고 싶어 하는 존재다. 타인의 인정을 통해 집단 속에서 자신의 정체성을 확인할 수 있기 때문이다.

인정과 반대되는 경험이 '무시'다. 무시란 '인정받고 싶어 하는 사회적 기대가 타인에 의해 무산되는 체험'이라 할 수 있다. 가령 노래방에서 열심히 노래를 부르는데 아무도 듣지 않고 자기들끼리 이야기만 하고 있다든지, 생일인데도 아무도 축하의 말을 건네지 않는 경우에 느껴지는 감정이 바로 '무시'다. 사람들은 누군가에게 무시당했다는 느낌이 들 때 상처를 받고, 자신을 무시한 상대를 증오하게 된다. 그 결과, 자신을 무시한 사람이나 집단과의 관계를 차단하고 그들로부터 벗어나고 싶어 한다. 노래방에서 자신의 노래를 아무도 들어주지 않을 때, 마이크를 던지고 뛰쳐나가고 싶은 심정과 같다. 호네트는 이러한 태도를 '사회적 투쟁'이라고 표현했는데, 사회적 투쟁의 결과는 소속감 파괴와 자존감 하락으로 이어진다. 이는 또, 결국 자신에 대한 부정적 정체성으로 귀결된다. 요컨대 무시보다는 인정이 상대방의 자기의식과 정체성을 고취시킴으로써 긍정적인 동기부여로 이어진다.

전한시대 유향(劉向, BC 77~BC 6)이 편찬한 『전국책(戰國策)』이라는 책에는 "무사는 자기를 알아주는 사람을 위해 죽는다"는 말이 있다. 호네트의 인정이론의 동양 버전인 셈이다. 내용은 이렇다.

진나라 필양(畢陽)의 후손 가운데 예양(豫讓)이라는 사람이 있었다. 그는 지백(知伯)을 모셨는데, 지백이 그를 매우 아꼈다. 나중에 조양자(趙襄子)가 지백을 죽였고, 예양은 산으로 도망쳤다. 예양은 "무사는 자기를 알아주는 사람을 위해 죽고, 여자는 자신을 사랑해 주는 사람을 위해 화장을 하는 법(士爲知己者死(사위지기자사) 女爲悅己者容(여위열기자용)). 내가 주군의 원한은 반드시 갚고야 말겠다"라며 맹세한다.

이후 예양은 이름을 바꾸고, 온몸에 칠을 하고 석탄을 삼켜 다른 사람들이 알아보지 못하도록 하였다. 그러나 몇 번 조양자를 찌르고자 하였으나 모두 조양자에게 발각되고 말았다. 조양자는 그가 의리있는 사람이라고 생각하여 죽이지 않았다. 예양이 마지막으로 조양자를 찔렀을 때 조양자가 이렇게 물어봤다.

"너는 일찍기 범(范)씨와 중행(中行)씨도 모신 적이 있지 않느냐. 지백이 그들을 모두 죽였을 때, 너는 그들을 위하여 복수하지도 않고, 오히려 지백의 신하가 되었었지 않느냐. 그런데, 왜 지백이 죽자 너는 그 복수를 반드시 하려고 하는 것인가?"

이에 예양이 말하기를 "나는 범씨와 중행씨를 모신 적은 있다. 그러나 그들은 모두 나를 여러 신하 중의 한 명으로 대우해 주었으며, 나도 여러 신하와 마찬가지로 그들을 모셨다. 그러나 지백은 나를 국사로 인정해주었고, 나도 국사로서 그에게 보답하고자 하는 것이다."

원래 범씨, 중행씨는 예양의 지기는 아니었다. 그러나 지백은 그를 국사로 보아주었고, 진정한 지기(知己)였던 것이다. 그러므로 그는 자신의 죽음으로 그에게 보답하고자 한 것이다.

-유향, 『전국책(戰國策)』

자신을 알아준 사람, 즉 자신을 인정해준 사람을 위해 목숨까지 바친 예양의 사례가 요즘의 눈으로 보면 지나치게 극단적으로 보이기도 한다. 하지만 다른 사람을 인정해 준다는 것이 얼마나 큰 힘을 발휘하는지를 잘 보여주는 사례인 것만은 분명하다. 사람은 왜 인정 받기를 원하는 것일까? 그것은 인정 욕구가 인간이라면 누구나 가지는 보편적인 욕구이기 때문이다. 이는 동서양을 막론하고 동일하게 적용되는 원칙이다. 리더라면 인정 욕구의 중요성을 잘 이해하고 어떻게 현장에서 활용할 수 있을지를 고민해보는 것도 효과적인 리더십을 발휘하기 위한 한 가지 방법이다.

Humanities
for Leaders **3**

인간은 자신을 행복하게 만드는 사람에게 끌린다

"여자의 마음은 알다가도 모르겠어!" 남자들이 자주 하는 말이다. 수시로 변하는 그녀의 기분 탓에 난처한 상황을 경험해 본 사람이라면 대부분 공감할 것이다. 아닌 게 아니라, 남성과 달리 여성은 사소한 것에도 감정이 백팔십 도 돌변하기도 한다. 그래서 여성의 마음을 갈대에 비교하기도 한다. 그런데 이는 편견에 불과하다. 남성도 같대다. 그래서 앞의 말은 남녀 구분 없이 인간 일반으로 확장해도 틀리지 않는다. "인간의 마음은 알다가도 모른다." 앞서 예양의 사례에도 보듯이 인정이 뭐 대수라고 목숨하고도 바꾸려 들까? 하지만 현실을 가만히 들여다보면 사람의 마음은 정말 알다가도 모를 일 투성이다. 아니라고?

백화점에서 수백만 원짜리 명품가방은 별 대수롭지 않게 질러대면서 시장에서 콩나물 천 원어치를 살 때는 많이 달라고 떼를 쓴다. '단란한(?)' 술집에서 수십만 원짜리 양주는 거침없이 '한 병 더!'를 외치면서, 새벽에 집에 가려고 택시를 탈 때는 모범택시비가 아까워서 일반택시를 기다린다. 도통 이해되지 않는 일 투성이지만, 어쩌겠는가? 인간이란 녀석이 그렇게 생겨 먹었는 걸. 이처럼 인간은 합리적인 듯 보이지만 때때로 비이성적인 모습을 보일 때가 있다. 하지만 우리는 이점을 명심해야 한다. 알다가도 모를 인간의 마음을 제대로 이해해야 동기부여도 가능하다는 사실을. 왜? 동기부여의 끌림 현상은 마음의 작용이기 때문이다.

인간을, 아니 인간의 마음을 제대로 이해하기 위해서 몇 가지 본질적인 질문에 답하면서 생각을 펼쳐보자. 질문을 할 테니 각자 성실히 답해보자.

[질문 하나] 왜 사십니까?

이 질문에 선뜻 답변이 나오기보다 당황스러움을 느끼는 사람이 있을 것이다. 단순해 보이지만 쉽게 답하기는 어려운 질문이기 때문이다. 왜 사느냐는 질문에 그럴싸한 답을 하려면 평소 삶의 본질에 대해 깊은 고민이 있어야 한다. 하지만 나를 포함해서, 대다수의 사람들은 삶의 본질에 대해 깊이 생각해 본 적이 없거나 그럴 여유가 없다. 왜? 먹고사는 문제가 더 바빠서다. 의식주에 대한 현실적 문제가 항상 어깨를 짓누르기 때문에 한가하게(?) '왜 사느냐?'는 답도 없어 보이는 질문을 받거나 하는 일이 없다. 그렇다면 좀 더 답변하기 쉬운 것으로 질문을 하나 더 하겠다.

[질문 둘] 일은 왜 하십니까?

다행히 두 번째 질문은 답변하기가 쉽다. 일은 왜 하냐고? 뻔하지 않은가? '먹고살기 위해서'다. 먹고사는 문제만 해결된다면 스트레스와 고통의 근원인 '일'을 그만두겠다고 생각하는 이도 적지 않을 것이다. 실제 사람들에게 물어봐도 대부분 '먹고살기 위해서'라거나 '가족을 위해서'라고 답한다. '꿈을 위해서'라거나 '자아 실현을 위해서'라고 답하는 경우는 극히 드물다. 먹고사는 문제가 발목을 잡고 있기에 꿈이나 자아 실현과는 거리가 먼 노동을 하고 있는 셈이다. 다소 과장되게 말한다면 오늘날 대다수 직장인은 먹고살기 위해 직장을 다니고, 가족을 위해 일한다. '하고 싶어서'가 아니라 '어쩔 수 없이' 일한다. 안타깝지만 이게 현실이다.

단순해 보이는 질문이지만, 이 두 질문을 통해 오늘날 대부분의 직장인들이 직면하고 있는 현실이 잘 드러난다. 대다수 직장인들은 자신이 왜 사는지도 모른 채, 꿈이나 자아 실현과는 거리가 먼 일에 종사하면서 고통을 묵묵히 감내해내고 있다. 이러한 현실을 보면 프랑스 작가인 알베르 카뮈의 지적이 마냥 비아냥처럼 들리지 않는다. 그는 현대인의 삶이 '시지프스(Sisyphus)'의 그것과 닮았다고 주장했다. "오늘날의 노동자는 생애의 그날 그날을 똑같은 일에 종사하며 산다. 그 운명도 시지프스에 못지않게 부조리한 것이다."

아닌 게 아니라, 현대를 살아가는 직장인의 일상을 보노라면 시지프스를 보는 것 같다. 시지프스는 그리스 신화에 나오는 코린토스의 왕으로, 신들을 기만한 죄로 인해 죽은 뒤 커다란 바위를 산꼭대기로 밀어 올리는 형벌을 받는다. 하지만 그 바위는 정상에 다다르면 다시 아래로 굴러 떨어지고 만다. 따라서 그는 떨어진 바위를 다시 밀어 올리는 일을 끝없이 반복해야 한다. 영원히 끝나지 않고 되

풀이 되는 형벌을 받고 있는 것이다. 우리의 삶이 단지 먹고살기 위해 매일매일 의미 없는 노동을 반복하고 있다면, 우리의 모습도 시지프스와 별반 다르지 않은지도 모른다. 그렇지 않은가? | 아니면 다행이고…

　　여하튼 이런 질문을 던진 이유는 삶의 본질에 대해 숙고해보기 위함이다. 현실이 아무리 바쁘고 정신이 없어도 때때로 '나는 왜 사는지', '내 인생은 어디를 향해 나아가고 있는 건지', '지금처럼 살면 내가 원하는 대로 살 수 있는 건지' 등 본질적인 질문을 던지면서 살아야 하지 않을까? 철학자 니체는 인생에서 스스로에게 '왜(Why)?'라는 질문을 던지는 일이 무엇보다 중요하다고 말한다. 자신의 존재이유를 명확히 인식한 사람은 어떻게 살아가야 할지에 대한 방법도 잘 찾기 때문이다.

> 삶에서 자신의 존재 이유인 '왜냐하면(Why)'을 가진 자는 거의 모든 방법, 거의 모든 '어떻게(How)'를 견뎌낼 수 있다.
>
> -니체, 『우상의 황혼』

　　니체의 주장을 단순하게 말한다면, 삶에서 진짜 중요한 질문은 '어떻게(How)'가 아니라 '왜(Why)'이다. '왜'라는 질문에 답을 구한 사람이라면 '어떻게'도 잘 찾거나 견뎌내기 때문이다. 생각해보자.

삶의 본질에 대해 숙고해보기 위해 현실이 아무리 바쁘고 정신이 없어도 때때로 '나는 왜 사는지', '내 인생은 어디를 향해 나아가고 있는 건지', '지금처럼 살면 내가 원하는 대로 살 수 있는 건지' 등 본질적인 질문 올 딘지면서 살아야 한다.

대다수 직장인들은 평소 '왜'라는 질문을 많이 던지며 살까, '어떻게' 라는 질문을 많이 할까? 이 질문에 대한 대답은 당연히 '어떻게'다. 사람들은 대체로 '어떻게' 하면 돈을 많이 벌까, '어떻게' 하면 좋은 대학을 가고 좋은 직장에 취직할 수 있을까, '어떻게' 하면 좋은 배우 자를 만나고, '어떻게' 하면 출세할 수 있을까를 고민한다. '어떻게'에 대한 방법을 찾는데 골몰할 뿐, 삶의 본질과 관계 있는 '왜'라는 질문 은 거의 던지지 못하며 산다. 그렇지 않은가?

'왜 사는가, 일은 왜 하는가' 라는 두 가지 질문을 통해서 강조하 고 싶은 부분은 삶의 본질을 잘 아는 것이 인생을 사는 데 있어서 무 엇보다 중요하다는 점이다. 삶의 본질을 제대로 이해하기 위해서는 '왜 사는지' 등의 본질과 관련된 질문을 던져보고 답을 해보는 일이 필요하다. 이러한 질문과 답변의 과정에서 자신이 바라는 삶의 방향 과 현재 위치에 대해서 생각해 볼 수 있기 때문이다. 하지만 대부분 의 직장인들은 그런 기회조차 갖지 못한다. 먹고살기 바쁘기 때문이 다. 먹고사는 문제 때문에 정작 삶에서 중요한 질문을 외면하고 사 는 셈이다. 하지만 모두가 그러는 것은 아니다. 일반인과는 달리 삶 의 본질적인 질문을 던지며 답을 찾기 위해 노력하는 사람들이 있 다. 주로 철학자나 종교인들이 그러한 특성을 보이는데, 그들의 주장 에는 공통점이 있다.

그리스 철학자 아리스토텔레스라면 '왜 사는가?' 하는 질문에

'행복을 얻기 위함'이라고 답할 것이다. 그는 『니코마코스윤리학』에서 다음과 같이 주장한다.

> "사실 행복을 제외하고는 모든 것은 수단으로 선택하고 있는 것이다. 행복은 궁극적인 목적이기 때문이다."

그에게 있어 궁극적인 삶의 목적은 단연코 '행복'이다. 만약 '일은 왜 하는가?' 하는 질문을 받는다면, 그 역시 '행복해지기 위해서'라고 답했을 것이다. 그의 말처럼, 일도 결국에는 행복에 이르기 위한 수단이기 때문이다. 사실 일반인들의 대답도 유추하여 풀이하면, 아리스토텔레스의 주장에 이르게 된다. '일은 왜 하는가'라는 질문에 흔히 '돈 때문에'라고 답한다. 돈은 왜 필요한 것일까? 개인마다 표현은 다를 수 있지만 바로 '행복' 때문이다. 행복에 이르는 수단으로 돈이 필요해서 일을 하는 것이다. 결국 모든 인간이 살아가는 이유도, 일을 하는 이유도 모두 '행복' 때문이다. 일반인의 인생도 아리스토텔레스의 주장과 마찬가지로, 삶의 본질은 행복에 있다.

삶의 본질은 행복에 있으며, 다른 동물과 달리 인간만이 행복을 추구한다면 우리는 인간을 '호모 해피쿠스'라고 불러도 좋겠다. 따라서 우리가 진정으로 인간답게 살기 위해서는 '행복'에 대해서 좀 더 깊이 숙고해볼 필요가 있겠다. 행복은 무엇일까? 초기 기독교의 교

아리스토텔레스_BC 384~BC 322

고대 그리스의 철학자. 그는 누구도 하지 못한
체계적이고 방대한 주제에 대한 연구를 우리
에게 물려준 정치철학의 대가이다. 아리스토
텔레스는 절대 진리를 고집하지 않는 태도, 전
문성과 관련 없이 누구나 행사할 수 있는 대중
적인 리더십 등에 대한 논의로 현대 사회를 살
아가는 우리들에게 많은 시사점을 던진다.

부(教父)로 알려진 아우구스티누스는 『고백록』에서 시간에 대해 다음과 같이 평했다.

"시간이란 무엇인가? 아무도 내게 묻는 자가 없을 때는 아는 것 같다가도, 막상 묻는 자가 있어서 설명하려고 하면 나는 알 수가 없다."

그는 우리가 시간에 대해 잘 알고 있는 것 같지만 막상 물어보면 답하기가 쉽지 않다고 보았다. 이 점에서는 행복도 비슷하지 않을까? 행복이 무엇인지 잘 알고 있는 것 같지만 막상 대답하려고 하면 표현하기가 쉽지 않다. 다시 한 번 물어보자. 행복이란 무엇일까?

사전을 찾아보면 행복(幸福)에 대한 첫 번째 정의가 '복된 좋은 운수'라고 되어 있다. 행복의 사전적 정의가 이러하다 보니, 사람들은 행복과 행운을 혼동하는 경우가 있다. 하지만 행복과 행운은 엄연히 다르다. 행운(幸運)은 말 그대로 '좋은 운수'다. 운(運)은 '인간의 힘으로는 어쩔 수 없는 기운'이기에 개인의 바람이나 노력과는 무관하다. 간절히 바라거나 노력한다고 로또 복권 1등에 당첨되지 않는 것과 같은 이치다. 행복은 그렇지 않다. 행복은 자신의 노력 여하에 따라 얻을 수도 있다. 행복이 아닌 행운에 의존하는 사람은 자신이 원하는 삶을 살기 어렵다. 인생을 운에 맡겨두었기에 행복을 위한 노력을 게을리하기 때문이다. 다른 노력 없이 매주 로또 복권 당첨만을 기다리는 사람이 여기에 해당한다. 행복은 그것을 이루기 위해 노력한 사람에게만 주어지는 것이다.

아리스토텔레스 이후로 삶의 본질인 행복에 대해서 숙고했던 철학자가 매우 많다. 대표적인 사람이 스피노자다. 그는 행복이 매우 힘들고 드물다고 잘라 말했다. 먼저 그의 주장을 들어보자.

> 만일 행복이 눈앞에 있다면 그리고 큰 노력 없이 찾을 수 있다면, 그것이 모든 사람에게서 등한시되는 일이 도대체 어떻게 있을 수 있을까? 그러나 모든 고귀한 것은 힘들 뿐만 아니라 드물다.
>
> -스피노자, 『에티카』

위 인용문은 스피노자의 주저인 『에티카』 5부 〈지성의 능력 또는 인간의 자유에 대하여〉의 맨 마지막에 나오는 문장이다. 이 말은 얼핏 보면 행복과 같이 고귀한 것은 얻기가 힘들다는 의미로 이해되지만, 스피노자는 인간의 정신능력에 대한 영원성을 강조한 표현이다. 그는 "신을 향한 사랑은 정신의 영역에서 최고로 중요한 자리를 차지해야 한다"고 말하면서, 그러한 고귀한 정신은 엄청나게 어렵고 불가능해 보이지만 결국에는 찾아내야만 한다고 주장했다.

행복도 이와 같이 않을까? 공리주의 철학자로 잘 알려진 존 스튜어트 밀은 "나는 지금 행복한가 하고 자기 자신에게 물어보면 그

순간 행복하지 못하다고 느끼게 된다"고 말했다. 그만큼 행복하다고 느끼기란 스피노자의 주장처럼 "힘들고도 드문" 일이다. 헤르만 헤세도 "그대가 행복을 추구하는 한, 그대는 언제까지나 행복해지지 못한다"고 말했을 정도로 행복은 아무렇게나 쉽게 주어지지 않는다. 생각해보면 헤세의 주장은 타당한 면이 있다. 우리는 언제 행복에 대해 고민하고 생각할까? 행복한 순간일까, 불행한 순간일까? 대체로 후자다. 행복한 사람은 그것을 '의식'하지 않는다. 만약 행복을 '의식'하고 있는 상태라면, 행복은 이미 나의 곁에 없다. 좀 고상하게 표현하면, 행복은 '의식의 대상'이 아니며, 언제나 기대되거나 회고될 뿐이다. '행복했으면 좋겠다!'라거나 '그때는 참 행복했었지!'라는 식이다.

질문을 바꾸어 보자. 스스로 행복하다고 느끼는 사람이 많을까, 불행하다고 느끼는 사람이 많을까? 아마 스스로 행복하다고 여기는 사람보다는 자신이 불행하다고 생각하는 이가 더 많을 것이다. 쇼펜하우어가 말했듯이 "우리의 삶은 무난한 축복과 안전을 쓸데없이 어지럽히는 작은 사건의 연속"이기 때문이다. 살다 보면 얼마쯤의 걱정과 고뇌는 항상 우리 곁을 떠나지 않는다. 손을 뻗어 잡으려고 하는 것은 모두 우리에게 저항한다. 돈이 그렇고, 사랑이 그렇고, 하는 일이 그렇다. 그래서 좀처럼 행복감을 느끼기가 힘들다. 이러한 현실 때문에 스피노자는 행복에 대해 "힘들 뿐만 아니라 드물다"고 표현했는지도 모르겠다.

삶의 본질인 행복이 실제로는 쉽게 찾기 힘든 현실에서 우리는 어떻게 해야 할까? 정말 인생에서 행복을 얻는 방법은 없는 것일까? '알랭'이라는 필명으로 더 유명한 프랑스 철학자 에밀 사르티에로부터 약간의 힌트를 얻을 수 있다. 알랭은 그의 책 『행복론』에서 불행은 쉽게 주어지는 반면, 행복은 쉽게 주어지지 않는다고 말했다.

> 불행해지고 불만스러워지는 것은 어려운 일이 아니다. 사람들이 즐겁게 해주길 기다리는 왕자처럼 앉아 있기만 하면 된다. (…) 그러나 행복하게 된다는 것은 언제나 어려운 일이다. 나에게 분명한 것은 행복해지기를 원치 않으면 행복해질 수 없다는 것이다. 그러므로 우선 자기가 행복해지길 원하고 이를 만들어 가야 한다.
>
> -알랭, 『행복론』

알랭에 따르면, 불행해지기란 매우 쉽다. 가만 있으면 된다. 하지만 행복은 그렇게 찾아오지 않는다. 자신이 행복을 원하고 만들어 가야 한다. 그의 주장을 들어보면 대다수 사람들이 불행해지는 이유를 짐작할 수 있다. 왜 그런가? 가만히 앉아서 기다리기 때문이다. 그래서 행복이 아닌 불행이 찾아와 우리를 고통에 빠뜨린다. 이제 방향이 분명해졌다. 행복해지려면 어떻게 해야 할까? 가만히 기다리

지 말고 행복을 찾아 나서야 한다. 언제? 지금 당장. '롸잇나우!'

행복을 찾아 나서기 위해 먼저 '사람은 언제 행복해지는가'에 대한 논의부터 시작해보자. 사람은 언제 행복할까? 어떤 상황이 행복한 상태일까? 러시아의 대문호 톨스토이는 그의 책『행복』에서 인생에서 가장 중요한 질문으로 다음 세 가지를 꼽았다.

1. 가장 중요한 시간은?
2. 가장 중요한 사람은?
3. 가장 중요한 일은?

세 가지 질문에 대한 톨스토이의 대답은 이렇다. (1)지금, (2)당신과 함께 있는 사람, (3)당신을 행복하게 하는 것. 여기서 세 번째 답변에 대해 한 번 더 구체적으로 물어보자. 가장 중요한 일에 해당하는 '당신을 행복하게 하는 것'은 도대체 무엇일까? 이 질문에 개인마다 여러 대답이 있겠지만, 아무래도 가장 먼저 떠오르는 대답은 이것 아닐까? "자신이 진정으로 하고 싶은 일을 하며 사는 것." 이렇게 표현할 수 있겠다. 자신이 진정으로 하고 싶은 일을 하며 사는 사람이 가장 행복한 사람 아닐까? '가장'이라고 꼬집어 말하기 어려울지 몰라도, 그런 이가 '행복한 사람'인 것만은 틀림없을 것이다. 영국의 고전 경험론의 창시자라고 불리는 프랜시스 베이컨은 "사람의 천성과 직업이 맞을 때 행복하다"고 말했다. 그의 시각에서도 천성에 맞는 직업, 다시 말해 자신이 좋아하는 일을 직업으로 가진 사람은 행복한 사람이다. 그렇지 않은가? 자신이 좋아하는 일을 하면서 그것으로 밥벌이도 해결된다면, 이보다 좋은 상태가 또 있을까 싶다.

여기서 질문 하나 하자. 당신이 지금 하고 있는 일은 진정으로 하고 싶었던 일인가? 아마 이 질문에 "Yes"라고 답하는 사람은 흔치 않을 것이다. 주변을 둘러봐도 자신이 진정으로 하고 싶은 일을 하며 사는 사람을 찾기란 쉬운 일이 아니다. 일부 예술가나 연예인이 그런 말을 하는 경우는 있지만 일반인들, 구체적으로 샐러리맨이 자기가 하는 일을 '진정으로 하고 싶었던 일'이라고 표현하는 경우는 극히 드물다. 대개는 자신이 하고 싶었던 것은 아니지만, '어쩌다 보니' 또는 '어쩔 수 없이' 하는 경우가 대부분이다. 그나마 조금 긍정적으로 표현하자면, 자신이 원했던 일은 아니지만 행복을 위한 수단으로서 현재 일을 택했을 뿐이다. 한마디로 대다수 샐러리맨은 톨스토이나 베이컨이 말했던 '행복한 일'을 하고 있지 못하는 상태다.

자신이 진정으로 하고 싶었던 일에 종사하면서 밥벌이도 해결되면 좋을 텐데, 그렇지 못한 대다수 직장인들의 불가피한 직업 선택의 상황을 소설가이자 평론가인 김훈은 '밥벌이의 지겨움'이라고 표현했다. 그는 노동을 좋아하지 않는다. 노는 걸 좋아한다. 하지만 인간은 밥을 먹어야 살 수 있는 존재인지라 지겨워도 밥벌이를 할 수밖에 없었단다. 작가는 자신의 노동을 '밥벌이의 지겨움'이라고 표현한 것에 많은 독자들이 공감했다. 이는 수많은 독자들도 작가처럼 밥벌이를 위한 수단으로써 원치 않는 노동을 하고 있음을 반증하는 것이기도 하다. 요컨대 대체로 우리는 일을 통해 행복을 느끼지 못하고 있다.

이 대목에서 이런 의문이 들기도 한다. 자신이 진정으로 원하는 일을 하지 못하고 있는 우리는 행복하게 살지 못하는 것일까? 반드시 그렇지만은 않다. 자신이 진정으로 하고 싶은 일을 하며 사는 인생이 행복한 삶인 것만은 틀림없는 사실이지만, 그것은 행복의 상태 중 단 한 가지에 불과하다. 다른 것도 많다. 다른 차원에서 행복을 느끼는 순간이 많다는 소리다. 예컨대, 다음과 같은 문장으로 표현되는 경우가 많다.

타인으로부터 ○○ 받을 때 인간은 행복하다

○○ 안에 무슨 단어가 들어가면 저 문장이 참이 될까? 아마도 '사랑, 존경, 인정' 등의 단어가 들어가면 위 문장은 옳은 표현이 될 것이다. 예컨대, '동정, 멸시, 무시' 등의 단어가 들어가면 틀린 표현이 될 것이다. 사회적 동물인 인간은 타인과의 관계 속에서도 행복

감을 느낀다. 『레미제라블』의 작가인 빅토르 위고는 어딘가에서 "인생에서 가장 큰 행복은 우리가 사랑 받고 있다는 확신"이라고 말했다. 애인(배우자)이나 부모로부터 사랑 받고 있다는 확신이 들 때, 행복감이 물밀 듯 밀려오는 경험을 다들 한 번씩은 해본 적이 있을 것이다.

　타인과 어울려 일하는 조직생활에서도 타인으로부터 존경이나 인정을 받을 때, 기분이 좋아지면서 행복하다고 느낄 때가 있다. 부하직원으로부터 진심에서 우러나오는 존경을 받는 상사는 행복한 직장생활을 하고 있는 것이다. 누구나 경험하는 일이겠지만 조직생활을 하면서 상사가 부하에게 존경 받기란 '낙타가 바늘구멍을 통과하는 것'만큼이나 힘든 일이다. 조직의 성과를 위해서 부하에게 지시를 내리고 감시하고, 수시로 잔소리를 해야 하는 상사의 존재는 그 자체로 불행의 근원으로 해석되는 경우도 많다. 오히려 상사가 없으면 행복해진다고 말하는 부하도 부지기수다. 아닌가? 대다수 부하직원이 퇴근을 손꼽아 기다리는 이유도 불행의 근원인 상사로부터 벗어날 수 있기 때문이다. 상사의 존재 그 자체를 불행으로 해석하는 부하에게는 퇴근 후 상사가 참석하는 회식자리도 노동의 연속이 되고 만다. 한마디로 '상사의 존재는 불행, 부재는 곧 행복'이 된다. 이런 상황에서 부하로부터 존경 받는 상사가 있다면 이는 매우 드문 상황이며, 그런 상사라면 충분히 행복한 사람이다.

반대의 경우도 비슷한 메커니즘이 성립된다. 상사에게 인정받는 부하직원은 행복한 직장생활을 하고 있는 셈이다. 조직생활을 하다 보면 상사로부터 인정받기가 쉬운 일만은 아니다. | 물론 경험상 보자면 부하에게 존경 받는 것보다는 상대적으로 수월하긴 하다. 대체로 부하직원의 노력이나 성과는 상사의 성에 차지 않는 경우가 많다. 상사의 기대가 지나치게 높기 때문이기도 하지만 부하직원에 대한 상사의 평가가 야박한 탓도 있다. 상사의 눈에 부하직원들은 대부분 타율적이고 이기적이면서 기회주의적이다. 시키면 하지만 내버려두면 놀 궁리만 하고, 더 잘할 수 있는데도 불구하고 '적당히' 한다고 믿는다. | 실제로 그렇다는 것이 아니라 그렇게 본다는 소리다. 해서, 좀처럼 상사에게 인정받기가 어렵다. 매우 드물긴 하지만, 상사가 인정하는 부하직원도 있다. 상사의 지나친 기대와 야박한 평가에도 불구하고 인정받는 부하직원은 그만큼 탁월한 것이며, 따라서 행복한 직장생활을 하고 있는 셈이다.

현대 조직사회에서 대부분의 사람이 자신이 진정으로 원하는 일을 직업으로 갖지 못한다는 사실을 전제한다면 타인으로부터 사랑, 존경, 인정을 받는 상태가 행복하다는 점은 리더십에 있어서 매우 중요한 통찰을 제공한다. 상대를 행복하게 만들 수만 있다면 그 사람과의 관계는 물론이거니와 영향력을 행사하는데도 매우 긍정적인 효과가 있기 때문이다. 무슨 소리냐고? 예를 들어보자. 다음은 초등학교 1학년인 아들과 아빠의 대화다. 상황은 이렇다. 아들은 초등학교에 입학해 처음으로 쪽지 시험을 봤는데, 당당히 100점을 받았다. 아들은 100점 받은 사실이 무척이나 기뻤다. 근데, 실은 다른 친구들도 대부분 100점을 받았다. 이러한 상황은 아빠도 잘 알고 있다. 아들은 퇴근하는 아빠를 기다렸다가 100점짜리 시험지를 보여주며 "아빠, 나 100점 받았어"라고 이야기했다. 이때 아빠는 뭐라고 대답하는 것이 좋을까?

A

"아들! 초등학교 1학년 때 100점 받는 건 당연한 일 아니니?"

B

"우와! 100점을 받았다고? 우리 아들, 대단한데. 역시 넌 최고야!"

어느 쪽이 잘한 반응일까? 당연히 B다. A는 무엇을 잘못했는가? 논리적으로야 A 아빠의 주장이 잘못되었다고 보기 어렵다. 대부분 100점을 받는 상황이라면 자기 아들도 100점 받아야 한다고 생각하는 것은 논리상 큰 무리가 없다. 하지만 A 아빠는 잘못했다. 왜? 아들이 100점짜리 시험지를 들고 와서 아빠에게 보여줄 때 '왜 그랬는지'에 대한 이해가 부족했기 때문이다. 아들은 왜 100점짜리 시험지를 아빠에게 보여주는 것일까? 단지 100점 받았다는 정보를 알려주기 위함일까, 아니면 아빠에게 칭찬받고 싶었던 것일까? 당연히 후자다. 대화의 목적이 정보전달이 아니라 칭찬받고 싶어서였다는 사실을 이해했다면, 아빠의 반응이 달라지지 않았을까? B 아빠처럼 말이다.

칭찬받고 싶어하는 아들에게 칭찬은 해주지 않고 '초등학교 1학년에는 100점이 당연한 일'이라는 논리만 내세운다면, 아빠의 말을 들은 아들은 앞으로도 계속 100점을 받기 위해 노력할까? 혹시 '이딴 100점 받아서 뭐해'라며 실망해서 앞으로는 공부에 대한 노력을 철회하지 않을까? 아빠의 반응에 실망한 아들은 아마도 더 이상 100점을 받기 위해 노력하는 일은 없을 것이다. B 아빠처럼 칭찬을 해주면 훨씬 좋은 결과가 예상된다. 아빠의 칭찬을 받은 아들은 행복해질 것이다. 그리고 아들의 마음 속에 '100점을 받으니 이렇게 아빠에게 칭찬받을 수 있구나' 하는 생각이 새겨져서 다음에도 계속 100점을 받기 위해 노력할 것이다. 여기서 핵심은 논리적 판단보다는 상대를 행복하게 만드는 것이 더 좋은 결과를 가져온다는 점이다. 기억나는 가? 호모 해피쿠스. 인간은 행복을 추구하는 동물이다. 칭찬을 통해 아들을 행복하게 만든 아빠가 아들과의 관계는 물론 원하는 결과까지 얻을 수 있다.

조직에서도 마찬가지다. 상대와의 관계를 좋게 만들고 효과적인 리더십을 발휘하기 위해서는 어떻게 해야 할까? 간단한 방법이 있다. 상대를 행복하게 만들면 된다. 인간은 자신을 행복하게 만드는 사람에게 끌리는 법이다. 부하가 상사에게 존경의 마음을 표하면 그 상사는 행복해진다. 자신을 행복하게 만드는 부하를 가까이 두고 싶고, 그가 잘되게 돌봐주고 싶은 것은 인지상정이다. 상사 입장에서도 마찬가지다. 조직에서 성과를 내기 위해서는 유능한 부하직원이 자기 아래에 포진하고 있어야 한다. 유능한 부하가 많을수록 더불어 리더도 빛나는 법이다. 그런데 문제는 유능한 부하직원은 다른 곳에서도 소위 '노리는(?)' 사람이 많다는 점이다. 외모가 수려한 사람에게 이성의 관심이 쏠리는 것처럼, 조직에서 능력이 뛰어난 부하직원에게는 같이 일하고 싶어하며 관심을 두는 상사가 많다. 따라서 관리를 잘 해야 한다. 어떻게 관리를 해야 할까? 인정과 칭찬을 해주면 된다. 앞서 예양의 사례에서도 보았듯이 자신을 인정해주는 상사에게 충성하고 관계를 지속하고 싶어한다. 유능한 부하, 함께 계속해서 일하고 싶은 부하에게는 인정과 칭찬을 아끼지 말아야 한다. 상사가 보내는 인정의 말이 부하를 행복하게 만들기 때문이다. 자신을 행복하게 만드는 사람과 헤어지고 싶어하는 사람은 없다. 인문적 관점에서 말하면 리더십의 요체는 행복에 있다. 행복이야말로 모든 인간이 추구하는 삶의 본질이면서 인간관계의 핵심 키워드다. 상대를 행복하게 만들면 관계가 좋아지고 좋은 리더십을 발휘할 수 있다. 조직 생활을 하면서 존경과 인정을 통해 상대를 행복하게 만들어야 한다.

노동이 아닌 놀이를 즐길 때 행복해진다

앞서 우리는 동기부여 이론 중에서 내재적 동기부여가 중요하다는 점을 살펴보았다. 내재적 동기부여의 요소로는 '자기 만족'이나 '일에 대한 보람과 성취감' 등이 있다. 자신의 일에서 보람과 성취감을 얻을 수 있다면 스스로 동기부여 되어 더욱 열심히 업무에 몰입하게 된다. 그런데 문제는 현실에서 업무를 통해 보람과 성취감을 느끼기란 결코 쉽지 않다는 데 있다. 왜 그런가? 가장 큰 이유는 자신이 선택한 일이 아니기 때문이다. 자신의 의사(선택)와는 관계없이 다른 목적 | 주로 '돈'이겠지만이나 의무감 때문에 어쩔 수 없이 행하기 때문에 그렇다. '어쩔 수 없이' 하는 일이기에 재미가 없다. 그 자체로 목적이 아닌 수단으로써 선택된 '노동'을 하기에 보람이나 성취감을 느끼기가 어렵다. 철학자 니체는 의무감에 사로잡혀 힘겨운 노동을 감내하는 사람을 일컬어 '낙타'라고 불렀다.

나 이제 너희에게 정신의 세 가지 변화에 대해 이야기하려다. 정신이 어떻게 낙타가 되고, 낙타가 사자가 되며, 사자가 마침내 어린아이가 되는가를. (…) 공경하고 두려워하는 마음을 지닌 억센 정신, 짐깨나 지는 정신에게는 무거운 짐이 허다하다. 정신의 강인함은 무거운 짐을, 그것도 더없이 무거운 짐을 지고자 한다. 무엇이 무겁단 말인가? 짐깨나 지는 정신은 그렇게 묻고는 낙타처럼 무릎을 꿇고 짐이 가득 실리기를 바란다.

-니체, 『차라투스트라는 이렇게 말했다』

니체가 말하는 낙타는 '의무감에 사로잡힌 자'다. 더불어 강인한 정신의 소유자이기도 하다. 낙타의 강인한 정신은 무거운 짐을 마다하지 않는다. 하지만 낙타가 등에 지고 있는 짐은 자신의 것이 아니다. 다른 누군가를 위해 하는 일이다. 낙타는 그저 자신의 등에 지워진 짐을 묵묵히 감내할 뿐이다. 한번 물어보자. 낙타의 노동이 신성하고 거룩해 보이는가? 그렇게 보일지는 모르겠지만, 분명한 사실은 낙타의 노동이 결코 즐거울 수는 없다. 생각해보라. 타인을 위해 행하는 노동으로 재미나 즐거움을 느낄 수 있겠는가. 의무감 때문에 어쩔 수 없이 하는 노동이기에 보람이나 성취감을 느끼기도 쉽지 않다. 낙타의 삶은 행복과는 거리가 멀다. 그럼, 어떻게 해야 할까? 니체는 변신을 요구한다. 낙타에서 사자로, 다시 사자에서 어린아이로의 변신이 필요하다. 최종 도착지는 어린아이다. 어린아이는 낙타와 어떻게 다를까?

어린아이는 순진무구요, 망각이며 새로운 시작, 놀이, 제 힘으로 돌아가는 바퀴이며 최초의 운동이자 거룩한 긍정이다. 그렇다. 형제들이여, 창조의 놀이를 위해서는 거룩한 긍정이 필요하다. 정신은 이제 자신의 의지를 의욕하며, 세계를 상실한 자는 자신의 세계를 획득한다.

－니체, 『차라투스트라는 이렇게 말했다.』

어린아이는 노동을 하지 않는다. 놀이하는 존재다. 놀이는 기본적으로 자신을 위한 활동이다. 타인을 위한 놀이는 있을 수 없다. 놀이는 "제 힘으로 돌아가는 바퀴"이기 때문이다. 어린아이의 세계는 낙타의 세계와 다르다. 낙타는 타인의 세계를 산다. 타인을 위한 노동을 하기에 그렇다. 니체식으로 표현하면, "세계를 상실한 자"다. 어린아이는 자신의 세계를 산다. 놀이를 즐기기에 그렇다. 자신을 위해 창조의 놀이를 즐기는 어린아이는 그것을 통해 "자신의 세계를 획득한다." 쉽게 도식화하면 이렇다. 낙타에서 어린아이로의 변신은 '노동하는 인간'에서 '놀이하는 인간'으로의 변신이며, 세계를 상실한 자가 자신의 세계를 획득하는 과정이다. 타인을 위한 삶에서 자신을 위한 삶으로의 전환이며, 비로소 삶의 진정한 주인으로 우뚝 서는 순간이다.

호모 루덴스(Homo Ludens). 네덜란드 역사학자인 요한 하위징아가 주장한 개념으로 '놀이하는 인간'이라는 뜻이다. 그에 따르면, 모든 문화현상은 그 기원에 놀이 요소가 있다. 공동체 생활 자체가 놀이 형식을 가지고 있으며 철학, 시, 예술 등에도 놀이의 성격이 내재하고 있다는 것이다. 예컨대 원시사회에서는 관혼상제 등의 의례도 놀이로 즐기면서 축제로 승화했다. 심지어 생활을 위한 기본 활동인 사냥도 놀이의 형태를 취했다. 일을 놀이로써 즐긴 것이다. 현대에 와서도 일을 놀이로 즐기는 문화는 계속 이어지고 있는 것일까? 불행히도 이 질문에 대한 답은 부정적이다. 하위징아는 현대인들이 놀이의 정신을 잃어버렸다고 주장한다. 놀이의 정신을 상실한 현대인들은 그것 대신 무엇을 하고 있는 것일까? '노동'이다. 현대인들은 대부분 놀이의 정신을 망각하고 노동에만 몰두하고 있다는 것이 하위징아의 진단이다.

이 대목에서 이런 의문이 든다. 노동과 놀이는 어떻게 다른 것일까? 하위징아는 놀이의 본질을 여러 가지로 정의했다. 자발적 행동, 몰입 행위, 긴장과 즐거움의 의식을 수반하는 활동 등이 놀이의 본질이다. 또 다른 정의로는 놀이는 그 자체에 목적이 있는 활동이다. 즉, 놀이는 목적이 곧 수단인 활동이다. 그렇다면, 노동은? 노동은 목적과 수단이 다른 활동이다. 요컨대 목적과 수단이 같으면 놀이가 되고, 목적과 수단이 다르면 노동이 된다. 정말이냐고? 그렇다. 예를 들어 설명해 보겠다.

서울 근교에 위치한 북한산에는 백운대라는 정상이 있다. 그곳에 서면 바로 맞은편에 암벽으로 된 아찔한 봉우리가 있는데, 사람들은 그곳을 인수봉이라 부른다. 그곳에는 주말이면 암벽등반을 즐기는 산악인들이 로프에 몸의 의지한 채 깎아지른 듯한 암벽을 오른다. 힘겹게 암벽을 오르는 그들은 그 활동을 놀이로 즐기는 것일까, 노동하고 있는 것일까? 당연히 '놀이'로 즐기고 있다. 다른 경우를 생각해 보자. 군대에서 군인들이 정신력 강화를 위해 암벽등반을 한다고 치자. 그리고 암벽등반에 성공한 사람에게는 맛있는 저녁 식사가 주어지고, 실패한 경우에는 고된 벌칙이 기다리고 있다. 이런 상황이라면 군인들은 암벽등반을 놀이로 즐기는 것일까? 그렇지 않다. 군인들은 '노동'으로 암벽을 오른다고 보는 편이 타당할 것이다.

둘의 차이는 무엇인가? 산악인들은 암벽등반이 좋아서 암벽을 오르고 있다. 즉 목적과 수단이 동일하다. 그래서 놀이가 된다. 군인들은 저녁 식사를 위해서, 벌칙을 받지 않기 위해서 암벽을 오른다. 목적과 수단이 다르다. 따라서 노동이다. 이처럼 목적과 수단이 같으면 '놀이', 다르면 '노동'이 된다. 여기서 우리가 놓치지 말아야 할 포인트는 노동과 놀이를 구분하는 것이 '활동' 자체에 있는 것이 아니라 참여하는 사람에 달렸다는 사실이다. 목적과 수단이 동인하다면 힘겨운 암벽등반도 놀이가 될 수 있다.

이렇게 한번 물어보자. 직장에서는 간혹 회식을 한다. 직장인에

게 회식은 놀이일까? 장담하지 못한다. 회식도 노동이 되는 경우가 의외로 많다. 평소 술을 즐기는 상사가 주재하는 회식에서는 의례 첫 잔은 폭탄주를 '말아서' 돌린 후, 일제히 건배를 한다. 이때 폭탄주가 좋아서 그것을 마시는 상사에게 그 행위는 당연히 놀이다. 목적과 수단이 같기 때문이다. 하지만 부하 중에는 노동하는 사람도 있다. 평소 폭탄주를 싫어하는 부하라면 그것을 마시기 싫다. 하지만 마시지 않으면 괜히 상사에게 나쁜 인상을 남기게 될까 두렵기도 하다. 그래서 어쩔 수 없이, 상사에게 '찍히지' 않기 위해 폭탄주를 들이킨다. 목적 | 상사에게 찍히지 않기 위함과 수단 | 폭탄주를 마시기이 다르다. 그렇기에 그는 지금 노동을 하고 있다. 당연한 말이겠지만, 노동으로 임하는 회식 자리는 즐겁기보다는 차라리 고역이다.

노동과 놀이의 구분이 중요한 이유는 그것에 따라 개인의 행복이 좌우되기 때문이다. 어떤 행위를 놀이로 즐기는가, 아니면 노동으로 임하는가에 따라 행위자의 행복, 불행이 결정된다. 하루 24시간, 일주일 7일 중에서 노동과 놀이의 비중이 어떠한가에 따라서 삶의 질이 좌우된다는 소리다. 직장인의 일주일은 대개 이렇다. 월화수목금(요일)은 노동을 한다. 토일(요일)은 놀이를 즐긴다. 다시 월화수목금은 노동을 한다. 주중은 노동, 주말에는 놀이의 패턴이 반복된다. 이런 직장인이라면 일주일 중 가장 행복한 시간은 언제일까? 당연히 금요일 저녁이다. 왜? 노동에서 놀이로 바뀌는 시간이기 때문이다.

가장 불행한 시간은? 일요일 저녁이다. 정확히 말하면, 일요일 밤에 TV에서 하는 코미디 프로그램이 끝나는 때다. 코미디 프로그램을 보면서 박장대소하다가도 그것이 끝나면 갑자기 우울해진다. 곧 시작될 노동의 시간 때문이다.

하지만 노동과 놀이가 반복되는 일상은 그래도 견딜 만하다. 이런 사람도 있다. 그는 월화수목금에 노동을 한다. 그런데 토일에도 또 노동을 한다. 이처럼 주중, 주말 구분 없이 일주일 내내 노동만 하는 사람이 있다. 이런 사람이라면 설령 돈이 아무리 많고, 아무리 좋은 집에 살고, 아무리 좋은 차를 몬다 할지라도 불행한 사람이다. 놀이를 즐길 새도 없이 노동만 하기 때문이다. 그렇지 않은가? 흔한 경우는 아니지만, 반대의 경우도 있다. 그는 토일에는 놀이를 즐긴다. 그런데 신기하게도 월화수목금에도 또 놀이를 즐긴다. 다시 돌아온 주말에도 또 놀이다. 그 다음 주중에도 놀이다. 계속해서 놀이를 즐기는 자다. 행복한 사람이다. 계속 놀이를 즐기니까. 이런 사람에게는 직장인이 자주 걸린다는 '월요병'이란 존재하지 않는다. 월요일이 되어도 계속 노는데 월요병이 생길 리가 없다. 쉼 없이 놀이를 즐기기에 누가 뭐래도 행복한 사람이다. 스스로 한번 물어보자. 나는 어디에 속하는가?

샐러리맨은 기본적으로 노동할 수밖에 없는 존재다. 월급(목적) 받기 위해 일(수단)을 해야 한다. 그렇지 않은가? 하지만 그렇다 하더라도 자신의 행복을 위해서는 놀이의 시간을 창조해야 한다. 전부는 아닐지라도 조금씩 놀이 시간의 비중을 늘려가야 한다. 노동과 놀이를 구분하는 가장 결정적인 요소는 무엇일까? 하위징아의 말을 빌리면, 그것은 행위자의 '자발성'에 달렸다. 어떤 놀이도 자발적으로 행하지 않는다면 노동이 되고 만다.

> 무엇보다도 모든 놀이는 자발적 행위이다. 명령에 의한 놀이는 더 이상 놀이가 아니다. 기껏해야 놀이를 모방한 것에 지나지 않는다.
>
> **-하위징아, 『호모 루덴스』**

놀이는 기본적으로 참여자의 자유를 전제로 한다. 자발성을 상실한 놀이는 노동이 된다. 회식 때 억지로 마시는 폭탄주, 어쩔 수 없이 참석한 주말 야유회, 마음에 들지 않는 사람과 동행하는 해외 출장, 노래방에서 상사의 노래에 분위기를 맞춰주기 위해 흔들어대는 탬버린과 율동은 모두 놀이를 가장한 노동이다. 재미는커녕 고역이며, 즐거움은 없고 노역만 있다.

노동에서는 삶의 행복을 발견하기 어렵다. 노동을 할 때는 즐거움, 재미, 열정, 몰입, 창조 등의 감정이 발현되지 않는다. 이러한 감정은 놀이를 할 때만 샘솟는다. 놀이를 하면 즐겁고 재미있다. 그렇기에 열정이 생기고 그 활동에 몰입하게 된다. 좀 더 즐겁게 하기 위

호모 루덴스 _Homo Ludens

'노동'은 수단과 목적이 분리된 것이고 '놀이'는 수단과 목적이 결합되어 있는 것이나. 지금 자신이 하고 있는 행농이 수단이면서 목적일 때, 우리는 기쁨에 충만한 현재를 영위하게 된다. 그러므로 적성이라는 것도 어떤 사람이 어떤 일을 할 때 가장 '놀이'의 상태에 근접하게 되느냐와 관련되어 있다.

해서 새로운 방법을 고안하게 되고 이러한 과정에서 창조성이 발현된다. 엔도르핀이 쏟아져 나오면서 활력이 최고조에 달한다. 행복에 겨운 상태가 되는데, 정작 본인은 그러한 사실조차 느끼지 못한다. 놀이를 즐기느라 정신이 없기 때문이다.

앞서 말했듯이 인간은 행복을 추구하는 존재다. 우리가 행복한 삶을 살기 위해서는 어떻게 해야 할까? 간단하다. 놀이를 즐기면 된다. 현실적으로 말하면, 노동 시간을 줄이고 놀이 시간을 늘리면 된다. 놀이의 시간을 늘리려면? 자발적으로 행하는 활동이 많아져야 한다. 일도, 공부도, 취미활동도 모두 해당된다. 직장에 처음 들어간 신입직원은 기본적으로 업무를 노동으로 할 수밖에 없다. 상사가 시킨 일을 해야 한다. 그러니 노동이다. 하지만 그 상태에 머물러서는 안 된다. 조금씩이라도 '노동으로써의 일'을 '놀이로써의 일'로 바꾸어 나가야 한다. 그렇게 하려면 '주어진 일, 시켜서 하는 일'이 아니라, '스스로 선택한 일, 자발적으로 행하는 일'의 양을 늘려야 한다. 그러다 보면 노동 시간은 줄고 놀이로 즐기는 일의 양이 늘어난다. 업무가 재미있어지고 열정이 생긴다. 일에 몰입하게 되고, 그 결과 성과가 좋아진다.

공부도 마찬가지다. 학생들은 공부를 노동으로 하는가, 놀이로 하는가? 대부분 노동으로 한다. 좋은 대학 가려고 공부하고, 좋은 데 취직할 목적으로 공부한다. 목적과 수단이 다르기에 노동이다. 그러니 공부가 지겹고 재미가 없다. 그런데 문제는 취직을 한 후에도 노동으로 공부를 하는 사람이 대다수라는 데 있다. 직장인에게 공부도 대부분 노동이다. 본인의 내적 욕구와는 무관하게 회사에서 받으라는 교육이 대부분이다. 자기계발을 해야 한다고 말은 하면서 겨우 시간을 내는 게 회사에서 정해준 교육이 전부다. 진급하기 위해서, 학점을 채우기 위해서 원치 않는 교육과정에 '소 끌려가듯' 참석해서 마치 '예비군 훈련 받듯' 건성으로 듣다가 시간만 때우고 나오는 사람이 부지기수다. 그러니 교육을 받아도 남는 게 하나 없다. 시간 낭비일 뿐 역량 향상에는 아무런 도움이 되지 않는다. 이게 다 노동으로 공부해서 그렇다. 진정한 자기계발은 '자기'가 해야 한다. 스스로 해야 한다는 말이다. 스스로 자신의 내적 욕구를 탐색하고, 스스로 공부의 목적과 방향을 정하고, 스스로 방법과 수단을 찾아서, 스스로 공부해야 한다. 그래야만 재미와 열정이 생기고, 그로 인해 몰입이 되고 궁극적으로 지력이 높아지고 내공이 증진된다. 노동으로서의 공부가 아닌 놀이로서의 공부를 해야 한다는 말이다.

취미활동도 마찬가지다. 하위징아의 주장처럼, 오늘날 대다수 직장인은 놀이의 정신을 잃어버린 듯하다. 일할 줄은 아는데 놀 줄 모른다. 평소에는 시간이 없어서 못 논다고 말하지만, 막상 시간이 주어져도 제대로 즐기지도 못한다. 주중에 '빡세게' 노동한 직장인은 주말이 되면 무엇을 하는가? 대부분 '푸~욱' 쉰다. 아무것도 안 하고 그냥 '휴식'을 취한다. 휴식은 노동일까, 놀이일까? 얼핏 보면 휴식은 놀이라고 생각하기 쉽다. 하지만 휴식은 노동에 가깝다. 휴식은 노동의 예비 동작에 불과하다. 쉬어야 내일 또 일하지 않겠는가. 아니라고? 이는 바로 증명할 수 있다. 주말에 아무것도 안 하고 푹 쉬어보라. 일요일 저녁이 되면 몸이 개운해지는가? 오히려 찌뿌둥해지지 않던가? 그렇다. 휴식의 본질은 노동이다. 대다수 직장인이 주말에 휴식을 취하는 것은 자발적 선택이 아니다. 고된 노동에 내몰린 육체가 어쩔 수 없이 선택한 수동적 반응이다. 오랜 운행으로 열이 난 기계를 잠시 식히듯이 극한 노동에 지친 육체를 잠시 식히려는 기계적 선택일 뿐이다. 삶에 활력을 북돋우려면 몸이 다소 피곤해도 자발적으로 선택한 취미활동에 자신을 던져야 한다. 그래야 생활이 즐거워지고 활력이 넘친다. 다시 일을 할 때도 의욕이 생기고 힘이 솟는다.

하위징아가 힘주어 말했듯이 이제 우리는 놀이의 정신을 회복해야 한다. 행복한 삶을 위해서는 일상을 노동이 아닌 놀이로 즐겨야 한다. 일도, 공부도, 취미생활도 놀이로 만들어가야 한다. 그렇게 하기 위해서는 '자발적'으로 임하는 활동이 많아져야 한다. 2,500여 년 전에 공자도 그렇게 말했다. 즐기는 자가 이긴다고. "아는 자는 좋아하는 자만 못하고, 좋아하는 자는 즐기는 자만 못하다(知之者不如好之者, 好之者不如樂之者)." 노는 자가 강자고, 즐기는 자가 능력자다.

인간적인 소통은 부하를 춤추게 만든다

리더가 부하직원을 동기부여 하는 데 있어서 '소통(疏通)'의 중요성을 강조하지 않을 수 없다. 왜냐하면 상사가 부하의 동기를 자극하는 과정이 주로 소통을 통해 이루어지기 때문이다. 우리는 리더의 인정과 격려가 부하를 동기부여 한다는 사실을 잘 안다. 하지만 리더가 부하를 인정하고 격려한다고 했는데, 정작 소통 과정에서 오해가 생겨 부하의 기분을 상하게 하는 경우도 있다. 소통을 잘못하여 오히려 동기를 꺾는 결과를 가져오기도 한다. 해서, 리더는 어떻게 하면 소통을 잘할 것인가를 고민해야 한다. 소통 능력은 리더십에서 매우 중요한 역량이다.

소통이란 무엇일까? 소통은 '막힌 것을 터버린다'는 '소(疏)'와 '다른 사람과 연결한다'는 뜻의 '통(通)'이라는 개념의 합성어다. 즉, 소통이란 '막힌 것을 터서 다른 사람과 연결하는 것'이다. 소통이라는 글자를 풀어보면, 다른 사람과 연결하기 위해서는 먼저 막힌 것을 터야 한다는 전제가 숨겨져 있다는 점을 발견하게 된다. 이는 상대방과 무언가 막힌 것이 있는 상태에서는 무작정 '통'하려고 시도해봐야 연결되지 않는다는 의미이기도 하다.

예를 들어보자. 어느 날 남편이 퇴근해서 집에 왔는데, 그날따라 아내의 심기가 불편해 보인다. 무엇 때문에 그러냐고 이유를 물어도 묵묵부답이다. 저기압인 아내를 풀어볼 요량으로 갖은 애교를 부려 보고, 아껴두었던 와인을 꺼내와서 아내에게 한잔 하자고 권한다. 아내의 기분을 풀어줄 목적으로 소통을 시도하는 것이다. 아내는 남편의 요청에 화답할까? 결과는 상황마다 다를 것이다. 부부간에 막힌 것이 없는 상태라면 남편의 시도는 성공할 수도 있다. 남편이 아닌 다른 사람 때문에 화가 났다면, 가령 말썽을 부리는 자녀나 잘난 체하는 옆집 '아줌마(?)' 때문이라면 못 이기는 척하면서 남편과 대화를 시작할 것이다. 그리고 자신이 화난 이유를 털어놓을 것이다. 그런데 만약 남편 때문에 화가 났다면? 예컨대 아내 몰래 주식투자를 해서 수천만 원을 날려 먹었거나 아내 이외의 다른 이성과 바람핀 일이 발각되었다면, 그때도 아내는 남편과 기꺼이 소통을 할까? 그렇지 않을 것이다. 씨도 먹히지 않을 것이다. 요컨대 막힌 것을 트지 않은 상태에서는 '통'하기도 어렵다.

앞의 비유가 너무 극단적이라고 생각할 수도 있겠지만, 막힌 것이 터지지 않은 상태에서 통하지 않는 일은 조직에서도 쉽게 발견되는 현상이다. 가령, 사장님이 직원들을 모아놓고 이런 말을 하는 경우가 있다. "이 회사는 바로 여러분들 것입니다." 직원들은 사장님의 말을 곧이곧대로 받아들일까? 쉽지 않은 일이다. 물론 우리는 사장님이 왜 그런 말을 했는지 의도를 짐작할 수 있다. 매사에 주인의식을 가지고 업무에 임하라는 뜻일 것이다. 하지만 사장님의 말을 직원들이 있는 그대로 받아들이려면, 서로 간에 막힌 것이 없는 상태여야 한다. 평소 사장님이 직원들을 가족처럼 아끼고, 직원들도 사장님을 존경하는 사이라면 사장님의 뜻은 왜곡되지 않고 충분히 전달될 것이다. 하지만 평소 직원들을 기계처럼 부리고 부품처럼 여긴다면? '웃기는 소리하고 있네'라며 콧방귀를 낄 수도 있다. 중요한 것은 평소 서로 간에 막힌 것이 없어야 한다는 점이다.

오늘날 대부분의 조직에서는 소통이 무엇보다 중요하다는 점을 잘 인식하고 있다. 그래서 소통 역량을 개발하기 위한 교육을 시키는 회사도 많다. 흔히 '커뮤니케이션'이라는 용어로 소통 교육을 해 왔는데, '의사소통'이라는 말로 번역되는 커뮤니케이션은 '나누다'는 의미의 'Communicare'라는 용어에서 유래했다. 원래는 신이 자신의 덕을 인간에게 나누어 주거나 열이 어떤 물체에서 다른 것으로 전해지는 것처럼 분여(分與), 전도(傳導) 등의 의미로 사용되었다. 그런데 근래에는 어떤 사실을 타인에게 알리는 심리적인 전달의 뜻으로 많이 쓰인다.

커뮤니케이션의 정의가 '어떤 사실을 타인에게 알리는 심리적인 전달'을 의미하다 보니, 대다수 커뮤니케이션 교육에서는 '어떤 사실을 타인에게 알리는' 것에 초점을 맞추는 경향이 많았다. 그 결

인간적인 소통

소통은 '막힌 것을 터버린다'는 '소(疏)'와 '다른 사람과 연결한다'는 뜻의 '통(通)'이라는 개념의 합성어다. 즉, 소통이란 '막힌 것을 터서 다른 사람과 연결하는 것'이다.

과, 교육에서는 효과적으로 말하는 기술, 타인의 말을 잘 듣는 방법 등을 집중적으로 연습했다. 하지만 커뮤니케이션에서 정작 중요한 일은 '사실의 전달'이 아니다. '심리적인 전달'이 중요하다. 사실이나 정보가 아니라 화자의 마음이 어떻게 상대에게 전달되는가가 훨씬 중요하다는 뜻이다. "이 회사는 바로 여러분들의 것입니다"라는 사장님의 말 속에 얼마나 진심(眞心)이 느껴지는가가 관건이다. 핵심은 정보가 아니라 '진심'이다. 이런 관점으로 보면, 소통의 정의를 다음과 같이 바꿀 수도 있겠다. "소통이란 │ 정보의 전달이 아니라 진심을 주고받는 것이다." 거짓 마음이 아니라 진짜 마음이 오고 가는 상태가 진정한 소통이다.

일상의 대화에서 상대의 말 속에 진심이 담겨 있지 않다고 느낄 때가 있다. 가령, 어떤 정치인이 유권자 앞에서 "국민을 위해 이 한 몸 다 바쳐 봉사하겠습니다"라고 말한다. 하지만 그 말이 유권자의 가슴에 와 닿지 않는 경우도 많다. 진심이 아니라 정치적 '프로파간다'에 불과하다고 느끼기 때문이다. "이렇게 팔면 저희는 손해보고 파는 겁니다"라는 장사치의 말을 곧이곧대로 믿는 경우는 거의 없다. 홈쇼핑 쇼호스트가 물건을 팔면서 "앞으로는 두 번 다시 만날 수 없는 마지막 구매 기회입니다"라는 말에 현혹되지 않는 사람도 많다. 그들의 말이 아무리 그럴싸해 보여도 진심이라고 느껴지지 않는다면 '통(通)'하지 않기 때문이다.

정치나 비즈니스 상황에서 '진심'을 담지 않고 소통하는 행위는 그래도 이해할 만하다. 문제는 직장에서 상사나 선후배, 동료들끼리 대화할 때도 진심을 담아서 소통하지 않는 경우가 많다는 데 있다. 상사가 부하에게 야근을 시키면서 "열심히 해. 이게 다 자네 잘되라고 하는 일이야"라든가 부하가 상사에게 "팀장님 말씀, 가슴 깊이 새겨두겠습니다"라는 '접대성(?)' 멘트가 난무하고, 서로 진심은 숨긴 채, 가면 쓴 얼굴로만 대화한다. 어쩌면 진짜 소통은 직장에서 이루어지지 않고 퇴근 후 술집에서 진행되고 있는지도 모른다. 면전에서의 대화는 거짓이고 뒷담화가 진실인 상황. 이쯤 되면 직장이라는 공간은 진심을 주고받는 '소통의 장'이 아니라 거짓과 위선이 오가는 '정치의 장'이 된다.

　서로 간에 진짜 마음을 얼마나 오픈(open) 하는가에 따라 조직의 소통 수준이 결정된다. 당연한 말이지만 조직마다 소통 수준이 다르다. 구성원끼리 진심을 주고받으면서 소통하는 조직이 있는가 하면 그렇지 못한 조직이 있다. 가정도 마찬가지다. 가족끼리 소통이 잘 되는 집이 있는 반면 소통은커녕 죽어라 싸우는 집도 있다. 전자를 '집안'이라고 부른다면 후자는 '집구석'이라고 부른다. "이놈의 집구석!"이라는 표현을 자주 사용하는 집이라면 소통이 제대로 되지 않고 있다고 봐도 무방하다. 조직도 그렇다. '집안'같은 조직이 있고 '집구석'같은 곳도 있다. 둘의 차이는 소통 수준에 따른 것이지만, 그로 인해 여러 면에서 다른 양상으로 나타난다. 말하자면 소통의 효과가 다르다는 말이다.

소통이 잘 되는 조직, 즉 '집안'같은 조직은 우선 구성원끼리 신뢰한다. 왜? 상대방의 '진짜 마음'을 봤기 때문이다. 그래서 믿을 수 있다. 상대를 믿기에 생각이 긍정적이다. 혹시 뒤통수 맞지는 않을까 하는 우려가 없다. 서로 공감하고 배려해 준다. 기꺼이 진심을 보여준 사람에게는 자신도 진심으로 화답한다. 상대가 기뻐하면 나도 기뻐하고, 상대가 슬퍼하면 나도 같이 슬퍼한다. 상대방의 희로애락에 반응하고 공감한다. 상대가 어려움에 처하면 배려해주기도 한다. 맹자도 그러지 않았던가. 인간의 본성에는 측은지심(惻隱之心)이 있다고. 진심을 터놓은 사람에게는 그의 불행도 남 일처럼 여기지 않는 법이다. 공감과 배려하는 사이는 자연스럽게 협력적 관계로 발전하고, 이는 조직의 시너지로 이어진다. 소통이 잘 되는 조직은 항상 즐겁다. 상호 신뢰, 공감과 배려, 협력적 관계 등은 모두를 즐겁게 만든다. 한 마디로 만사형통이다.

반면에 소통이 되지 않는 '집구석'은 모든 것이 반대다. 우선 서로를 신뢰하지 않는다. 왜? 상대가 진심을 보여주지 않았기 | 또는 않았다고 생각하기 때문이다. 지금 보여주는 마음이 가짜라고 느끼는데 어떻게 상대를 신뢰할 수 있겠는가. 점점 불신이 쌓인다. 서로를 믿지 못하는 관계는 부정적 사고로 이어진다. 불신과 부정적 사고는 서로

의 관계를 배타적으로 만들고, 나만 잘살겠다는 '이기주의'를 양산한다. 그 결과, 서로 경쟁하게 되고 협력이 이루어지지 않으며 사회적 비용의 증가로 이어진다. 무엇인가를 새롭게 시도하려 해도 각자 자기 입장에서 이익을 먼저 따지며, 단합이 안 되고, 합의와 조정을 하는 것도 어렵다. 조직 내 이해관계에 따라서 협력보다는 투쟁을 선택하는 일이 많아진다. '만사형통'이 아니라 '만사불통'이다.

소통 수준을 신체에 비유하면 혈액순환과 비슷하다. 대체로 혈액순환만 원활해도 신체는 별 문제없다. 혈액이 구석구석까지 잘 통하는 사람은 피부색도 좋고 아픈 곳이 없다. 『주역(周易)』에서도 '통하면 오래 간다(通卽久)'고 했다. 혈액이 막히면 신진대사가 제대로 이루어지지 않고 곳곳이 아프다. 손발이 저리고 머리가 무겁고 만성 피로에 시달린다. 혈액을 통해 산소공급이 제대로 이루어지지 않기 때문이다. 신체 건강은 혈액이 얼마나 신체의 구석구석까지 잘 돌아다니는가에 달렸다. 통(通)하지 않으면 '통(痛)'하게 된다.

조직에서의 소통도 이와 흡사하다. 소통이 잘 되는 조직은 건강하다. 기본적으로 문젯거리가 적다. 문제가 생겨도 쉽게 해결한다. 각자가 서로 믿고 협력하기 때문에 막힐 곳이 없다. 그만큼 건강하다는 소리다. 소통이 안 되는 조직은 문제투성이다. 서로를 믿지 못하기에 곳곳에서 막히고 충돌한다. 사소한 입장 차이도 큰 논란거리로 발전한다. 한 번 드러난 문제는 좀처럼 해결되지 않고, 그로 인해

<소통의 효과>

소통이 잘 되면…	소통이 안 되면…
신뢰	불신
긍정적 사고	부정적 사고
공감	배타적
배려	이기주의
협력적 관계	경쟁
시너지	사회적 비용 증가
즐거움	투쟁

더 큰 문제를 야기한다. 소통의 부재 내지 불통(不通)은 조직의 건강에 치명적인 결과로 나타난다. 부서 이기주의가 만연하고 조직 내 경쟁심리가 확산된다. 갈등이 확대되고 충돌이 심화된다. 심한 경우 어느 한쪽이 조직을 떠나기도 한다. 집구석도 이런 '집구석'이 없다. 한 마디로 '콩가루'다. 이게 다 소통이 되지 않아서다.

소통을 잘하려면 어떻게 해야 할까? 이 물음에 대해 딱 잘라서 '이거다'라고 말할 수 있는 정답은 없다. 소통하는 대상과 상황이 천차만별이기 때문이다. 그러나 어떠한 대상이나 상황이라 할지라도 공통으로 적용되는 원칙은 있다. 소통을 잘하기 위한, 가장 핵심이 되는 원리 두 가지만 꼽으라면, '이해'와 '차이'를 들겠다. 상대방에 대한 이해와 상대방과 나의 차이를 인정하는 것이 무엇보다 중요하다. 사실 이 두 개념은 현대 철학의 핵심 키워드와도 맥을 같이한다.

현대 철학의 핵심 주제가 '타자'와 '차이'다. 프랑스 철학자 사르트르가 "타자는 나의 지옥이다"라고 했다. 타자(他者)는 나를 바라보면서 나를 객체화하는 존재다. 내가 홀로 나로서 존재하는 것이 아니라, 타자가 나를 규정함으로써 비로소 내가 되는 것이다. 타자가 나의 존재를 결정하는 존재이기에, 이를 두고 사르트르는 '지옥'이라고 표현했다. 정신분석학자인 라캉이 "우리는 타자의 욕망을 욕망한다"고 했다. 라캉은 개인의 욕망도 타자에 의해 결정된다고 잘라 말한다. 내가 명품 옷을 욕망하는 것도 실은 다른 사람이 명품 옷을 입은 이성을 욕망하기에 그렇게 된 것이다. 내가 좋은 차를 욕망하는 것도 다른 이성이 좋은 차를 탄 사람을 욕망하기에 그렇다. 즉 순수한 나의 욕망이란 없고 타자의 욕망을 내재적으로 수용한 결과라는 소리다. 이처럼 타자는 나의 정체성을 구성하고 나의 욕망과 행복을 정의하는 매우 중요한 존재다. 소통에서도 이러한 타자의 존재가 매우 중요하다. 따라서 타자의 입장이나 생각을 이해한 연후에 소통하는 것이 무엇보다 중요하다.

현대 철학의 또 다른 주요 흐름으로는 '차이'에 대한 강조다. 프랑스 철학자 질 들뢰즈에 따르면, 차이는 부단한 탈중심화(脫中心化)

의 운동이면서 독특성(singularity)의 원리를 전제로 한다. 들뢰즈 이전 서양 형이상학의 전통에서는 일반성(generality)과 특수성(particularity)이 강조되었다. 갑자기 철학 용어가 쏟아져 나와서 머리가 아플 수 있겠지만, 예를 들어 설명하면 이렇다. 가령, '인간'이라는 개념이 '일반성'이면, 이호건이나 홍길동 등 개개인은 '특수성'이다. 그러니까 '인간'은 이호건이나 홍길동을 포괄하고 지배하는 개념이다. 이때 이호건이나 홍길동은 인간이라는 일반성에 포섭되는 '특수한 것(the particular)'에 지나지 않는다. 즉 일반성은 특수성을 포괄하면서 우위에 있는 개념이다. 이러한 일반성과 특수성의 논리가 지배되는 구조에서는 이호건이나 홍길동이라는 개개인은 언제든 교환 가능하고 대체 가능한 것이 된다. 이러한 논리가 조직에서 적용되면 가령, '삼성'이나 '현대'라는 일반성 아래 조직 구성원이 '특수한 것'으로 존재할 뿐이다. 다시 말해 조직 구성원 개개인은 자신만의 고유한 독특성을 가지지 못하고, '삼성맨 A', '현대맨 B'로만 존재할 뿐이다. 잘나가는 대기업 직원이라서 좋아 보일런지는 모르겠지만, 어쨌거나 교환 가능하고 대체 가능한 존재일 뿐이다. 심하게 표현하면, 언제든 갈아 끼울 수 있는 '부품'에 불과하다. 이러한 관점은 '조직'이라는 중심을 전제로 한다. 조직이 중심이고 구성원 개인은 주변이다.

현대 철학에 와서 이러한 구도가 바뀌는 추세다. 구조의 중심에 있는 것을 빼내고(탈중심), 개개인이 중심의 위치에 서고자 한다. 이호건도 중심이고 홍길동도 중심이다. 탈중심화가 진행되면서 이제 중심이 여럿이 되었다. 한 명의 독재자가 중심에 서서 지배하던 시대는 저물고, 각자가 왕이 된 시대라고나 할까? 당연히 과거보다는 일사불란한 맛이 없어졌다. 통일감이 없고 다툼과 논란이 많아졌다. 하지만 각자가 중심을 차지했기 때문에 생겨난 약간의 부작용일 뿐이다. 이러한 구조에서는 소통이 더욱 어려워진다. 각자가 중심이기 때문이다. 이제 상대방과 나의 '차이'를 인정하는 것이 매우 중요해졌다. 다른 사람의 다양성을 인정하고 나와의 차이를 당연한 것으로 받아들이는 마음이 필요한 시대가 되었다. 이제 상대가 나와 다르다는 것은 이상한 일이 아니다. 당연한 일이다. 차이가 당연하다는 전제 속에 소통이 시작되는 시대다.

동일성보다 차이가 강조되는 현상은 가정에서 쉽게 볼 수 있는 일이다. 과거 아버지의 소통 방식은 다분히 봉건적이었다. 가장인 아버지가 주체고 자녀들은 모두 객체였다. 모두가 아버지의 뜻에 따라야 했다. | 어찌 보면 과거 우리 사회에는 태양왕 '루이 14세'가 무척이나 많았다고 볼 수 있다. 짐(아버지)의 말이 곧 법이었던 시절이었으니까. 이때는 자녀의 다양성이 인정되지 않았고, 서로 간의 차이도 존중되지 않았다. 하지만 요즘에는 상황이 많이 바뀌었다. 흔히 '친구 같은 아빠'의 역할이 대세가 되었다. 아버지는 더 이상 '권력자'가 아니다. 친구일 뿐이다. 상하관계가 아니라 대등한 관계다. 이제 아빠도 자녀의 이야기를 들어주

어야 하고, 하고 싶은 말이 있어도 자녀가 수긍할 수 있게 해야 한다. 누군가는 이런 현상을 '가정의 민주화'라고 말하기도 하는데, 이런 현상의 이면에는 가정에서도 '차이'가 강조되는 시대이기 때문이다. 요컨대 현대 철학에서 강조되는 '타자'와 '차이'는 현대 사회의 소통에서도 '타자에 대한 이해'와 '차이의 인정'으로 이어졌다.

Humanities **6**
for Leaders

먼저 이해하라, 그리고 소통하라

한 남성이 아리따운 여성을 좋아하게 되었다. 하지만 남성은 프로포즈를 할 용기를 내지 못했다. 여성이 자기 마음을 받아줄지에 대한 확신이 없기 때문이다. 그런데 최근 들어 그녀의 반응이 달라졌다. 그를 대하는 태도가 호의적으로 변한 것이다. 항상 그를 보고 웃어주고 그의 이야기에 맞장구를 쳐준다. 남성은 용기가 생겼고 급기야 프로포즈를 하기에 이르렀다. "당신을 진심으로 사랑하고 있습니다. 당신이 아니면 앞으로 어떤 사람과도 사랑할 수 없을 것 같습니다. 부디 내 마음을 받아주었으면 좋겠습니다." 여성은 남성의 마음을 받아주었을까? 장담할 수 없다. 남성의 프로포즈를 받고 말고는 전적으로 여성의 마음에 달렸다. 남성의 사랑이나 간절함과는 상관이 없다. 남성의 입장에서야 안타까운 현실이지만, 그래도 어쩔 수 없다. 이 상황에서 칼자루는 여성이 쥐고 있다. 그래서 많은 남성들이 프로포즈를 한 후 '지옥'을 경험한다. 왜? 사르트르의 주장처럼 "타자는 지옥"이니까.

앞서 우리는 소통의 정의가 '정보의 전달이 아니라 진심을 주고받는 것'이라고 배웠다. 정의에서도 알 수 있듯이 소통은 '전달'이 아니라 '주고받는' 것이다. 일방적인 흐름이 아니라 쌍방향적 특성을 가졌다는 말이다. 쌍방향적 특성을 가진 소통에서는 타자(他者)의 존재가 매우 중요하다. 나의 진심을 받아주고 말고는 타자의 손에 달렸기 때문이다. 선택권이 타자에게 있다고 해서 무작정 낙담할 일만은 아니다. 타자의 마음을 잘 이해하면 나에게 유리한 결정을 내리도록 유도할 수 있기 때문이다. 그럼, 타자의 마음을 잘 이해하기 위해서는 어떻게 해야 할까? 상대방의 입장에서 생각하는 것이 필요하다.

상대방의 입장에서 생각하려면 우선, '역지사지(易地思之)'의 마음가짐을 가져야 한다. 그러나 상대를 위한다고 한 행동이 오히려 상처를 주거나 상대방을 곤란에 빠뜨리는 경우도 있다. 내 편에서 생각할 때는 좋은 것이 상대에게는 오히려 독이 되는 경우다. 이러한 예는『장자(莊子)』의 〈지락〉편에 잘 나타나 있다.

> 옛날 바다 새가 노나라 교외에 날아와 앉았다. 노나라 임금은 이 새를
> 친히 종묘 안으로 데리고 와 술을 권하고 아름다운 궁궐의 음악을 연
> 주해주고, 소와 돼지, 양을 잡아 접대하였다. 그러나 새는 어리둥절해
> 하고 슬퍼하기만 할 뿐, 고기 한 점 먹지 않고 술도 마시지 않은 채 사
> 흘만에 결국 죽어버리고 말았다. 이것은 사람을 기르는 방법으로 새
> 를 기른 것이지, 새를 기르는 방법으로 새를 기르지 않은 것이다.
>
> —『장자(莊子)』, 〈지락(至樂)〉

노나라 임금은 바다 새를 위한답시고 궁궐에서 융성한 연회를
열어주었다. 음악을 연주해주고 고기와 술을 대접했다. 바다 새는 그
연회를 맘껏 즐겼을까? 즐기기는커녕 사흘만에 죽어버리고 말았다.
노나라 임금의 배려가 바다 새에게는 오히려 독이 된 것이다. 상대
를 위하는 행위도 그것이 아무리 좋아 보여도, 상대방의 입장을 고
려하지 않으면 나쁜 결과를 가져올 수도 있다. 따라서 타인을 위하
는 행위에도 상대방의 입장에서 생각하는 '역지사지(易地思之)'의 마
음가짐이 필요하다. 역지사지는『맹자(孟子)』의 〈이루편(離婁編)〉 상
(上)에 나오는 '역지즉개연(易地則皆然)'이라는 표현에서 비롯된 말로
'다른 사람의 처지에서 생각하라'는 뜻이다. 무슨 일이든 상대방의
입장을 고려하지 않으면, 선의를 가지고 했던 행동이 오히려 상대방

에게 나쁜 결과를 가져다 줄 수도 있기 때문이다.

소통에서도 마찬가지다. 상대방의 입장을 고려하지 않으면 그 말이 상대에게 상처를 줄 수도 있다. 가령, 신입사원 환영회를 위한 회식을 하면서 2차로 노래방을 갔다. 언제나 그러하듯이, 회식의 주인공인 신입사원에게 노래를 부르게 시켰다. 이때 평소 농담을 곧잘 하는 팀장이 "저 친구 백 점 나오지 않으면, 다른 팀으로 보내버려" 라고 말했다고 치자. 물론 농담으로 한 말이다. 하지만 신입사원 입장에서는 기분이 어떨까? 팀장의 말에도 아무런 동요 없이 즐겁게 노래를 부를 수 있을까? 그렇지는 않을 것이다. 어쩌면 팀장의 말에 긴장이 되어서 평소 실력도 제대로 발휘하지 못할 수도 있다. "쟤, 잘라버려!" 회식 장소에서 사장이 우스갯소리로 말했다 하더라도, 이 말에 직원이 아무렇지도 않은 듯 농담으로 받아들이기는 어렵다. 입장 차이가 있기 때문이다. 권력자의 농담이 그의 영향력 아래에 놓인 사람에게는 비수처럼 꽂힐 수도 있다.

"상대방을 먼저 이해한 후에 소통하라." 이렇게 하기란 말처럼 쉬운 일만은 아니다. 사람들이 상대를 잘 이해하지 못하는 이유는 자신도 모르게 조금씩 '고정관념'을 갖고 있기 때문이다. 고정관념은 말 그대로 '생각(관념)이 고정화된 상태'를 말하는데, 이것에는 두 가지 측면이 있다. 생각에 대한 고정관념(fixed idea)과 사람에 대한 고정관점(stereotype)이 바로 그것이다. 전자의 고정관념은 우리의 사고가 고정되어 있는 것을 뜻하는 것으로, '본의가 아님에도 마음이 어떤 대상에 쏠려 끊임없이 의식을 지배하며, 모든 행동에까지 영향을 끼치는 것과 같은 관념'을 말한다. 쉽게 말해 '생각이 한쪽으로 쏠려 있는 상태'를 의미한다. 이를테면, '한국에서는 무조건 대학은 나와야 인간 대접을 받는다'거나 '모름지기 결혼은 해야 행복하게 살 수 있다'고 생각하는 것처럼 특정한 사태를 해석할 때, 한쪽으로만 쏠려서 생각이 고정된 경우다.

생각이 고정되면 소통에는 치명적일 수 있다. 이런 경우를 생각해보자. 어떤 사람이 방 안에 있다. 방에서 밖으로 나가려면 그는 문의 손잡이를 잡고 안으로 당겨야 한다. 그러나 그는 지금 밖으로 밀어야 문이 열린다고 생각하고 있다. 그는 밖으로 나갈 수 있을까? 밖으로 밀어야 문이 열린다는 생각을 포기하지 않는다면 방에서 나갈 수 없을 것이다. 만약 이 상태라면, 그는 지금 방 안에 갇혀 있는 것일까, 아니면 그의 '생각' 속에 갇혀 있는 것일까? 후자라고 보는 편이 옳을 것이다. 이처럼 생각이 고정되어 있으면, 다시 말해 고정관념에 사로잡혀 있으면 고립되기 쉽고 타인과의 소통도 어렵다.

생각해보자. 고정관념은 젊은이에게 많을까, 나이 든 사람에게 많을까? 일반적으로는 나이 든 사람일수록 고정관념이 많다. 왜? 아는 게 많기 때문이다. 아는 게 많고 그것이 옳은 것이라고 믿는 경향이 강할수록 생각이 고정화되는 경향도 많아진다. 정보가 지식이 되

고정관념 벗어나기 _Out of the box

생각이 고정되면 소통에는 치명적일 수 있다. 생각이 고정되어 있으면, 다시 말해 고정관념에 사로잡혀 있으면 고립되기 쉽고 타인과의 소통도 어렵다.

고, 지식이 믿음이 되고, 믿음이 신념이 된다. 세상사에 대한 강한 믿음, 즉 신념이 강할수록 고정관념이 되는 경향도 덩달아 높아진다. 니체가 이런 말을 했다. "신념은 거짓말보다도 더 무서운 적이다"라고.

사람들은 흔히 무엇인가에 대한 강한 믿음을 가지는 것에 대해 좋은 것으로 해석한다. 하지만 세상이 바뀌고 환경이 변하면 그것이 통하지 않는 경우도 있으며, 이는 소통에서 장애물이 되기도 한다. 가령, 조선시대만 하더라고 여성은 삼종지도(三從之道)의 법도를 따라야 했다. 삼종지도란 『예기(禮記)』의 〈의례(儀禮)〉에 나오는 말로, 여자가 따라야 할 세 가지 도리를 뜻한다. 어려서는 아버지를, 결혼해서는 남편을, 남편이 죽은 후에는 자식을 따라야 한다는 말이다. 조선시대라면 이 말을 진리처럼 되뇌더라도 소통에 별 문제가 없을 것이다. 요즘이라면 어떨까? 씨도 먹히지 않을 말이다. 아직도 간혹 어르신 중에는 삼종지도의 법도를 따라야 한다고 믿는 분이 있다. 그만큼 고정관념이 강한 분이라고 볼 수 있는데, 아무래도 젊은 세대와 소통하기는 힘들다. 이처럼 생각이 고정화되면 상대를 이해하는데 방해가 되고, 그 결과 소통이 어려워진다.

사람의 대한 고정관념(stereotype)도 마찬가지다. 흔히 우리가 선입견(先入見)이라고 부르는 '스테레오타입'은 어떤 대상에 대해 이미 마음속에 가지고 있는 고정된 관념이나 관점을 말한다. 가령, '초등학교 교장선생님은 고리타분하다'든지 '남자들이 예비군복을 입으면 개가 된다'든지 하는 관념이 여기에 해당한다. 이러한 고정관념은 특정한 대상을 집단으로 싸잡아 보려 하기 때문에 정보처리에는 유리한 면이 있겠지만 개개인의 특성을 무시하는 오류를 범하기 쉽다. 그런데 소통은 집단과 하는 것이 아니라 개개인끼리 주고받는 것이기 때문에 개인의 독특성이 무시되면 원만한 대화를 하기 어렵다.

지금은 거의 없어지긴 했지만, 과거 우리는 특정 집단을 스테레오타입으로 바라보고 해석했던 나쁜 경험이 있다. 대표적인 것이 '영호남 갈등'이다. 전라도 사람은 어떻다는 둥, 경상도 사람은 어떻다는 둥 해가면서 지역적 특성을 개인적 인격으로까지 확대 해석했던 적이 있다. 물론 그렇게 된 가장 이유는 위정자가 정치적 목적으로 편 가르기를 한 것에 있겠지만, 이를 맹목적으로 받아들인 국민들의 행위도 마냥 두둔할 수만은 없다. 이러한 태도는 아무리 좋게 해석해도 무지의 소산이며 폭력이라고 밖에 말할 수 없다. 무지와 폭력 위에 원활한 소통을 기대하기란 힘들 것이다. 먼저 고정관념이라는 장막을 걷어버려야 진심이라는 얼굴을 마주할 수 있는 법이다.

언어도 고정화되면 소통에 장애가 생길 수 있다. 예를 들면, "사랑해"라는 표현은 일반적으로 남녀간 성애(性愛)를 느낄 때 사용하는 표현이다. 하지만 반드시 그것으로만 고정된 것은 아니다. 다른 용법으로 사용되는 경우도 많다. 고객이 모 기업의 콜센터(고객만족센터)

에 전화를 걸면 저쪽에서는 "사랑합니다. 고객님"이라는 말로 대화를 시작한다. 이때 "사랑합니다"라는 말은 성애를 전제로 한 표현이 아니다. 만약 누군가가 콜센터 직원의 이 말을 듣고 '나와 사랑을 나누고 싶어하는구나'라고 해석한다면 난처한 상황이 발생할 수 있다. 일종의 '아이러니(irony)'가 된다. 뿐만 아니다. "사랑해"라는 표현은 잘못을 저지른 남편이 아내에게 '제발 한 번만 봐줘'라며 용서를 구할 때 사용할 수도 있고, 사랑했던 연인과 결별을 선언하면서 남기는 마지막 말일 수도 있다. 상황마다 의미가 다르다는 뜻이다.

왜 그런 것일까? 언어란 개인의 생각이나 느낌 따위를 전달하는 음성이나 문자의 사회적 관습체계를 말한다. 그래서 사람들은 이러한 언어 체계가 항상 고정되어 있고 모든 상황에서 동일하게 적용되는 기준이라고 믿는 경우가 많다. 하지만 언어의 체계는 고정되어 있지 않다. 이를 두고 '언어의 이중성'이라고 부른다. 무슨 말인고 하니, 언어에는 두 가지의 기능이 동시에 작용한다는 소리다. 언어에는 겉으로 드러나는 '표시적 기능(denotation)'과 그 말이 내포하고 있는 의미인 '암시적 기능(connotation)'이 동시에 존재한다. 따라서 소통을 할 때 이 둘을 동시에 고려하지 않으면 제대로 된 대화를 나눌 수가 없다.

예를 들어보자. 남성이 소개팅을 하려는데 주선자에게 상대가 어떤 사람인지를 물었다. 주선자는 남성의 질문에 "응, 성격은 참 좋은 여성이야"라고 대답했다. 주선자가 한 말의 본뜻은 무엇일까? 주선자는 단지 상대 여성의 성격적 특성만을 알려준 것일까? 그렇지 않다. '성격이 좋다'는 표현에는 성격만이 아니라 상대의 외모적 특성까지 내포하고 있다. 주선자의 말을 듣고 상대의 외모에 대해 기대를 잔뜩 가졌다면 남성은 소개팅 자리에서 금방 실망하고 말 것이다. 이 상황은 누구의 잘못일까? 외모에 대해서 정확히 이야기해주지 않은 주선자의 잘못인가? 그렇지 않다. 주선자가 상대의 외모에 대해서 명시적으로 표현하지는 않았지만 암시적으로는 분명히 설명을 했다. "(외모는 별로지만)성격은 참 좋다"고. 잘못은 그 말을 제대로 알아듣지 못한 남성에게 있다. 그는 언어에 두 가지 기능, 즉 '언어의 이중성'이 있다는 사실을 이해하지 못했으며 표시적 기능으로만 소통했던 것이다. 소통을 할 때 언어의 두 가지 기능, 즉 표시적 기능과 암시적 기능을 동시에 고려하지 못하면 오해가 발생할 가능성이 크다.

일반적으로 언어의 표시적 기능은 약간의 정규교육을 받은 사람이라면, 또는 어느 정도의 상식을 가진 사람이라면 누구나 동일하게 이해할 수 있다. 하지만 암시적 기능을 이해하는 것은 개인의 지식 수준과는 별개다. 언어가 내포하고 있는 함축적 의미는 상황마다 다를 수 있기 때문이다. 욕쟁이 할머니가 운영하는 식당에 가본 적이 있는가? 그곳에 처음 간 사람은 적잖이 당황하거나 불쾌감을 느끼는 경우가 있다. 가령 할머니에게 물을 갖다 달라고 요청을 하면, 물을 가져다 주기는커녕 호된 욕설만 되돌아온다. "이놈아! 니(네)가 가져다 처먹어! 젊은 놈이 손이 없어, 발이 없어!"하면서 말이다. 하지만 그곳의 단골 손님은 할머니의 호통을 듣고도 화를 내기는커녕 껄껄거리며 웃는다. 왜 그럴까? 그들은 할머니의 호통이 욕설이 아님을 알기 때문이다. 욕설 같은 표현이 내포하고 있는 암시적 의미를 알기에 오히려 그 말을 정감의 표현으로 해석하는 것이다. 하지만 그곳에 처음 간 사람은 당혹감을 넘어 불쾌감마저 들 수 있다. 할머니의 욕설을 서비스가 형편없다고 해석할 수도 있다. 이처럼 동일한 언어 표현에 대해서도 그 말의 '암시적 의미'에 대한 해석이 다를 수 있다.

언어의 암시적 의미를 제대로 이해하기 위해서는 어떻게 해야할까? 앞서 욕쟁이 할머니의 가게에 처음 방문한 사람과 단골이 느끼는 반응의 차이가 어디에서 기인했는지를 생각하면 힌트를 얻을 수 있다. 단골은 왜 할머니의 욕설을 정감의 표현으로 해석한 것일까? 그곳에서는 그러한 '용법'으로 사용되고 있기 때문이다. 다시 말해, 그 가게에서는 할머니의 욕지거리가 단지 욕설이 아니라 정(情)을 드러내는 또 다른 방식임을 알고 있는 것이다. 그러니 해석이 긍정적일 수밖에. 이처럼 어떤 언어를 제대로 이해하기 위해서는 해당 표현의 사전적 의미를 아는 것 만으로는 부족하다. 암시적 의미를 제대로 알기 위해서는 그 말이 어떠한 용법이나 용례로 사용되는지에 대한 이해가 필요하다. 상대방에 대한 삶의 문맥이나 맥락까지 알아야 비로소 낱말의 제대로 된 의미를 알 수 있다. 영미철학자 비트겐슈타인도 이 점을 놓치지 않았다. 그는 언어 표현의 기능이 고정되어 있는 것이 아니라고 주장했다.

> 어떤 한 낱말이 어떻게 기능하느냐는 추측될 수 있는 것이 아니다. 우리는 그 낱말의 적용(use)을 주시하고, 그로부터 배워야 한다.
> —비트겐슈타인, 『철학적 탐구』

비트겐슈타인에 따르면, 낱말에는 고유하게 정해진 본래의 의미가 없다. 그 말이 어디서 어떻게 사용되는가에 따라 의미가 다 달라지기 때문이다. 그래서 그는, "낱말의 적용(use)을 주시하고, 그로부터 배워야 한다"고 주장한 것이다. 그 낱말이 어떻게 적용되는지를 알기 위해서는 그것이 활용되는 곳의 문맥, 다시 말해 그 말을 사용하는 사람의 삶에 대한 맥락을 이해할 수 있어야 한다. 욕쟁이 할머니 가게에서 단골들이 그곳에서의 용법을 이해했듯이, 타인의 삶의 맥락을 이해하면 각각의 언어가 어떻게 사용되는지를 알게 되고 소통의 오류를 줄일 수 있다.

사실 비트겐슈타인의 주장은 단순하다. 동일한 말이라도 그것이 사용되는 맥락에 따라서 의미는 천차만별로 달라질 수 있다는 것, 그래서 한 가지 의미만을 고집한다면 소통에서 오해가 발생할 수 있다는 것이다. 최근 들어 우리를 둘러싼 삶의 조건이 매우 빠르게 변화하고 있다. 가정에서 부모가 살았던 환경과 자녀가 살고 있는 조건이 매우 다르다. 조직에서 기성세대가 근무했던 환경과 신세대가 처한 조건이 상이하다. 이러한 환경과 조건의 이질성은 세대나 계층 간 갈등을 일으키는 원인이 되기도 한다. 삶의 문맥이 서로 다르기 때문이다. 그 결과, 부모는 자녀의 행동을 이해하지 못하고 자녀는 부모의 간섭이 지겹다. 조직에서도 마찬가지다. 기성세대는 신세대의 개인주의 성향이 못마땅하고 신세대는 기성세대의 맹목적인 조직지향적 태도가 이해하기 어렵다. 하지만 이러한 상황은 어느 한쪽의 잘못이 아니다. 서로가 상대방의 삶의 문맥을 이해하려는 노력이 부족했기 때문이다. 이처럼 타인과의 소통에서 서로 간에 삶의 환경과 조건의 다름을 이해하지 못하고, 그래서 언어의 문맥에 차이가 있을 수 있음을 인식하지 못한다면, 그래서 자신의 문맥으로만 상대방의 이야기를 재단하려 한다면 우리는 언제고 다시 욕쟁이 할머니의 가게에서 느꼈던 불쾌감을 느낄 수밖에 없다.

소통을 함에 있어 상대방의 삶을 이해한다는 것, 상대가 처한 삶의 조건과 환경을 이해한다는 것은 무엇보다 중요하다. 왜냐하면 인간의 삶의 조건이 많은 부분 생각에 영향을 주고, 더 나아가 생각 자체를 규정하기도 하기 때문이다. 독일의 사회학자 카를 만하임은 이를 '존재구속성(存在拘束性)'이라는 개념으로 소개했다. 이 말은 그가 지식사회학에서 사용한 중심 개념인데, 모든 지식이나 사유가 존재의 구속을 받은 이데올로기라는 뜻이다. 예컨대, 북한에서 방송되는 뉴스에서는 언뜻 이해되지 않는 장면이 방영될 때가 있다. 북한 주민이 자신들은 헐벗고 굶주리면서도 최고지도자를 열렬히 찬양한다. 통상적인 우리의 상식으로는 이해가 되지 않는 장면이다. 하지만 북한에 태어나고 그곳에서 자라면서 그곳의 교육을 받은 사람에게는 그러한 행동이 매우 자연스러운 일일 수도 있다. 개인의 생각이나 사상은 자신의 존재가 속한 환경이나 조건에 영향을 받기 때문이다.

우리의 생각이 존재가 처한 상황에 구속된다는 점은 비단 거시적 환경의 차이만을 의미하는 것은 아니다. 동일한 사람이라도 미시적 환경이 달라지면 생각과 관심이 달라진다. 가령, 아들이 군대를 가면 길거리에서 군복을 입은 군인들이 눈에 더 잘 띈다. 자기 자식이 취업을 못해서 발을 동동 구르고 있으면 우리 사회의 청년실업 문제가 얼마나 심각한지 절감한다. 이처럼 인간은 자신이 처한 삶의 조건이나 환경에 영향을 받는 존재다. 삶의 조건에 따라 우리의 생각과 행동이 영향을 받고 그에 따라서 언어도 달라진다. 따라서 소통을 함에 있어 상대방의 삶과 상대가 처한 환경이나 조건을 이해하는 것이 무엇보다 중요하다고 할 수 있다.

소통을 함에 있어 상대방의 삶을 이해한다는 것, 상대가 처한 삶의 조건과 환경을 이해한다는 것은 무엇
보다 중요하다.

군자는 화이부동하고,
소인은 동이불화한다

상대방에 대한 삶을 이해했다면 이제 자신과 상대방이 서로 다름을, 차이가 있음을 인정할 수 있어야 한다. 앞서도 말했듯이 사람마다 가진 개인의 독특성을 무시하고 일반성의 논리로 재단한다면 소통이 단절되고 자칫 폭력으로 점철될 수도 있기 때문이다. 소통이 정보를 '전달'하는 일방적인 과정이 아니라 진심을 '주고받는' 쌍방향의 과정인 만큼 소통 주체인 상대에 대한 인정은 필수적이다. 상대를 인정한다는 것은 나와의 다름을 이해한다는 것이며, 그 차이를 있는 그대로 받아들인다는 말이다. 이는 다양성을 받아들이는 것이며, 상대의 독특성을 인정한다는 뜻이기도 하다. 상대와의 차이를 인정하겠다는 태도는 포용력으로 이어지고, 더 나아가 상대에 대한 존중과 배려로 이어져 소통을 원활하게 만드는 촉매제로 작용한다.

예로부터 훌륭한 리더는 타인과의 차이를 인정할 줄 알았다. 『논어(論語)』에 이런 말이 나온다.

군자는 화이부동하고(君子和而不同),

소인은 동이불화한다(小人同而不和).

이 말은 〈자로(子路)〉편에 나오는 말로, '군자는 다름을 인정하고 다른 것들과의 조화를 도모하는데, 소인은 다름을 인정하지 못하고 무엇이나 같게 만들려고 한다'는 뜻이다. 즉 군자는 '화이부동'하여 자신과 다른 사람을 인정하고 그를 존중하는 반면, 소인은 '동이불화'하여 자신과 다른 생각을 가진 사람을 배척한다는 말이다. 이 말은 기본적으로 나와 다른 남을 인정해야 한다는 뜻을 담고 있다. 생각도 다르고 살아가는 방식도 다른 타인의 존재를 존중해야 한다는 것이다. 이념도, 추구하는 목적도, 살아 온 지역과 문화도 다르지만 그것을 아우르고 그 속에서 조화를 만들어 내는 것이 군자의 역할이다. 동일한 종류와 색깔의 꽃으로만 채워진 화단을 생각해보라. 아름다울까? 그렇지 않을 것이다. 그것보다는 다양한 모양과 색상의 꽃들이 조화롭게 피어있는 화단이 더욱 아름다운 법이다. 이처럼 이질적인 사람들의 서로 다름을 인정하고 상생하려는 원리가 바로 '화이부동'이며, 이는 소통의 기본 원리이기도 하다. 조직에서도 마찬가지다. 리더가 자신과 다른 성향이나 가치관, 행동양식을 가진 구성원과도 '화이부동'의 마음가짐으로 다름을 인정하고 상대를 존중할 때 신뢰가 생기고 그들과 진심을 터놓는 소통이 가능해진다.

공자가 주장한 '화이부동'의 정신을 받아들인다 할지라도 현실에서 이를 적용하기란 여간 만만한 일이 아니다. 특히 나이 차이를 극복하기란 여간 힘든 게 아니다. 명절 때면 많은 사람들이 고향을 찾는다. 고향에서 연세 많으신 어르신과 소통을 시도해보라. 어디 쉬운 일인가? 기본적인 인사와 안부 등을 묻고 나면 더 이상 할 말이 없어진다. 서로 공유할 수 있는 화제나 대화거리가 없기 때문이다. 해서, 어르신과의 대화가 조금씩 서먹해지기 시작하면 핑계를 대면서 자리를 벗어난다. 그렇지 않은가? 이러한 상황을 우리는 '세대차이(世代差異)'라고 통칭해서 부른다. 세대차이란 서로 다른 세대들 사이에 있는 감정이나 가치관의 차이를 가리키는 말인데, 이는 소통의 단절을 가져오는 주요 원인으로 거론된다.

생각해보자. "세대차이 때문에 소통이 어렵다"는 주장은 정말로 맞는 말일까? 결론부터 말하면, 이 명제는 참이 아니다. 증명해 보겠다. 당신이 가장 혈기왕성했던 청춘 시절을 떠올려보자. 사람마다 다를 테니, 그냥 당신이 20세였던 시절을 떠올려보자. 몇 년도인가? 아무튼 그 시절을 떠올리면서 다음의 질문에 답해보자. 내가 20세였던 당시에 우리나라에서 가장 인기 있었던 여배우(또는 남자배우)는 누구였는가? 대부분은 떠오르는 배우가 한두 명씩은 있을 것이다. | 1980년대를 청춘으로 보낸 사람이라면 유지인, 정윤희, 장미희(이들을 두고 당시에는 '트로이카'라고 불렀다)를 떠올릴 것이고, 1990년대에 청춘이었던 사람은 최진실, 황신혜, 채시라, 고현정 등을 떠올릴 것이다. 남자배우는 '패쓰'! 아무리 세월이 흘렀기로 청

춘 시절에 열광했던, 또는 흠모했던 여배우를 어찌 잊을까. 그럼, 다른 질문을 해 보겠다. 요즘 청춘들에게 가장 인기 있는 여(남)배우는 누구일까? 어느 정도 연배가 있으신 분 |80~90년대를 청춘으로 보낸 분|이라면 이 질문에 쉽게 답하지 못하는 경우도 있을 것이다. 흥미로운 점은 20~30년 전에 자신이 좋아했던 여배우는 아직도 기억하지만 현재 인기 있는 여배우는 누군지 잘 모른다는 사실이다. 내가 관심을 가졌었던 젊은 시절의 기억은 여전히 생생하지만 요즘 젊은 배우에 대해서는 잘 모르는 현상, 이를 두고 우리는 쉬운 말로 '세대차이'라고 설명한다.

그렇다면, 이 질문은 어떤가? 요즘 가장 인기 있는 스포츠 스타는 누구일까? 이 질문에는 대부분 어렵지 않게 대답할 것이다. 축구선수 아무개, 야구선수 아무개, 골프선수 아무개의 이름이 자연스레 떠오를 것이다. 재미있지 않은가? '요즘 인기 있는 배우는 누구인가'라는 질문에는 답을 못하는 반면, '인기 스포츠 스타는 누구인가'라는 질문에는 대부분 쉽게 답한다. 우리가 관심을 가지고 있는 스포츠 분야에서는 별다른 차이를 느끼지 못하고 있는 셈이다. 이제 다시 물어봐야겠다. 이런 현상을 두고 우리는 세대차이라고 말하는 것이 옳은가? '세대차이'인가, 아니면 '관심차이'인가? 그렇다. 우리는 '세대차이'로 치부하지만 정확하게 말하면 '관심차이'라고 보는 편이 타당하다. 자신이 관심을 가지고 있는 영역에서만큼은 아무리 나이가 들어도 세대차이를 느끼지 않는다. 한류 열풍으로 외국 팬들이 한국의 아이돌 그룹의 공연을 보러 우리나라를 찾는 경우가 많다. 그런데 일본 팬 중에는 나이가 환갑이 넘은 할머니들도 있다. 어린 소녀 팬들 틈에서 나이와 국경을 초월한 '팬심(fan-心)'으로 열광적인 환호를 보낸다. 심지어 어떤 경우에는 엄마와 딸이 동시에 팬클럽 회원이 되어 응원을 하기도 한다. 생각해보자. 같은 팬클럽 소속의 엄마와 딸은 아이돌 그룹을 소재로 대화할 때 세대차이를 느낄까? 전혀 그렇지 않을 것이다. 왜? 서로의 관심이 동일하기 때문이다. 다시 말해 서로가 같이 관심을 갖는 주제에 대해서는 나이 차이가 날지언정 세대차이를 느끼지 않는다. 소통에 장애가 전혀 없다. 따라서 세대차이가 아니라 관심차이라고 말하는 편이 옳다.

'세대차이가 아니라 관심차이다'라는 관점의 변화는 우리에게 새로운 희망을 가져다준다. 나이 차이가 많이 나는 대상과의 소통이 어려운 현실을 단지 '세대차이'라고 규정해버리면 그것은 극복하지 못하는 장벽이 되고 만다. 하지만 '관심차이'라고 말하는 순간 장벽을 극복할 가능성을 발견하게 된다. 어떻게? 타인이 관심을 가지는 영역에 대해 나도 관심을 가지면 서로를 가로막던 벽도 허물어낼 수 있다. 부모는 자녀의 관심사에 주의를 기울이고, 자녀는 부모의 마음을 헤아리려고 노력하면 세대차이도 극복할 수 있다. 조직에서도 마찬가지다. 상사는 부하직원의 관심사를 두루 살피고, 부하는 상사의

관점의 변화는 우리에게 새로운 희망을 가져다준다. 상대와의 차이를 인정하고 이해하려는 태도는 소통에서 공감으로 이어진다.

마음을 이해하려 한다면 계층 간의 장벽도 넘어설 수 있다. 타인과의 차이를 인정하고 마음으로 이해하려는 자세가 중요하다.

　상대와의 차이를 인정하고 이해하려는 태도는 소통에서 공감으로 이어진다. 공감(共感)이란 상대와 감정을 공유하는 상태를 말한다. 타인의 감정이나 의견, 주장 따위에 자신도 그렇다고 느끼는 것이다. 상대가 자신에게 공감해주면 동질감을 느끼면서 편안한 기분이 든다. 적이 아니라 아군을 만난 느낌이다. 아군끼리는 무장(武裝)을 하지 않는다. 무장해제. 동질감과 편안함을 주는 상대에게는 무거운 짐을 내려놓고 가면을 벗어 던진다. 진심을 드러내도 아무런 문제가 될 것이 없다고 느끼기 때문이다. 공감을 주고받는 상대와는 마음을 드러내는 일이 용이하다. 희로애락(喜怒哀樂)의 감정 표현이 자유롭다. 내가 무슨 감정을 표출해도 상대가 받아줄 거라고 믿기 때문이다. 자연스레 진심을 주고받는 소통이 가능해진다. 결국 차이를 인정한 상태에서 공감해주는 관계에서는 소통이 원활해진다.

　명나라 말기의 중국 사상가 중에 '이탁오'라는 분이 있다. 그는 유고적 권위에 맹종하지 않고 자아 중심의 자유정신을 추구했는데, 『분서』라는 책에서 이렇게 썼다. "스승이면서 친구가 아니면 스승이라고 할 수 없다. 친구이면서 스승처럼 배울 게 없다면 역시 친구라 할 수 없다." 그는 아무리 스승과 제자 사이라도 수직적이거나 일방적이어서는 진정한 관계가 아니라고 보았다. 스승의 그림자도 밟아서는 안 된다거나 '군사부일체'라는 유교적 가르침에 충실한 사람이라면 언뜻 받아들이기 힘든 주장이다. 하지만 그는 절대적 권위에 얽매이지 않는 자유사상가다. 그는 사제지간이라도 친구처럼 서로에게 배울 수 있어야 한다고 주장한다. 그래야만 서로에게 도움이 되고 보다 나은 관계로 발전할 수 있기 때문이다. 친구와 같은 사제지간. 이를 위해서는 전제되어야 할 조건이 있다. 스승이 제자를 인정하는 것. 제자의 생각과 의견, 주장을 있는 그대로 받아들이면서 숙고할 수 있는 열린 마음이 전제되어야 한다. 스승과 제자라는 나이와 신분의 차이에도 불구하고 서로를 인정하고 열린 마음으로 서로 배우려는 자세를 가져야 비로소 제대로 된 소통이 가능해진다. 요컨대 상대를 인정해야 열린 소통도 가능하며, 그러한 관계라야 진정한 리더십도 발휘할 수 있다.

리더가 풍부해야 세상이 아름다워진다

앞서도 여러 번 언급했지만, 요즘은 점점 리더십을 발휘하기가 어려운 상황이다. 그렇다고 해서 마냥 리더십을 포기할 수도 없는 노릇이다. 하늘이 무너져도 솟아날 구멍이 있듯이 아무리 어려워도 돌파구는 있는 법이다. 어떻게 해야 할까? 밖으로 나가는 문의 손잡이는 언제나 안에 있듯이, 어려움에서 벗어나기 위해서는 내가 바뀌어야 한다. 리더가 먼저 변해야 한다. 리더가 인문학적 소양을 갖추고 인간에 대한 이해의 폭을 넓혀야 한다. 삶과 세계에 대한 혜안과 미래에 대한 통찰력을 길러야 한다.

김달진 시인이 옮긴 『법구경』에는 이런 말이 나온다.

"아름다운 복숭아 꽃은 사람을 부르지 않지만 그 밑에 절로 길이 난다."

꽃이 품어내는 아름다움과 향기가 절로 사람을 불러모은 것이다. 리더십도 마찬가지다. 리더십은 단지 사람을 부리는 '기술'이 아니다. 리더의 인품에 부하가 스스로 따르는 것이라 봐야 옳다. 리더의 고매한 인격과 성품에 절로 고개가 숙여지고 그의 뜻을 좋고 싶은 마음이 드는 것이다. 따라서 리더는 사람을 움직이게 만드는 몇 가지 기술을 익히려고 애쓰기보다 자신의 품격을 높이기 위해 노력해야 한다.

흔히 탁월한 리더십을 가진 인물을 생각하면 가장 먼저 리더가 가진 '위세(威勢)'를 떠올린다. 위세란 위엄과 권세를 뜻하는 말로, 사람을 두렵게 하여 복종하게 만드는 힘을 뜻한다. 헌데, 위세에는 두 측면이 있다. 하나는 '위엄(威嚴)'이고, 다른 하나는 '허세(虛勢)'다. 그 둘은 동전의 양면처럼 미묘하게 공존하지만, 명백하게 다른 것이다. 허세는 자신의 지위나 권한을 뽐내면서 타인 위에 서려고 몰두하는 것이다. 그에 반해, 위엄은 그런 외적인 권세에 의존하지 않는다. 스스로 품격을 높여 내면에서 우러나오는 기세를 갖추려고 노력한다. 허세에 의존하는 리더는 부하 위에 군림하면서 부리려고 한다. 위엄을 갖춘 리더는 자신의 인격과 역량으로 부하가 부족한 부분을 메워주며, 넓은 아량과 너그러움으로 부하에게 베풀어준다. 당연한 말이겠지만, 품격을 갖추지 못한 리더는 허세에 의존할 수밖에 없다.

인문고전을 공부하는 리더라면 반드시 기억해둬야 할 금언이 있다. 독일 철학자 칸트의 말인데, 그는 『실천이성비판』에서 이런 말을 했다.

"언제 어디서나 너와 다른 사람을 항상 수단이 아닌 목적으로 대하라."

"언제 어디서나 너와 다른 사람을 항상 수단이 아닌 목적으로 대하라."

부하를 목적으로 대하는 리더는 일단 인간적이다. 무조건적인 복종을 강요하기보다 마음에서 우러나오
는 자발성을 중시한다.

부하직원을 수단으로 생각하는 리더가 있고, 목적으로 대하는 리더가 있다. 이 둘 사이에는 엄청난 차이가 있다. 전자의 리더는 자신의 목적을 위해 부하를 수단처럼 이용한다. 이런 리더는 부하를 자신의 전유물이라 여긴다. 무조건 시키는 대로 따라야 한다고 생각한다. 목적 달성을 위해 부하에게 헌신과 희생을 강요한다. 그 과정에서 자신에게 별 도움이 되지 않는다고 판단되면 가차없이 제거한다. 부하를 목적으로 대하는 리더는 이와 다르다. 일단 인간적이다. 무조건적인 복종을 강요하기보다 마음에서 우러나오는 자발성을 중시한다. 목적 달성을 위한 방법을 모색하지만, 그 과정에서 부하의 꿈과 인생도 고려한다. 결과보다는 과정을 중시하고, 조직의 성과만이 아닌 공존의 길을 모색한다. 전자의 리더가 허세에 집착한다면 후자의 리더는 위엄을 중시한다.

농민이자 작가였던 전우익 시인은 『사람이 뭔데』에서 목수의 비유를 통해 두 가지 리더십의 차이를 표현했다.

"대목은 있는 모양과 결을 어떻게 살릴 것인가를 고민하고, 신출내기는 모양과 결을 무시하고 어떻게 톱질하고 대패질할까를 고민한다."

그에 따르면, 목수에는 두 종류가 있다. 대목과 신출내기. 대목

(大木)은 큰 건축물을 잘 짓는 목수를 말하는데, 목수 중에서 빼어난 사람이다. 그는 건축물을 지을 때 재료인 목재를 받으면, 먼저 그 목재가 가진 모양과 결을 어떻게 살려서 활용할지를 고민한다. 반면, 신출내기는 목재를 받으면 자신이 만들고 싶은 대로 톱질하고 대패질한다. 대목은 목재의 고유한 개성을 살리려 하고, 신출내기는 무시해버린다. 신출내기에게 목재는 단지 건축물을 짓기 위한 수단일 뿐이다. 목적인 건축물을 위해 수단인 목재는 아무렇게나 활용되어도 된다고 생각한다.

이런 관점으로 보자면, 리더도 두 종류로 구분할 수 있다. 대목 같은 리더와 신출내기 리더. 둘의 차이는 목재, 다시 말해 부하를 대하는 태도에 달렸다. 대목 같은 리더는 부하가 가진 모양과 결, 즉 개성을 어떻게 하면 살릴 것인지를 고민한다. 반면, 신출내기 리더는 부하의 개성을 무시하고, 자신이 만들고 싶은 대로 톱질하고 대패질한다. 전자에게 부하는 그 자체로 목적이다. 후자에게 부하는 수단에 불과하다. 목적을 위해서라면 어떻게 사용되어도 무방하고, 경우에 따라서는 희생도 불사한다. 한번 물어보자. 당신이라면 어떤 리더 밑에서 일하고 싶은가? 달리 물어보자. 당신은 어떤 리더가 되기를 원하는가? 선택은 당신의 자유다.

리더십이 단지 기술이 아니라는 말은 동일한 행동에도 리더가 가진 품격의 깊이에 따라 영향력에서 차이가 난다는 소리다. 즉 리더가 가진 그릇의 크기가 리더십을 좌우한다는 뜻이다. 세상의 모든 물은 결국 넓은 바다로 흘러가듯이, 그릇이 큰 리더에게 부하직원이 모여들기 마련이다. 그릇을 키우려면 어떻게 해야 할까? 인문학을 가까이해야 한다. 그래야 품격이 생긴다. 평소 인문고전을 가까이 한 리더는 품(品)이 넓어지고 격(格)이 높아진다. 인문고전을 통해 품격을 갖춘 리더에게 부하는 따르게 된다. 결국 인문학은 리더를 풍부하게 만들고 리더십을 강하게 만들고 세상을 아름답게 만든다. 끝으로 중국의 대문호인 '왕멍'이 『나는 학생이다』에서 남긴 말로 마무리할까 한다.

> 자기가 풍부해야 세상의 풍부함을 만끽할 수 있다. 비좁고 완고한 사람의 세계는 영원히 헤어나오지 못하는 동굴과 같다. 자기가 배우기를 좋아해야 세계의 신기함을 느낄 수 있다. 게으른 사람의 세계는 단조로움의 반복일 따름이다. 자기가 선량해야 세계의 아름다움을 느낄 수 있다. 음모가의 주변은 영원히 보이지 않는 함정이다. 자기가 남들에게 책잡힐 것이 없어야 유유자적하게 살 수 있다. 남에게 아부하여 겨우 한자리 얻은 사람은 제 방귀소리에도 놀라 근심이 태산 같다.
>
> -왕멍, 『나는 학생이다』

Epilogue

인문학적 소양이 없으면
당신도 '아이히만'이 될 수 있다

늦가을 지리산에 단풍이 곱게 물들면 해인사에서는 조촐한 추모행사가 열린다. 대한민국 공군 전투기 조종사인 고(故) 김영환 장군을 기리는 추모제다. 김영환 장군은 한국전쟁 때 해인사와 팔만대장경을 지켜낸 인물이다. 당시 상황은 이랬다. 전쟁 중 공비 두 명이 가야산으로 숨어들었다. 미군 상부에서는 공비토벌을 위해 김영환 장군에게 해인사를 폭격하라는 명령을 내렸다. 이에 김영환 장군은 명령을 거부한 채 먼 산에다 기관총 몇 발을 쏘고는 부대로 귀환했다. 그는 해인사를 폭격하라는 미군 상부의 명령을 거부하고, 해인사와 국보 32호인 팔만대장경을 지켜낸 것이다. 상명하복의 엄격한 규율이 강조되는 군대에서 명령불복종의 죄는 가벼이 넘어갈 문제가 아니다. 그는 군법회의에 회부되어 명령 거부의 이유를 추궁당한다. "폭격 지시를 받지 못했는가? 사찰이 국가보다 중요한가?" 김영환 장군은 대답한다. "신호탄은 똑똑히 보았고, 사찰이 국가보다 중요할 리는 없습니다. 하지만 공비보다는 사찰이 중요합니다."

군관을 양성하는 사관학교에서 무(武)와 더불어 왜 인문학을 병행하여 가르쳐야 하는지를 알 수 있는 대목이다. 무릇 군관(軍官)이라 하면 명령하달에 충실한 무조건적인 살인기계가 되어서는 안 되는 이유이기도 하다. 무(武)와 함께 문(文)의 교양을 지닌 한 사람의 장교가 대대손손 그 값어치를 따질 수 없는 찬란한 문화유산을 후손들에게 물려준 것이다. 리더에게 인문학적 소양이 왜 중요한지를 잘 보여주는 사례다.

반면 이런 경우도 있었다. 1961년 예루살렘에서는 세기의 재판이 열렸다. 나치 친위대 중령이었던 아돌프 아이히만에 대한 전범재판이었다. 그는 아우슈비츠 유대인 수용소에서 600만 명을 살해한 범죄에 관계한 핵심 인물이었다. 재판 과정에서 그는 무죄를 주장했다. 자신은 유대인에 대해 아무런 악의도 없고 살해할 의도도 없었다. 다만 본인에게 주어진 책임과 의무를 다하는 과정에서 "그냥 일어난" 부수적 피해일 뿐이었다는 논리다. 상부가 시키는 대로 했을 뿐이므로 자신에게는 아무런 책임이 없다는 것이다. 아이히만의 주장에 대해 어떻게 생각하는가?

당시 독일 태생의 유대인 정치철학자인 한나 아렌트가 주간 교양잡지 〈뉴요커〉의 청탁으로 이 역사적 재판을 취재했다. 그녀는 2년 후 출간한 저서 『예루살렘의 아이히만』에서 그를 다음과 같이 묘사했다.

> 아이히만은 이아고도 맥베스도 아니었고, 또한 리처드 3세처럼 악인임을 입증하기로 결심하는 것은 그의 마음과 전혀 동떨어져 있는 일이었다. 자신의 개인적인 발전을 도모하는 데 각별히 근면한 것을 제외하고 그는 어떠한 동기도 갖고 있지 않았다. 그 근면성 자체는 결코 범죄적인 것이 아니다. (…) 그는 단지 자신이 무엇을 하고 있는지 결코 깨닫지 못한 것이다.

수백만 명의 학살을 설계한 범죄자가 사악한 괴물이나 악인이 아니라 우리 주변에서 흔히 볼 수 있는 너무도 평범한 사람이라는 것이다. | 그녀의 책 부제가 '악의 평범성에 대한 보고서'다. 그는 단지 자신이 무엇을 하고 있는지 몰랐을 뿐이다. 아니 어떻게 수백만 명을 아무렇지도 않게 죽인 자가 악인이 아니란 말인가? 아렌트의 관찰대로라면, 우리같이 지극히 평범한 사람도 얼마든지 그와 같은 일을 저지

를 수 있다는 말이 되기도 한다. 폴란드 태생의 유대인 사회학자인 지그문트 바우만도 『유동하는 공포』에서 근대적 이성이 가진 폭력성을 폭로하면서 다음과 같이 썼다.

> 아우슈비츠나 굴락, 히로시마의 도덕적 교훈 중 가장 충격적인 것은 우리가 철조망 안에 갇히거나 가스실에 들어갈 수 있다는 것이 아니다. '적당한 조건'이라면 우리가 가스실의 경비를 서고, 그 굴뚝에 독극물을 넣는 역할을 할 수 있다는 것이다. 그리고 우리의 머리 위에 원자폭탄이 떨어질 수 있다는 게 아니라, '적당한 조건'이라면 우리가 다른 사람들의 머리 위에 그것을 떨어뜨릴 수 있다는 것이다.

바우만도 역시 누구나 악인이 될 수 있다는 주장이다. 물론 '적당한 조건'이라는 전제가 있긴 하지만 말이다. 어떤가? 아렌트나 바우만의 말에 동의하는가? 동의 여부와는 무관하게, 오늘날에는 타인에게 위해(危害)를 가하면서까지 탐욕스럽게 자신의 이익을 추구하는 행위를 목격하는 일은 그다지 어려운 일이 아니다. 성과를 최우선으로 강조하는 조직문화에서는 도덕적 양심이나 약자에 대한 배려 등의 보편적 가치를 추구하는 사람이 오히려 미련스러워 보이기까지 한다. 사회적 기업이 아닌 이상 '그깟 일(?)'까지 신경 쓰다 보면

역할 수행이나 목표 달성을 제대로 하지 못할 수도 있다. 성과를 위해서라면, 오히려 인류애나 윤리의식, 양심 등에 대한 감각을 무디게 만들어야 하는지도 모른다. 결과만 좋으면 수단과 절차상의 잘못도 용서받거나 이해되기 때문이다. | 라고 믿는다.

자사의 목표 수익을 달성하기 위해 협력업체에게 납품단가를 낮추라고 압력을 행사하거나, 신규 수익모델을 발굴하기 위해 기존 영세 상인들이 하던 업종에 대규모 자본을 투입한다거나, 인건비를 줄이기 위해서 정규직을 줄이고 비정규직 위주로 인력을 운영하거나, 본사의 이익 확대를 위해 기존 가맹점 근처에 새로운 가맹점을 개설한다거나, 이익률을 높이기 위해 인체에 해로운 저질 원료로 식품을 만든다거나 하는 뉴스가 끊이질 않는다. 왜 이런 일이 끝도 없이 생기는 것일까? 오로지 효율성만이 기준이 되어 행동하는 이른바, '도구적 합리성'만을 개발해 온 탓이다. 그러는 사이 우리 사회는, 원하는 결과를 얻을 수만 있다면 그로 인해 발생할 수 있는 약간의 부작용이나 소수의 희생은 묵살되어도 된다는 생각이 정당성을 획득하게 되었다. 하지만 성과를 위해 그리고 자신의 역할 수행을 위해 선택한 '합리적(?)' 행동이 누군가에게는 치명적인 결과로 이어질 수도 있다. 자신의 선택으로 인해 어딘가에선 회사가 망하고 가게 문을 닫고, 누군가는 실직을 하고 자살을 하기도 한다. 어쩌면 우리 모두는 현대판 '아이히만'인지도 모른다. 단지 차이가 있다면 우리는 수천 명의 인간을 굳이 죽이지 않아도 되는, 덜 심각한 상황에 놓여 있을 뿐이다. 이것도 카를 만하임이 주장한 '존재구속성'의 일종이니 어쩔 수 없는 것인가? 어떻게 생각하는가?

예루살렘에서 재판을 가까이 지켜본 한나 아렌트는 아이히만의 무죄 주장에 대해 뭐라고 했을까? 그녀도 그저 시키는 대로 묵묵히 자신의 역할을 수행했을 뿐인 아이히만에게 죄를 물을 수 없다고 보았을까? 그렇지 않다. 그녀는 아이히만에게 죄가 있다고 단언했다. 그녀는 아이히만의 죄를 '생각 없음'에서 찾았다. 아이히만의 '철저한 무사유'가 학살의 근본 원인이라는 것이다. 자신이 한 행동이 다른 사람에게 어떤 결과를 가져다 줄지 타인의 입장에서 생각하지 못한 것이 수많은 인명을 학살하도록 만든 핵심 원인이라는 것이다. 결국 아이히만은 아무 생각 없이 자신이 무슨 일을 하고 있는지도 모른 채 수백만 명의 학살에 가담한 것이다.

니체가 이런 말을 했다.

"괴물과 싸우는 자는 스스로 괴물이 되지 않도록 조심해야 한다."

어쩌면 우리는 정신 없이 바쁘게 살다가 점점 괴물이 되어가고 있는지도 모른다. 알다시피 현대 사회는 점점 대형화되고 복잡해졌다. 조직의 규모는 커지고 개인의 역할과 업무영역은 전문화되었다.

사회학자 루이스 멈퍼드의 표현을 빌리면, 오늘날 조직은 '대형 기계'가 되었다. 당연한 말이지만, 조직이 커질수록 개인의 입지는 좁아진다. 업무는 전문화되고 세분화되었지만 전체에 개인이 기여하는 부분은 적어지고 영향력도 미미해졌다. 그러는 사이에 우리는 점점 생각이 없어졌다. 사전에 프로그래밍되어 있는 대로 오차 없이 자신의 업무만 처리하면 된다. 물론 전체적인 시각과 흐름을 조망하면서 자신의 업무를 수행하면 좋겠지만, 그럴 필요가 없다. 좀 더 정확히는 그럴 능력도 안 되고 여유도 없다. 눈앞에 주어진 일만 정확히 처리하기도 버겁다. 상황이 이렇다 보니 자신이 만든 물건이, 자신이 기안한 기획서가, 자신이 기획한 제도가 궁극적으로 어떤 과정을 거쳐 어떻게 영향을 미치고 어떤 결과를 만들어냈는지 알려고 하지 않는다. 내가 한 행동의 결과에 대해 무감각해지고 책임에 대해서도 둔감해졌다. 너도 나도 그러는 동안에 우리 사회는 점점 야박해지고 무서워졌다. 주변에 생각 없는 괴물이 너무 많아진 탓이다.

이제 어떻게 해야 할까? '생각'을 해야 한다. 먹고사는 문제 때문에 아무리 바쁘고 정신 없더라도 생각을 해야 한다. 별 생각 없이 살다가 수백만 명을 학살한 아이히만처럼 되지 않으려면 우리 모두 생각을 해야 한다. 조직에서 위로 올라갈수록 생각을 하는 것이 중요하다. 리더가 될수록 자신이 내린 결정이 다른 사람에게 미칠 영향력도 커지기 때문이다. 생각 없는 리더일수록 타인에게 폭력을 행사하는 경우가 많다. 더 큰 문제는 그렇게 하고도 자신이 폭력을 가했는지조차 인식하지 못한다는 것이다. 아이히만이 그랬던 것처럼. 프랑스 소설가인 폴 부르제가 말했듯이 "생각하는 대로 살지 않으면 사는 대로 생각"하기 때문이다. 생각을 하지 않으면 자신이 한 행동에 정당성을 부여하기 위해서만 골몰한다. 그러는 사이 책임감은 무뎌지고 누군가에게 가한 폭력도 어쩔 수 없는 일이 되고 만다.

생각을 하려면 어떻게 해야 할까? 책을 읽어야 한다. 그것도 좋은 책, 깊은 생각을 담고 있는 책을 읽어야 한다. 어떤 책이 깊은 생각을 담고 있는가? 인문고전이다. 인문고전은 인생과 세계의 여러 문제들을 깊이 있게 통찰했던 현인들이 자신이 숙고한 결과를 잘 정리해서 글로 남겨둔 '생각의 보고(寶庫)'다. 이 보물창고를 잘 뒤지면 인문학적 소양이 쌓이고 생각이 깊어진다. 훌륭한 리더가 되려면 좋은 책을 가까이 해야 한다. 자신이 읽은 책이 곧 자신의 생각이 되기 때문이다. 평소 인문고전을 가까이 하면 삶에 대한 깊은 혜안을 얻게 되고 미래에 대한 탁월한 통찰력이 생긴다. 아이작 뉴턴이 그러지 않았던가. "거인의 어깨 위에 올라탄 난쟁이는 거인보다 멀리 본다"고.

좀 과격한 표현이긴 하지만 평소 책을 읽지 않는 리더는 '자동기계'에 가깝다. 자신만의 생각이 없이, 위에서 시키는 대로 또는 자신의 처한 입장에서만 판단하고 행동하기 때문이다. 누군가가 설계한 대로, 사전에 조건화된 대로만 움직이기에 기계라 불러도 크게 틀린 말은 아니지 않은가. 기계는 감각이 없다. 타인에 대한 동정심이나 약자에 대한 배려가 없다. 윤리의식이나 수치심도 모른다. '적당한 조건'만 주어지면 인류의 머리 위에서 핵폭탄을 터트릴 수도 있다. 무서운 일이다. 평소 책을 읽지 않는 리더는 언제고 '아이히만'으로 변할 수 있다. 끔찍한 리더가 되지 않기 위해서도 책을 읽어야 한다.

결국 훌륭한 리더가 되기 위해서도, 끔찍한 리더가 되지 않기 위해서도 책을 읽어야 한다. 좋은 책을 읽어서 인문학적 소양을 길러야 한다. 나는 독자들에게 몇 가지 인문학적 지식을 알려주기 위해 이 책을 쓴 것이 아니다. 책을 통해 인문학에 대한 관심을 불러 일으키기 위한 목적이 더 컸다. 이 책을 읽은 후 인문학에 대한 약간의 호기심이 발동했기를 바란다. 세계적인 경제위기와 장기화되고 있는 불황에 악전고투하고 있는 이 땅의 수많은 리더들에게 인문학이 한 줄기 희망의 빛을 던져주었기를 기대해본다.

분당 정자동에서
이호건

강신주,『장자, 차이를 횡단하는 즐거운 모험』(그린비, 2007)

게르하르트 베어, 이부현 옮김, 『마이스터 에크하르트』(안티쿠스, 2009)

공자, 김형찬 옮김,『논어』(홍익출판사, 1999)

김용규, 『백만장자의 마지막 질문』(휴머니스트, 2013)

김용규, 『서양문명을 읽는 코드, 신』(휴머니스트, 2010)

김찬호, 『돈의 인문학』(문학과지성사, 2011)

노자, 최재목 역주,『노자』(을유문화사, 2006)

마가렛 암브레스터, 윤덕순 역, 『사무엘 울만과 청춘』(삶과꿈, 2007)

마르틴 부버, 표재명 역, 『너와 나』(문예출판사, 2001)

마르틴 하이데거, 전양범 옮김,『존재와 시간』(동서문화사, 2008)

막스 호르크하이머, 박구용 옮김, 『도구적 이성 비판』(문예출판사, 2006)

맹자, 우재호 옮김,『맹자』(을유문화사, 2007)

몽테뉴, 손우성 옮김, 『몽테뉴 수상록』(동서문화사, 2007)

박민영,『인문내공』(웅진지식하우스, 2012)

법구, 김달진 역, 『법구경』(현암사, 1999)

비트겐슈타인, 이영철 옮김,『철학적 탐구』(서광사, 1994)

사르트르, 변광배 옮김,『존재와 무, 자유를 향한 실존적 탐색』(살림, 2005)

사르트르, 정소성 옮김,『존재와 무』(동서문화사, 2009)

사마천, 김원중 역, 『사기열전2』(민음사, 2015)

세네카, 김천운 역, 『인생론』(동서문화사, 2007)

손무, 유동환 역, 『손자병법』(홍익출판사, 2005)

쇼펜하우어, 권기철 옮김, 『세상을 보는 방법』(동서문화사, 2005)

순자, 김학주 옮김, 『순자』(을유문화사, 2008)

스피노자, 강영계 옮김, 『에티카』(서광사, 2012)

신용철, 『이탁오』(지식산업사, 2006)

아리스토텔레스, 천병희 역, 『니코마코스 윤리학』(숲, 2013)

아우구스티누스, 김기찬 옮김, 『고백록』(크리스챤다이제스트, 2000)

알랭, 이희성 역, 『알랭의 행복론』(빅북, 2010)

알랭 드 보통, 정영목 역, 『불안』(은행나무, 2011)

알랭 드 보통, 정명진 역, 『철학의 위안』(청미래, 2012)

알베르 카뮈, 김화영 옮김, 『시지프 신화』(책세상, 1998)

앙리 베르그손, 황수영 옮김, 『창조적 진화』(아카넷, 2005)

앤드류 그로버, 유영수 역, 『편집광만이 살아남는다』(한국경제신문사, 1998)

앨빈 토플러, 원창엽 역, 『제3의 물결』(홍신문화사, 2006)

에리히 프롬, 차경아 옮김, 『소유냐 존재냐』(까치, 1996)

왕멍, 임국웅 역, 『나는 학생이다』(들녘, 2004)

요한 하위징아, 이종인 옮김, 『호모루덴스』(연암서가, 2010)

유향, 신동준 역주, 『유향의 전국책』(인간사랑, 2004)

이탈로 칼비노, 이소연 역, 『왜 고전을 읽는가』(민음사, 2008)

이현우, 『로쟈의 인문학서재』(산책자, 2009)

이호건, 『니체씨의 발칙한 출근길』(아템포, 2015)

이호건, 『바쁠수록 생각하라』(아템포, 2014)

이호건, 『30일 인문학』(21세기북스, 2013)

임마누엘 칸트, 백종현 역, 『실천이성비판』(아카넷, 2009)

장자, 김학주 옮김, 『장자』(연암서가, 2010)

전우익, 『사람이 뭔데』(현암사, 2002)

정명환, 『현대의 위기와 인간』(민음사, 2006)

정약용, 최박광 역해, 『목민심서』(동서문화사, 2011)

정일근, 『착하게 낡은 것의 영혼』(시학, 2006)

정진홍, 『인문의 숲에서 경영을 만나다』(21세기북스, 2007)

주희, 김미영 역, 『대학 중용』(홍익출판사, 2015)

지그문트 바우만, 함규진 역, 『유동하는 공포』(산책자, 2009)

질 들뢰즈, 김상환 옮김, 『차이와 반복』(민음사, 2004)

찰스 다윈, 송철용 옮김, 『종의 기원』(동서문화사, 2009)

철학아카데미 편, 『처음읽는 독일현대철학』(동녘, 2013)

토마스 모어, 나종일 역, 『유토피아』(서해문집, 2005)

톨스토이, 김철곤 역, 『톨스토이 행복』(민중출판사, 2008)

프리드리히 니체, 김정현 옮김, 『선악의 저편(니체전집 14)』(책세상, 2002)

프리드리히 니체, 백승영 옮김, 『우상의 황혼(니체전집 15)』(책세상, 2002)

프리드리히 니체, 안성찬 · 홍사현 옮김, 『즐거운 학문(니체전집 12)』(책세상, 2005)

프리드리히 니체, 정동호 옮김, 『차라투스트라는 이렇게 말했다(니체전집 13)』(책세상, 2000)

카를 만하임, 이석진 역, 『이데올로기와 유토피아』(김영사, 2012)

칼 마르크스, 강유원 역, 『경제학−철학 수고』(이론과실천 2006)

한나 아렌트, 김선욱 옮김, 『예루살렘의 아이히만』(한길사, 2006)

한병철, 김태환 역, 『피로사회』(문학과지성사, 2012)

한비, 이운구 옮김, 『한비자』(한길사, 2007)

황견 편, 이장후 외 공역, 『고문진보』(을유문화사, 2007)

헤르만 헤세, 전영애 역, 『데미안』(민음사, 2000)

EBS 다큐프라임 제작팀, 『매혹적인 스토리텔링의 조건, 이야기의 힘』(황금물고기, 2011)

리더를 위한 인문학

1판 1쇄 발행 2016년 8월 20일

지은이 | 이호건
펴낸이 | 최윤하
기획 | 출판기획전문 (주)엔터스코리아
펴낸곳 | 정민미디어
주 소 | (151-834) 서울시 관악구 행운동 1666-45, F
전 화 | 02-888-0991
팩 스 | 02-871-0995
이메일 | pceo@daum.net
편 집 | 정광희
표지디자인 | 김윤남
본문디자인 | 디자인 [연;우]

ⓒ 정민미디어

ISBN 979-11-86276-29-7 (03320)